北京大学"双一流"建设成果
方李邦琴北京大学人文学科文库出版基金赞助

北京大学人文学科文库 | 北大对外汉语研究丛书

基于语料库的汉语作为第二语言虚词运用特征研究

A Corpus-Based Study on the Usage Characteristics of Function Words in Chinese as a Second Language

李海燕 著

图书在版编目(CIP)数据

基于语料库的汉语作为第二语言虚词运用特征研究 / 李海燕著 .—北京：北京大学出版社，2024.3
（北京大学人文学科文库 . 北大对外汉语研究丛书）
ISBN 978-7-301-34716-4

Ⅰ. ①基… Ⅱ. ①李… Ⅲ. ①汉语 – 虚词 – 对外汉语教学 – 教学研究 Ⅳ. ① H195.4

中国国家版本馆 CIP 数据核字 (2023) 第 257595 号

书　　　名	基于语料库的汉语作为第二语言虚词运用特征研究	
	JIYU YULIAOKU DE HANYU ZUOWEI DI-ER YUYAN XUCI YUNYONG TEZHENG YANJIU	
著作责任者	李海燕　著	
责 任 编 辑	孙艳玲	
标 准 书 号	ISBN 978-7-301-34716-4	
出 版 发 行	北京大学出版社	
地　　　址	北京市海淀区成府路 205 号　100871	
网　　　址	http://www.pup.cn　　　新浪微博：@ 北京大学出版社	
电 子 邮 箱	zpup@ pup.cn	
电　　　话	邮购部 010-62752015　发行部 010-62750672	
	编辑部 010-62753374	
印 刷 者	北京中科印刷有限公司	
经 销 者	新华书店	
	650 毫米 ×980 毫米　16 开本　19.75 印张　287 千字	
	2024 年 3 月第 1 版　2024 年 3 月第 1 次印刷	
定　　　价	78.00 元	

未经许可，不得以任何方式复制或抄袭本书之部分或全部内容。
版权所有，侵权必究
举报电话：010-62752024　电子邮箱：fd@pup.cn
图书如有印装质量问题，请与出版部联系，电话：010-62756370

总　序

袁行霈

　　人文学科是北京大学的传统优势学科。早在京师大学堂建立之初，就设立了经学科、文学科，预科学生必须在五种外语中选修一种。京师大学堂于1912年改为现名，1917年，蔡元培先生出任北京大学校长，他"循思想自由原则，取兼容并包主义"，促进了思想解放和学术繁荣。1921年北大成立了四个全校性的研究所，下设自然科学、社会科学、国学和外国文学四门，人文学科仍然居于重要地位，广受社会的关注。这个传统一直沿袭下来，中华人民共和国成立后，1952年北京大学与清华大学、燕京大学三校的文、理科合并为现在的北京大学，大师云集，人文荟萃，成果斐然。改革开放后，北京大学的历史翻开了新的一页。

　　近十几年来，人文学科在学科建设、人才培养、师资队伍建设、教学科研等各方面改善了条件，取得了显著成绩。北大的人文学科门类齐全，在国内整体上居于优势地位，在世界上也占有引人瞩目的地位，相继出版了《中华文明史》《世界文明史》《世界现代化历程》《中国儒学史》《中国美学通史》《欧洲文学史》等高水平的著作，并主持了许多重大的考古项目，这些成果发挥着引领学术前进的作用。目前北大还承担着《儒藏》《中华文明探源》《北京大学藏西汉竹书》的整理与研究工作，以及《新编新注十三经》等重要项目。

与此同时,我们也清醒地看到,北大人文学科整体的绝对优势正在减弱,有的学科只具备相对优势了;有的成果规模优势明显,高度优势还有待提升。北大出了许多成果,但还要出思想,要产生影响人类命运和前途的思想理论。我们距离理想的目标还有相当长的距离,需要人文学科的老师和同学们加倍努力。

我曾经说过:与自然科学或社会科学相比,人文学科的成果,难以直接转化为生产力,给社会带来财富,人们或以为无用。其实,人文学科力求揭示人生的意义和价值、塑造理想的人格,指点人生趋向完美的境地。它能丰富人的精神,美化人的心灵,提升人的品德,协调人和自然的关系以及人和人的关系,促使人把自己掌握的知识和技术用到造福于人类的正道上来,这是人文无用之大用!试想,如果我们的心灵中没有诗意,我们的记忆中没有历史,我们的思考中没有哲理,我们的生活将成为什么样子?国家的强盛与否,将来不仅要看经济实力、国防实力,也要看国民的精神世界是否丰富,活得充实不充实,愉快不愉快,自在不自在,美不美。

一个民族,如果从根本上丧失了对人文学科的热情,丧失了对人文精神的追求和坚守,这个民族就丧失了进步的精神源泉。文化是一个民族的标志,是一个民族的根,在经济全球化的大趋势中,拥有几千年文化传统的中华民族,必须自觉维护自己的根,并以开放的态度吸取世界上其他民族的优秀文化,以跟上世界的潮流。站在这样的高度看待人文学科,我们深感责任之重大与紧迫。

北大人文学科的老师们蕴藏着巨大的潜力和创造性。我相信,只要使老师们的潜力充分发挥出来,北大人文学科便能克服种种障碍,在国内外开辟出一片新天地。

人文学科的研究主要是著书立说,以个体撰写著作为一大特点。除了需要协同研究的集体大项目外,我们还希望为教师独立探索,撰写、出版专著搭建平台,形成既具个体思想,又汇聚集体智慧的系列研究成果。为此,北京大学人文学部决定编辑出版"北京大学人文学科文库",旨在汇集新时代北大人文学科的优秀成果,弘扬北大人文学科的学术传统,展示北大人文学科的整体实力和研究特色,为推动北大世界一流大学建设、促进人文学术发展作出贡献。

我们需要努力营造宽松的学术环境、浓厚的研究气氛。既要提倡教师根据国家的需要选择研究课题,集中人力物力进行研究,也鼓励教师按照自己的兴趣自由地选择课题。鼓励自由选题是"北京大学人文学科文库"的一个特点。

我们不可满足于泛泛的议论,也不可追求热闹,而应沉潜下来,认真钻研,将切实的成果贡献给社会。学术质量是"北京大学人文学科文库"的一大追求。文库的撰稿者会力求通过自己潜心研究、多年积累而成的优秀成果,来展示自己的学术水平。

我们要保持优良的学风,进一步突出北大的个性与特色。北大人要有大志气、大眼光、大手笔、大格局、大气象,做一些符合北大地位的事,做一些开风气之先的事。北大不能随波逐流,不能甘于平庸,不能跟在别人后面小打小闹。北大的学者要有与北大相称的气质、气节、气派、气势、气宇、气度、气韵和气象。北大的学者要致力于弘扬民族精神和时代精神,以提升国民的人文素质为己任。而承担这样的使命,首先要有谦逊的态度,向人民群众学习,向兄弟院校学习。切不可妄自尊大,目空一切。这也是"北京大学人文学科文库"力求展现的北大的人文素质。

这个文库目前有以下17套丛书:
"北大中国文学研究丛书"
"北大中国语言学研究丛书"
"北大比较文学与世界文学研究丛书"
"北大中国史研究丛书"
"北大世界史研究丛书"
"北大考古学研究丛书"
"北大马克思主义哲学研究丛书"
"北大中国哲学研究丛书"

"北大外国哲学研究丛书"
"北大东方文学研究丛书"
"北大欧美文学研究丛书"
"北大外国语言学研究丛书"
"北大艺术学研究丛书"
"北大对外汉语研究丛书"
"北大古典学研究丛书"
"北大人文学古今融通研究丛书"
"北大人文跨学科研究丛书"①

这 17 套丛书仅收入学术新作,涵盖了北大人文学科的多个领域,它们的推出有利于读者整体了解当下北大人文学者的科研动态、学术实力和研究特色。这一文库将持续编辑出版,我们相信通过老中青年学者的不断努力,其影响会越来越大,并将对北大人文学科的建设和北大创建世界一流大学起到积极作用,进而引起国际学术界的瞩目。

---

① 本文库中获得国家社科基金后期资助或入选国家哲学社会科学成果文库的专著,因出版设计另有要求,因此加星号注标,在文库中存目。

丛书序言

北京大学是中国最早开展汉语教学的高校之一。1947年，西语系王岷源为印度政府派往北大学习的11位学生教授汉语，是高校对外汉语教学的较早记录。中国成立专门的对外汉语教学机构是在1950年，当年清华大学成立了"东欧交换生中国语文专修班"，时任清华大学教务长兼校务委员会副主席、后来担任北京大学校长的著名物理学家周培源被任命为班主任，曾在美国担任赵元任先生助手、富有汉语教学经验的邓懿负责教学工作。1952年院系调整，清华大学东欧交换生中国语文专修班整体调入北京大学，更名为"北京大学外国留学生中国语文专修班"，原师资也转移到北大，班主任仍由周培源担任。

北大在对外汉语教学领域一直处于排头兵地位，产生了学界多个"第一"。1953年，著名语言学家周祖谟发表了题为《教非汉族学生学习汉语的一些问题》的文章，是新中国第一篇对外汉语教学论文。1958年，邓懿主编的《汉语教科书》由时代出版社出版，成为新中国第一部正式出版的供外国人使用的汉语教材，此后陆续出版了俄、英、法、德、西、日、印尼、印地、阿拉伯等多种语言的注释本。1984年，北大在全国率先成立"对外汉语教学中心"，简称"汉语中心"。2002年，北大成立"对外汉语教育学院"，2003年北大对外汉语教育学院成为全国首批对外汉语教学基地。

对外汉语教学的历史很短，作为一个学科的历史更短。1982年，对外汉语才被列入学科目录；1986年，教育部设立对外汉语硕士专业，北大汉语中心开始招收硕士生；1998年，教育部设立对外汉语博士专业，北大2006年开始招收博士生。

  对外汉语从诞生那一天起，就肩负学科建设和事业发展双重使命。2004年第一家孔子学院的建立，2005年世界汉语大会的召开，2007年汉语国际教育硕士专业学位的设立，都标志着对外汉语教学作为国家战略，进入了一个又一个新的发展阶段。然而，学科建设和事业发展应该同步，学科建设服务于事业发展，事业发展促进学科建设，两者互为助力，共同进步。近年来，汉语推广作为一项事业获得了巨大发展，这一点从孔子学院数量上可见一斑。到2016年年底，全球范围内共有512所孔子学院和1073所孔子课堂，遍布140个国家和地区。与此形成对照的是，对外汉语的学科建设亟待加强，基于其他语言特别是印欧语形成的教学和习得理论仍然一统天下，对外汉语在语言学及应用语言学学科内的话语权依然非常弱小。实际上，事业发展为学科建设创造了很好的条件。全球已有数以千万计不同母语背景的汉语学习者，对外汉语界学人可以利用有利条件，发现规律，形成理论，树立汉语作为第二语言的研究在应用语言学中的地位，建立学术话语权，为普通语言学做贡献，为中国语言文化的传播与推广做贡献。

  2016年，北大人文学部开始筹划建设"北京大学人文学科文库"，"北大对外汉语研究丛书"是其中的一个子系列。美籍华裔企业家、社会活动家、北京大学名誉校董方李邦琴女士设立了"方李邦琴北京大学人文学科文库出版基金"，对文库丛书的出版予以资助。值得一提的是，方李邦琴女士也是北大对外汉语教育学院大楼的捐资人，大楼也以她的名字命名。我相信这套"北大对外汉语研究丛书"的出版，能够促进北大对外汉语学科的发展，使北大成为汉语作为第二语言理论与实践创新的基地，成为全球汉语教学与研究中心，成为应用语言学研究的一座高峰。对外汉语这个学科一定能成为矗立在燕园的一座学术高楼。

赵 杨

序

对体现汉语语法重要特点的虚词进行句法、语义和语用的多维度研究,一直是汉语语法界长期关注的课题,研究成果扎实丰厚,是语言学研究领域一道亮丽的风景线。国际中文教育继承了这一优良传统,围绕如何深入了解和认识不同国别的外国学生学习汉语虚词的现状,如何有针对性地展开有效的虚词教学,进行了持续不断的探索,特别是针对使用频率高、外国学生使用时易产生偏误的常用虚词展开研究,更是国际中文教育领域中语法研究的重中之重。

李海燕的专著《基于语料库的汉语作为第二语言虚词运用特征研究》,在前人研究成果的基础之上,另辟新道,在语料库语言学理念的指导下,以自动化汉语口语考试(SCT)语料库和自建的看图说话语料库为研究基础,以母语为英语和日语的初、中、高级汉语学习者为研究对象,采用中介语对比分析方法,集中对汉语中使用频率较高的102个虚词进行了研究。研究的重点集中在虚词运用特征上。此专著细致考察和分析了不同母语背景(英语、日语)的学习者汉语口语中102个甲级虚词的运用特征,得出了一系列对比研究结论,并在此基础上对汉语虚词教学进行了深入思考,提出了具体的建议。海燕老师的著作研究目标集中明确,研究路径清晰可行,研究结论扎实丰满,丰富了相关领域的研究成果。

仔细阅读本著作,感想颇多,突出的感受有以下四点:

第一,以高频虚词的运用特征为研究重点。

如何切实提高汉语学习者口语表达中的虚词运用能力,特别是高频虚词的运用能力,是国际中文教育不可回避的现实问题。为此,必须首先了解学习者的使用情况,其中,对运用特征的研究必不可少。该专著基于语料库,对不同母语背景(英语、日语)的汉语学习者使用 102 个甲级虚词时的运用特征进行了详细考察与描写,包括运用频率特征、运用的正确率及偏误特征、运用类联接和搭配特征,以及运用语体特征。研究结论明确指出了哪些虚词存在超用或使用不足问题,哪些虚词的类联接形式与汉语母语者存在显著差异,哪些虚词在中高级汉语学习者口语表达中出现了化石化现象,以及受母语迁移影响,学习者在使用常用话语标记(主要是连词)时与汉语母语者的不同特征。这些从不同侧面对高频虚词运用特征进行的描写与分析,有利于学界对汉语学习者口语中的虚词运用有更全面的了解与认识,有助于教师在不同学习阶段分国别地在口语教学中加强针对性的训练。这是一项十分接地气的实用性研究。

第二,多维度的对比方法。

近年来,基于学习者语料库的中介语对比研究方法已经逐步被研究者认可,并且发展成为趋势,成为二语习得研究的新方法。为探究高频虚词的运用特征,该专著采用了多维度的中介语对比研究方法,体现为:英语、日语母语者和汉语母语者口语对比,不同水平的英语、日语母语者口语对比,口语和笔语对比,汉语口语表述和英语、日语口语表述的对比,等等。每一个维度的对比又进一步细化,如第五章,是关于高频虚词运用正确率及偏误的研究,其中 5.1 关于正确率的研究,对四种不同类型测试语料中的虚词运用情况进行了对比分析:重复句子语料中的正确率、组句语料中的正确率、短文重述语料中的正确率,以及看图说话语料中的正确率。每种语料的分析,都分别考察了不同母语背景(英语、日语)的汉语学习者虚词运用正确率,多维度地展现出该研究的对比成果。

多维度的对比方法,较之集中在一个或两个维度进行对比分析的研究而言,更清楚、更立体化地彰显了汉语学习者口语中的虚词运用特征,为所研究的目标搭建起一个多维度的语言对比资源库,为后续开展相关研究奠定了语料资源对比基础,这是该专著很鲜明的一个特点。

第三,结论丰满,具有说服力。

在多维对比的基础上,该研究得出的结论扎实丰满。每一章的小结都是不同维度、不同语料对比结论的总结。如第四章,关于高频虚词运用频率特征的研究,得出以下结论:

(1)与汉语母语者相比,英语母语者和日语母语者在超用或少用虚词方面共性更多。英语、日语母语者在两类及以上语料中均超用的虚词有"很、跟、没、还、所以",其中"很、没、所以"差异显著;均少用的虚词有"就、了、都、不、没有、把、给、得、地、着、也",其中"就、了、把、得、地、也、着"差异显著。部分虚词在英语母语者和日语母语者之间也存在一定的差异,如英语母语者超用的"因为、太、在、的",日语母语者则表现为少用;英语母语者少用的"但是、再、挺",日语母语者则表现为多用。

(2)与汉语母语者相比,总体上英语母语者超用和少用的虚词比例大致相当,日语母语者虚词少用的情况更多。同样超用或少用的虚词,相比之下,英语母语者比日语母语者往往使用频率更高,如"很",英语、日语母语者均比汉语母语者超用,同时英语母语者使用频率又显著高于日语母语者。再如"就",英语、日语母语者均比汉语母语者少用,同时英语母语者使用频率也显著高于日语母语者。这说明日语母语者对虚词的敏感度不如英语母语者。英语母语者使用频率显著高于日语母语者的虚词有"很、可是、因为、的、太、让、在、更、都、得、就、了、不、给、也、地"。

(3)汉语学习者超用或少用甲级虚词的特征在语段层面比在单句层面更为突出。个别虚词如"了、吧"在重复句子中学习者均超用,但在短文重述和看图说话这样的成段自主表述中呈现少用特征。

(4)部分超用和少用的虚词总体上呈互补分布,比如超用"很",少用"挺";超用"没",少用"没有";超用"常常",少用"常"。但是也有虚词如"然后",在英语、日语母语者短文重述语料中均超用,但在看图说话语料中均少用。因为超用与少用是与汉语母语者语料比较而言,汉语母语者在内容半限制性的短文重述时口头表述的"然后"频数与原题中"然后"

频数没有显著差异,但汉语学习者均显著多于原题,而在看图说话和写话语料中,汉语母语者口语产出的"然后"显著多于笔语,尽管汉语学习者看图说话的口语中"然后"也显著多于笔语,但差异度没有汉语母语者大,这是导致学习者两种口语语料中"然后"的频率相比汉语母语者呈现一个超用、一个少用的原因之一。另外,在看图说话自主表达中,承担了口语中话语标记功能的虚词如"然后、就"在汉语母语者口语中的频率大大高于英语母语者,而英语母语者口语中则超用"所以"来承担相同的话语功能。

还想说明的是,以上每一个结论的得出,都有语料的量化统计,都以表格形式呈现,且有针对此结论进行的解释与分析,探究缘由,提出实用性建议。这使得研究结论有较强的说服力和较高的可信度。

上述的这一研究方法,贯穿在各个章节的研究之中。每个章节的结论都比较充实饱满。著作的第八章,在梳理第四至七章的研究结果之后,概括总结出的汉语学习者高频虚词的六个口语运用特征是全书的总结,帮助读者站在研究者的角度比较全面地了解英语、日语母语者的虚词运用特征,令人眼前一亮。

第四,著作者学风朴实严谨,脚踏实地推进研究。

这是我读完海燕老师此著作的又一个突出感想。著作中丰满可信的研究结论,是建筑在扎扎实实的语料对比和严谨的分析之上,是脚踏实地、一步一个脚印步步深入的。我想特别说一说此著作的表格。在本著作的主要研究章节——第四、五、六章,分别配有27、35、25个表格。第四、五章,几乎页页有表格,同时还配有若干幅插图。有的表格密密麻麻地显示着不同维度的语料对比数据,表格中每一个数字的呈现都需要著作者从语料中仔细地查找,认真地比对,精心地设计。表格背后的投入可想而知,不但需要认真的精神,更需要大量的时间,这是朴实严谨学风的体现,是国际中文教育领域应当提倡的精神。这种精神与浮躁相悖,与急功近利不符,是应当弘扬的坚持远大理想、实事求是、脚踏实地推进研究的科学精神。

桂诗春(2009)曾说过,语料库语言学的研究方法是基于大量数据,以显示一些概率关系,表示的是"多"与"少"的区别,而不是"对"和"不对"

的区别，所以得到的结论都是相对的、非排斥性的。如上所述，海燕老师的研究是依据两个语料库对102个甲级虚词的总体运用情况进行考察和分析，应该说所得出的结论还是初步的，还有进一步拓展的空间。如何从虚词词类特征的角度进一步挖掘虚词运用特征、怎样结合学习者的口语教材及学习经历分析探讨虚词运用特征的成因、可否在真实口语篇章（电话录音）中提取所需数据以提高语料的真实性和可靠性、是否在更大的语料库中验证已有结论，这些都是后续可进行的工作。

李海燕的专著即将出版，我感到十分欣慰。海燕老师邀我写个序，我欣然允诺。这不但是因为和海燕老师一起共事多年，此研究中提到的"自动化汉语口语考试（SCT）"项目，从论证、启动、研发、试验、修订、运行，以至语料库的建设，我们都一起参与，一起讨论，一起研究，共享成果；还因为，海燕老师的博士论文，研究的就是初、中、高级母语为英语的汉语学习者的虚词运用特征。作为海燕老师的同事，作为一名在此领域耕耘了四十多年的老教师，深知此书的意义所在。此书的出版，一定会为新时代的国际中文教育增添独特的一笔。以上是读完此著作有感而写的序。

还想再啰唆几句。我本人从事中文教学工作四十余年，从20世纪80年代参加工作起，教学实践使我逐步体会到虚词教学在留学生教学中的重要性，并且自觉地投身到这一研究之中。半个世纪以来，国际中文教育继承了汉语本体研究领域的传统，虚词教学研究结出了累累硕果。既有单个虚词的专门研究，也不乏虚词教学的方法研究，还有高频虚词的习得研究……随着时代的进步，随着学科的发展，以语料库语言学的理念为指导，以语料库为研究基础，多维度展示出可信度高的、不同等级的学习者虚词运用特征，是虚词研究的新路径，此著作在这一方面进行了有益的尝试。随着中国改革开放的持续发展，随着"一带一路"倡议的深入推进，对中文教学的需求越来越大，对国际中文教育的研究要求也越来越高，国际中文教育任重而道远。衷心希望本书作者和广大同人能在汉语虚词研究领域不断耕耘，不断使之深入。

李晓琪

前 言

本书以语料库语言学的理念为指导,基于自动化汉语口语考试(SCT)语料库和自建的看图说话语料库,采用中介语对比分析方法,以《汉语水平等级标准与语法等级大纲》(国家对外汉语教学领导小组办公室汉语水平考试部 1996)102 个汉语甲级虚词为研究范围,以汉语母语者表现为参照,从虚词的运用频率、正确率和偏误、类联接和搭配以及语体特征这几个方面,对初、中、高级母语为英语和日语的汉语学习者在口语中的虚词运用特征进行了考察和分析。

全书共九章。第一章主要说明了研究缘起、研究问题、研究范围、研究方法和步骤。第二章着重对虚词的本体研究、虚词的中介语研究、语料库语言学的研究方法和相关概念以及英语和汉语作为第二语言研究中基于语料库的语言运用特征方面的研究成果进行了综述。第三章介绍了本研究的语料性质、特点及数量等。

第四章和第五章分别考察了 102 个甲级虚词在不同类型的口语语料(SCT 语料和看图说话语料)中的运用频率特征、运用正确率和偏误情况。对语料中虚词的运用情况进行了多维度对比分析,包括对不同汉语水平的英语、日语母语者口语对比,英语、日语母语者和汉语母语者口语对比,口语和笔语对比。

第六章在第四、五章基础上,进一步对一些高频出现且英语、日语母语者超用或少用、习得情况复杂的虚词,包括程度副词"很、太、挺"、否定副词"不、没(有)、别"、介词"把"、连词"因为、所以、但是、可是、然后"以及助词"了、的",进行了类联接和搭配分析,并与汉语母语者的运用情况以及英语、日语母语者的英语、日语表达进行了对比。

第七章在第四章对汉语母语者和英语、日语母语者看图说话和写作中虚词频率差异统计的基础上,统计三类被试对同一图画进行说、写时所用虚词的种类和频数,重点对比副词"就"和否定副词在口语和笔语中的类联接形式和搭配情况,分析了英语、日语母语者和汉语母语者在虚词运用语体特征方面的差异。

第八章综合第四至七章的研究结果,进一步总结母语为英语、日语的汉语学习者口语中的甲级虚词运用特征,主要结论是:甲级虚词在汉语学习者和汉语母语者口语中运用频率不同;汉语学习者口语中甲级虚词的运用在中高级阶段出现化石化现象;汉语学习者口语中虚词的类联接和搭配分布与汉语母语者有差异;汉语学习者对部分甲级虚词的语气表达功能不敏感;汉语学习者虚词运用的语体特征与汉语母语者不同;汉语学习者口语中用作话语标记的虚词与汉语母语者有显著差异。

对这些特征的产生原因,本研究从母语迁移、中介语系统的机制、教学中对虚词语体特征的关注程度以及口语教学中的自动化训练四个方面进行了解释和讨论。在此基础上,对现有汉语口语虚词教学中可能存在的问题进行了反思,尝试提出并讨论了建立不强调"共核"而明确区分语体的口语语法教学体系的必要性。

第九章总结了本研究的主要结论、创新点、研究不足,以及还可以进一步拓展研究的空间。

本书是在我的博士学位论文《基于语料库的英语母语者汉语虚词运用特征研究》的基础上补充修改完成的,主要是补充了日语母语者的语料,并对英语、日语母语者的汉语虚词运用特征进行了多维度对比分析。

感谢我的导师李晓琪教授对这个课题的指导和帮助并为本书作序,从写作思路到材料分析方法,李老师都给了很多中肯的建议。感谢赵杨教授将此书列入"北京大学人文学科文库"子系列"北大对外汉语研究丛书",这也激励我以更高的标准要求自己,在繁忙的工作之余下决心补充日语母语者语料,重新梳理全部研究数据,以期这项研究内容更加充实完善。

感谢本书的责任编辑孙艳玲非常专业的编校工作,她指出了本书很多论述不够准确严谨之处并提出了很好的修改意见。

限于本人的学术能力,书中还存在很多不足,期待得到读者的批评指正。

李海燕

目 录

第一章 绪 论 ……………………………………………… 1
  1.1 研究缘起 …………………………………………… 1
  1.2 研究问题 …………………………………………… 4
  1.3 研究范围 …………………………………………… 6
  1.4 研究方法和步骤 …………………………………… 7

第二章 相关研究综述 …………………………………… 10
  2.1 汉语母语者虚词运用研究 ………………………… 10
  2.2 以汉语为第二语言的学习者虚词运用研究 ……… 18
  2.3 语料库语言学的性质和研究方法 ………………… 26
  2.4 语料库语言学的相关概念 ………………………… 29
  2.5 基于语料库的英语作为第二语言运用特征研究 … 35
  2.6 基于语料库的汉语作为第二语言运用特征研究 … 37
  2.7 本章小结 …………………………………………… 40

第三章 语料的性质及特点 ……………………………… 43
  3.1 语料和语料收集 …………………………………… 43
  3.2 汉语口语的界定及其特点 ………………………… 45
  3.3 语料的类型和特点 ………………………………… 50
  3.4 语料库中汉语学习者国别与汉语水平 …………… 59
  3.5 语料的数量 ………………………………………… 61

第四章 甲级虚词运用频率特征 …………………………… 63
  4.1 重复句子语料中甲级虚词运用频率特征………………… 64
  4.2 组句语料中甲级虚词运用频率特征………………………… 78
  4.3 短文重述语料中甲级虚词运用频率特征…………………… 90
  4.4 看图说话语料中甲级虚词运用频率特征…………………… 98
  4.5 本章小结 ……………………………………………………… 112

第五章 汉语学习者甲级虚词运用正确率及偏误分析………… 116
  5.1 汉语学习者甲级虚词运用正确率 ………………………… 116
  5.2 汉语学习者甲级虚词运用偏误分析 ……………………… 151
  5.3 本章小结 ……………………………………………………… 180

第六章 甲级虚词运用类联接和搭配特征 ……………………… 183
  6.1 程度副词:很、太、挺 ……………………………………… 185
  6.2 否定副词:不、没(有)、别 ………………………………… 195
  6.3 介词:把 ……………………………………………………… 211
  6.4 连词:因为、所以、但是、可是、然后 …………………… 216
  6.5 助词:了、的 ………………………………………………… 221
  6.6 本章小结 ……………………………………………………… 230

第七章 甲级虚词运用语体特征 ………………………………… 232
  7.1 看图说话口语和笔语中的虚词运用频数分布特征 ……… 234
  7.2 口语和笔语中部分虚词类联接和搭配对比分析 ………… 237
  7.3 本章小结 ……………………………………………………… 246

第八章 汉语学习者甲级虚词运用特征总结与讨论 …………… 248
  8.1 甲级虚词运用特征总结 …………………………………… 248
  8.2 甲级虚词运用特征解释与讨论 …………………………… 255
  8.3 对汉语口语虚词教学的思考与建议 ……………………… 261

8.4　本章小结 ………………………………………………… 269

第九章　结　语 …………………………………………………… 270
　　9.1　主要结论和创新点 ……………………………………… 270
　　9.2　余　论 …………………………………………………… 275

参考文献 …………………………………………………………… 277
附　录　CEFR口语能力测评量表 ……………………………… 290

第一章

绪 论

1.1 研究缘起

虚词作为一种语法手段,在语言中占有重要的地位。作为孤立语的典型代表,汉语缺少严格意义的形态变化,既没有英语等屈折语中词的屈折变化,也没有日语等黏着语中词的黏附形式。虚词在汉语中担负着更为繁重的语法任务,起着更为重要的语法作用(陆俭明 1980b)。汉语虚词在运用的广度、深度、精度、频度方面是任何其他语言都无法比拟的(邵敬敏 2019)。实际上,对汉语中很多语法句式的讨论也主要是探讨其中虚词的用法,如"把"字句、"被"字句等。因此可以说,虚词的运用情况是汉语作为第二语言的外国学习者汉语语法能力最重要的表现。

汉语的虚词是封闭的,掌握几百个常用虚词的意义和用法,是学好汉语的关键。但由于虚词的意义较虚,用法比较复杂,越是常用的虚词,就越不容易掌握。据对外国留学生作文的调查研究,留学生的汉语语法病句中,虚词使用不当的病句占65%(马真 2004)。李大忠(1996)搜集了具有中等以上汉语水平的外国学生的大量语法偏误实例,从中筛选出使用频率高、学生难以自我修正且在各国学生中具有共性的偏误项目 30 类,每一类为一篇专论,其中讨论虚词偏误的有 22 篇,加上 2 篇讨论结果补语的专论(也涉及虚词),虚词问题约占全部专论的 80%(李晓琪 1998),其中有 16 篇是常用虚词的问题,如"才、就、再、也、和、都、真、或者/还是、从、在、着、了、过、'比'字句、'把'字句"等。在教学实践中也常常发现,高级水平留学生在口语和写作中"了、的、就"等常用虚词的使用不当问题仍比比皆是。可见,常用虚词是汉语学习者较难掌握的语法问题。

作为外国留学生的学习难点,虚词也是对外汉语教学重点关注的汉语语法研究对象。袁博平(1995)在回顾第二语言习得研究情况时提到,在语言学领域出现的"最小程序"(minimalist programme)论点将各种语言之间的不同归结为其虚词成分(functional elements)和词汇方面的差异。李晓琪(2004)也主张建立以虚词为核心的词汇——语法教学模式,以避免语法和词汇分家的现象。

关于留学生虚词使用偏误及习得规律的研究大多基于作文、问卷调查等书面语料,基于口语表达的研究相对较少。本研究认为有必要基于一定规模的外国学习者口语语料,对虚词运用特征进行系统的考察和分析。选择口语语料进行研究的主要原因有以下几点:

首先,虚词在汉语母语者口语和书面语中的运用特征不同。方梅(2013)通过不同语体材料的对比分析,说明了汉语句法特征往往具有语体分布差异,所举的例子主要是助词、副词和连词在不同语体中的使用限制情况,这些虚词的用法具有比较明确的语体依赖性。已有研究也发现,体标记"了$_1$、着、在、过"在口语、小说和报刊新闻这三种语体中的使用频率非常不同(杨素英、黄月圆 2013),"了"在口语对话和书面叙述语中的分布具有不同特点(王洪君等 2009),表句尾语气的"了$_2$"基本上只出现在口语中,在正式的书面语中频率很低(孟子敏 2010),"了"的使用具有很强的主观性,在书面语体和口语体中有不同的分布规律(徐晶凝 2016);连词在口语和书面语中出现的频次也有很大的差异(张文贤 2011),而一些虚词如"然后"的使用范围在现代汉语口语中扩大了,不仅可以表达连接关系,还可以用作语篇中的话题转换标记(王伟、周卫红

2005);郭锐(2002)在词类研究中发现各种词类(包括实词和虚词)在书面语和口语中的分布频率都有很大的差异。

其次,虚词在外国学习者口语和书面语中的运用也有所不同。虽然大多数汉语学习者尚缺乏明确的汉语语体意识,在说话或写作中可能使用相同的语言形式,但是由于口语表达即时性和语境限定性等特点,说话者在口语表达时思考的时间有限,同时有明确的交谈对象和语境信息,从交际策略的角度来说,学习者限于语言能力和交际压力,为了达到交际目的,往往只使用容易掌握并能够传达主要交际信息的实词,而省略或回避虚词。陆庆和、陶家骏(2011)基于一个小型的外国学生口语中介语语料库进行了调查,发现在一些学生的口语表达中存在误用"那"为衔接词的化石化现象,而这种现象在外国学生的书面作文中则很难发现。因此虚词的使用在外国学习者的口语和书面语中也会有不同的特点和规律,了解这些特点和规律才能更有针对性地改进汉语口语和书面语教学。

再次,口语形式的语言要比书面形式的语言更能反映语言最基本的组织形式(约翰·辛克莱 2000)。Ellis(1985)讨论了语言学习者在两个方面四种情形下表现出的语言差异,即情境(situational)方面的随意性和谨慎度,语言(linguistic)方面的简单与复杂程度。随意的语体应作为研究中介语的基础,因为它最能反映语言习得的普遍原则。正是在这种未经事先准备的随意的谈话中,第二语言发展的自然轨迹才得以发现。Tarone(1983)也认为与谨慎的谈话相比,随意的谈话较少受目标语或母语的影响,因此具有很大的内在一致性,应作为调查中介语的主要依据(转引自孙德坤 1993b)。

最后,在对外汉语教材编写及教学过程中,常用虚词一般只在最初出现时作为语言点进行介绍,之后一般不再作为教学重点说明其不同用法,且一般都没有明确其语体特征。常用虚词往往有多种语义和语用环境,教材中不同语境意义的虚词使用频率非常高,是留学生学习时的难点之一。但这些虚词在教材中尤其是口语教材中往往不再作为语言点单独列出,在课堂教学过程中很容易被教师忽略,不再进行重点讲练,使得学习者很难清晰地了解和掌握其多种意义和用法。要想在教学的不同阶段有针对性地对这些常用虚词进行教学安排和处理,有必要了解汉语作为第二语言的学习者在不同的学习阶段常用虚词的运用情况及潜在的问题。

本研究主要基于母语为英语和日语的汉语学习者口语中介语语料库,对其在口语表达中的常用虚词运用特征进行比较全面的描写和对比分析,以期为对外汉语虚词及口语语法教学提供参考。

1.2 研究问题

本研究力图比较全面地考察母语为英语和日语的汉语学习者在不同水平阶段进行口语表达时常用虚词的运用状况和发展轨迹,总结归纳其运用特征。

虚词的运用特征反映的是学习者的语法能力,可以从多个方面进行考察。首先是虚词在篇章语料中的使用频率。功能语言学在讨论篇章和句法的关系时普遍认为句法现象受到篇章话语因素的制约,以篇章—功能为导向的语法研究的目标之一是描写说明使用者在自然语言材料中如何运用语言形式,语言中存在着大量表达"内容"相同而表现"形式"不同的表达方式,说话人在何种情形下选择使用何种语言形式源自互动交际中不同的功能需求及不同需求之间的相互竞争,并强调使用频率的重要性,认为频率对理解语法结构动因至关重要(方梅 2018)。其次是虚词使用的正误情况,即学习者对虚词运用的准确性,体现为正确率和偏误情况。再次,虚词作为功能词并不是孤立地出现在语句中,与之搭配的前后文词语在语义和句法上的特点可以揭示学习者对该虚词的掌握和运用情况。最后,在不同的语体中使用恰当的语言形式也是语言能力的一种反映。一些虚词在口语和书面语中的出现频率有所不同,体现出这些虚词的语体特征存在差异,如果某个虚词在口语中出现的频次显著超过书面语,就将之称为带有口语体倾向的语体特征,反之就是带有书面语倾向的语体特征(文秋芳、胡健 2010)。

汉语第二语言学习者受母语迁移的影响,在中介语中呈现不同的语言特征。为了准确描写、凸显汉语学习者的虚词运用特征,首先要区分学习者的母语背景,对不同母语背景的学习者虚词使用情况分别进行观察和比较。目前有关汉语中介语语法偏误分析的研究多是针对英语、韩语、日语等某一种母语背景的学习者或者笼统地分为欧美学习者和日韩学习者,前者因缺乏与其他母语背景学习者情况的比较而使得某些偏误问题无法确定是学习者共有的还是独有的,后者可能会因母语背景相对模糊而掩盖偏误的特异性。因此,本研究将选取母语为英语和日语的汉语学习者中介语语料进行比较分析。

汉语第二语言学习者的虚词运用特征涉及多个方面,限于个人精力和时间,本研究借鉴前人对于第二语言语法能力的研究视角及语料库语言学的研究方法,基于调查对象的口头复述和看图说话语料构建口语语料库,以汉语母语者语料为参照,从常用虚词运用频率特征、正确率和偏误情况、类联接和搭配特征以及语体特征这几个方面来考察母语为英语和日语的汉语学习者在口语表达中的虚词运用特征。

具体研究问题如下:

(1)不同水平阶段的英语母语者和日语母语者在口头复述和看图说话语料中虚词分布情况即出现频率与汉语母语者有何差异?不同水平阶段的英语母语者和日语母语者在虚词运用中正确率和偏误情况如何?母语背景不同,虚词运用特征是否存在差异?

(2)英语母语者和日语母语者口头表达时出现频率较高的虚词在类联接即句法结构形式及前后搭配词语方面与汉语母语者有何差异?是否受到了母语迁移的影响?

(3)英语母语者和日语母语者口头表达和书面表达时虚词运用的语体特征如何?与汉语母语者有何差异?

(4)对外汉语教学如何更好地提高学习者口头表达中的虚词运用能力?

1.3 研究范围

汉语虚词是一个封闭的类,每一类虚词的数量是有限的。据统计,汉语虚词的数量大约有 900 个,而常用虚词的数量约占 50%,《汉语水平等级标准与语法等级大纲》中所收虚词约 500 个(李晓琪 2005),其中甲级及部分乙级虚词在汉语中的使用频率很高,交际价值比较大,是初级汉语教学的重点,也是外国学生必须掌握的,对外汉语教材大多对这些常用虚词进行了系统编排。中高级阶段的学习者应该对这些虚词掌握得比较熟练了,但仍然会出现明显的化石化现象,初级阶段学习的甲级虚词始终是外国学习者习得的难点(李晓琪 1995),也是汉语虚词研究的主要对象。

由于语言是一个动态平衡的系统,语言项目使用的超量与不足呈对立互补分布。某些语言项目使用得少,必然存在另一些高频使用的同义或近义的语言项目,目前一些研究中指出某些语言项目存在回避现象,而另一些语言项目又过度使用,这些研究多是基于对个别语言项目习得状况的考察,并未对一定范围语料中多个语言项目进行穷尽性的统计分析。如果能够对一定数量的本族人语料和外国学生中介语语料进行多个语言项目穷尽性的对比分析,必然会发现更有价值的超量和不足的对立互补(肖奚强 2011)。作为一类封闭的语言项目,很多虚词在语言使用中存在着对立互补的关系,对学习者中介语口语语料库中所有常用虚词的频率和分布进行穷尽性分析,对研究中介语的系统性具有一定的理论意义。

因此,本研究范围确定为《汉语水平等级标准与语法等级大纲》(以下简称《大纲》)中的甲级虚词共 102 个[①]。这些甲级虚词包括副词、介词、连词、助词四大类,具体见表 1.1。

[①] 多义多词性的虚词不重复计算,若兼类词重复计算则总数为 108 个。

表 1.1 本研究考察的 102 个甲级虚词

词类	数量	具体项目
副词	49	比较、必须、别、不、不要、不用、才、常、常常、都、多、多么、非常、刚、更、好、很、忽然、互相、还、立刻、马上、没、没有、然后①、十分、太、挺、先、也、也许、一共、一会儿、一块儿、一起、一直、已经、永远、尤其、又、再、真、正、正在、只、只好、总、总是、最
介词	18	把、被、比、朝、除了、从、当、对、给、叫、经过、离、让、通过、往、为、为了、向
连词	13	不但、不如、但是、而且、或者、结果、可是、那、那么、虽然、所以、要是、因为
助词②	16	啊、吧、得、的、等、地、过、啦、了、吗、嘛、哪、呐、呢、呀、着
兼类词	6	和、跟、在、还是、接着、就

本研究构建汉语母语者和学习者语料库,以表 1.1 中的虚词(后文称"甲级虚词")为主要考察项目,对母语为英语和日语的汉语学习者虚词运用特征进行描述和分析。首先,对语料中出现的这 102 个虚词进行穷尽性的频率统计和运用正误情况描写,全面了解汉语学习者和汉语母语者口语中的甲级虚词运用特征。然后,选择其中出现频率较高以及与汉语母语者相比运用频率差异显著的虚词,进一步深入考察其运用语境,包括类联接、搭配词语及其语体特征,并结合不同母语背景的汉语学习者对同样话语内容的母语表述,尝试对其汉语虚词运用特征的原因进行解释。

1.4 研究方法和步骤

第二语言习得研究迄今经历了对比分析、偏误分析、语言运用分析、话语分析等几个阶段。不同阶段虽然研究重点和研究手段有所不同,但都认为中介语是一种自成体系的系统,都是要揭示中介语的特点并对其形成过程及影响因素进行分析,找出第二语言习得的规律。中介语理论

---

① "然后"在《大纲》中标注为副词,但《现代汉语词典》(第 7 版)标注为连词,本研究在进行频率统计时暂计入副词类,在具体考察其类联接等情况时作为连词。

② 对于"啊、吧、的"等是属于助词还是语气词,学界仍有不同的意见,本研究按照《大纲》的标注把它们分别看作是语气助词和结构助词。

虽然是在偏误分析的基础上产生的,但对学习者学习过程的研究已经成了第二语言习得研究的中心问题。无论是研究学习者个人因素对学习过程的影响,还是研究学习过程本身,都必须以学习者的语言状况作为分析的基础。因此偏误分析、语言运用分析、话语分析等尽管先后出现,但并不意味着后者的出现就取代了前者,这些方法是互为补充的(孙德坤 1993b)。

近年来,基于学习者语料库的中介语对比研究方法已经逐步成为研究趋势。文秋芳、王立非(2004)指出自 20 世纪 90 年代中期开始,中介语对比分析(Contrastive Interlanguage Analysis,简称 CIA)成为二语习得研究的新方法。基于学习者语料库的研究可以进行多层面和多视角的对比:(1)本族语语料与非本族语语料进行比较;(2)多个不同非本族语语料之间进行比较;(3)同一非本族语语料中不同水平之间进行比较;(4)口语语料与笔语语料之间进行比较。

本研究主要采用由语料库驱动的中介语对比分析方法,通过对比不同汉语水平的英语和日语母语者语料,英语、日语母语者和汉语母语者语料,不同母语背景被试口语语料和笔语语料等多个维度,描写和总结汉语学习者在进行口语表达时甲级虚词的运用特征。

因此,本研究首先对所建口语语料库中的英语、日语母语者和汉语母语者甲级虚词的运用情况进行穷尽性统计,在对比各虚词运用的频率和正确率的同时,描写分析不同水平的汉语学习者虚词运用的发展和变化轨迹,然后重点分析其中出现频率较高且与汉语母语者相比频率差异显著的虚词的运用语境和语体特征。

具体研究步骤如下:

(1)构建语料库并确定被试口语水平等级

从自动化汉语口语考试(Spoken Chinese Test,简称 SCT)语料库中抽取所有母语为英语和日语的汉语学习者及汉语母语者重复句子、组句及短文重述题的应答转录文本和试题原文。每名被试都有机器评分即 SCT 对被试口语水平的总体评价。根据 SCT 研发组关于 SCT 分数与欧洲语言共同参考框架(The Common European Framework of Reference for Languages,简称 CEFR)口语水平等级匹配研究结果,把所有被试口语水平转化为 CEFR 口语水平等级。

寻找一定数量的汉语母语者和英语、日语母语者进行看图说话(说汉语)测试,随机选择其中的部分被试对同样的两组图片用英语、日语进行看图说话或者任选其中的一组图片进行书面写作。测试全过程录音并转录为文本。

根据 CEFR 口语评估标准(详见附录"CEFR 口语能力测评量表")并参考汉语学习者所在汉语班级的水平对看图说话录音进行评分,确定每名被试的 CEFR 口语水平等级。

(2)语料统计及对比分析

利用计算机检索程序对全部语料中出现的甲级虚词进行检索和分析,标注并统计汉语学习者和汉语母语者在口语和笔语中甲级虚词使用的频率和正确率,进行偏误分析。

选择在汉语学习者语料中高频出现并且与汉语母语者运用频率差异显著的虚词,对其类联接、搭配词及语体特征分别进行深入对比分析,考察这些虚词在汉语学习者口语中的运用特征和存在的主要问题。

(3)虚词运用特征总结与讨论

总结汉语学习者口语虚词运用特征,讨论影响这些特征产生的可能因素,在此基础上反思对外汉语虚词教学,提出改进建议。

第二章

相关研究综述

2.1 汉语母语者虚词运用研究

针对汉语母语者的汉语虚词本体研究是进行汉语作为第二语言虚词研究的基础。已有的虚词研究,有的从宏观的语法体系角度讨论虚词的语法功能及其分类标准,有的从历时的角度研究虚词的来源和发展变化,更多的是从微观入手,对某个或某几个虚词进行句法、语义和语用方面的描写。陆俭明(1980b)曾指出,虚词的个性很强,虚词词类所揭示的特点,对于了解该词类中各个虚词的用法是远远不够用的,同一词类里的各个虚词的用法可以差别很大。因此,有关汉语母语者某个或某几个虚词在语义、句法和语用方面的运用研究,对汉语作为第二语言的虚词教学有着更直接的启示,了解汉语母语者对常用虚词的运用情况也有助于更有针对性地对比分析汉语学习者的虚词运用特征。

下面首先对 102 个甲级虚词的本体研究情况进行简单梳理。虚词是汉语语法的重要内容,探讨汉语虚词的文献浩如烟海,本研究检索了《中国语文》《语言教学与研究》《世界汉语教学》《汉语学习》等核心期刊中有关虚词的文献,着重了解学界对甲级虚词用法的研究概况，对某些重点虚词的语义、句法和语用的研究成果将在第四至八章中结合语料库中发现的虚词运用特征进行具体阐述。

已有的关于虚词语义、句法和语用分析的文献，主要集中在对一些常用的高频虚词的研究上，涉及102个甲级虚词中的60个，其中的研究热点是副词"别、不、都、还、没、没有、也、又、再"，介词"把、被"，助词"的、了、呢、着"及兼类词"跟、在、就"；而较少被专门研究的甲级虚词有副词"比较、必须、不要、不用、常、多、多么、非常、好、忽然、互相、立刻、马上、十分、先、也许、一共、一会儿、一块儿、一起、永远、尤其、只好、最"，介词"当、经过、离、通过、为、为了"，连词"不如、结果、那、要是"，助词"地、等、啦、哪、呐、呀"及兼类词"接着"。一般认为，前者也是汉语学习者的难点，而后者在语义、句法和语用方面相对没有那么复杂，是学习者不难掌握的，后文有关汉语学习者的虚词习得研究也多是那些热点虚词。

关于常用虚词本体研究的内容，大致有以下几个方面。

2.1.1 虚词的语法意义研究

虚词的语法意义较虚，不好把握，因此探讨某个虚词在句子中承担什么语法功能、表达什么语法意义就成为首要的问题。总体来看，早期的研究多是讨论虚词所出现的句式及其语义指向，之后随着句法、语义和语用三个平面的语法观受到学界的重视，从三个平面角度进行虚词语法意义的研究逐渐成为主流，经历了从概括到分解再到重新概括的过程，下面以研究热点"把"为例进行说明。

根据郑杰（2002）对现代汉语"把"字句的研究综述，最早是黎锦熙（1924）从句法结构入手提出"把"的作用在于"提宾"，之后王力（1943、1944、1945、1946）提出"处置"说，拉开了"把"字句语义研究的序幕。几乎与此同时，吕叔湘（1942）通过对动词的意义限制、"把"字宾语的性质和谓语动词前后的成分要求三个方面全面而细致的分析，提出"行为动词"说、"宾语有定"说和"谓语复杂"说，成为"把"字句句法综合研究第一人。这些研究成果成为后来的研究者在传统语法框架内对"把"字句进行静态研究的源头。

20世纪七八十年代的研究主要是在转换生成语法的影响下,着力描写"把"字句与其他句式相互转换的关系和限制条件,以及"把"字句内部的深层语义联系,如傅雨贤(1981)等。

到了90年代,研究的显著特点一是继续围绕"处置"义展开讨论和修正以及探讨"把"字句的构成条件,二是在句法结构方面注重"把"字句中各成分间的相关关系、谓语动词与时态助词的联系以及语法研究三个平面中语义和语用的联系,如张旺熹(1991)、王惠(1993)。再比如吕文华(1994)从53万字的语料中收集到1094个"把"字句,分析了"把"字句的6个语义类型,即表位移、表结果、表动作与某确定事物发生联系或以某种方式发生联系、把某事物变为另一事物、表致使、表不如意,认为"处置"意义不清。再如崔希亮(1995)基于《红楼梦》和张贤亮小说的语料考察了"把"字句的类型,以及哪些动词可以进入"把"字句的VP,并对薛凤生(1987、1994)关于"把"字结构(A把B+VP)的语义诠释"由于A的关系,B变成VP所描述的状态"进行了修改补充,将"把"字句从语义上分为结果类和情态矢量类两个类别。

进入21世纪之后,关于"把"字句语法意义的研究更加多元化,在语义提取方面,出现了如"致使"说(张伯江2000;叶向阳2004)、"主观处置"说(沈家煊2002)、"事象界变"说(张黎2007)、"凸显致使性影响的结果"说(施春宏2010a)等。此外,在对语法现象的解释方面更多地采用新的语法理论,也更多地关注"把"的语用功能,如李宁、王小珊(2001)通过对"相声、戏剧"语料的调查,得出"把"字句的主要语用功能依次为阐述、指令、表达、宣告;王占华(2011)认为"把"字句的成句和使用,主要是韵律调整、叙述起点同事件结构的句法整合、转喻等作用的结果,和目前为止概括出的语义特征关系不大;郑伟娜(2012)从系统功能语法角度出发,通过及物性系统分析了"把"字句。在这些文献中,认知语言学角度的研究对汉语作为第二语言的"把"字句教学颇有启发,张旺熹(2001)对"把"字句的位移图示的探讨最为大家熟知。张文从《人民日报》中随机收集到2160个"把"字句,通过对这些句子的观察,认为"把"字句所表现的是一个以空间位移为基础的意向图式及其隐喻系统,并从这个角度来描写和解释"把"字句,把"空间位移"提高到了"把"字句的核心语义范畴。这一看法相对于"处置"或"致使"来说更形象,也更易于为第二语言学习者理解和接受。

上述有关"把"的研究是汉语虚词语法意义研究的典型代表,其他常用虚词的研究情况和思路与此大致相似。总体来说,从句法、语义和语用这三个平面来探讨虚词的语法意义已经成为学界共识,并且相较以往,对语用层面的探讨方兴未艾。这方面的研究成果也影响着作为第二语言教学的汉语虚词研究。正如金立鑫(1997)所谈到的,语法研究的目标在于对句法结构作出充分的解释,所要解释的问题主要是:(1)结构的语法意义,什么样的结构表现的是什么样的语法意义,比如"被"字结构表现的是"被动意义";(2)某一类句法结构内部的结构规律,结构的组织过程;(3)结构体的形成(选择)和使用上的规律。研究应综合这三个方面,力求在了解某一结构体所对应的语法意义的基础上,进一步解释这一结构体与使用这一结构体的决定性因素之间的对应关系。也就是说,研究者要了解的是一个运用中的结构体的价值,此时此地为什么它表现的是这样一个结构,而不是另一种结构,说话人是根据哪些因素来选择这一结构的。该文以"把"字句的分析为例,讨论了"把"字句的结构特征、语义特征、上下文语境的要求、语义重心、句法和篇章的强制性、说话人的风格和爱好等影响"把"字句运用的因素。马真(2001)从语义背景的视角出发,具体描写说明了"并"和"又"两个语气副词的用法,认为以往把语气副词"并"和"又"只描述为加强否定语气的作用太简单笼统,学习者不知道什么场合用"并",什么场合用"又",因此强调无论在词语教学还是语法教学中都要重视向学生说清楚词语使用的语义背景。Teng(2003)也认为对外汉语教学语法点的描述应包括功能、结构和用法三个方面。功能包括语法功能、语义功能和交际功能,结构包括基式结构、变式结构和变形机制,用法包括何时使用、何时不用及与其他语法点的比较。

另外,很多有关常用虚词的本体研究是通过对某个或某类虚词的语法意义的考察来探讨语法理论问题的,其出发点和立足点都是理论语法。齐沪扬(1999)在探讨表示静态位置的状态"在"字句时就指出,20世纪80

年代初对"在+NP+VP"句式的研究及讨论的重点,并未放在这个句式本身的特点上,而是试图以对某一句式的具体分析作为突破口,使汉语语法研究在方法上有所改进。所以朱德熙先生与其他学者的诸多虚词句法研究,理论上的贡献在于从方法论上为如何运用变换分析的方法来揭示汉语的歧义现象进行了探索,但对虚词及其所在句式的句法、语义和语用特点的认识还不够充分,很多研究结论尚不能直接拿来解决对外汉语教学中的问题。

理论语法的成果如何更好地为教学语法利用是一个值得探讨的课题。对此,谭春健(2003)通过对句尾"了$_2$"的语法意义的分解和呈现,讨论了理论语法与教学语法接口的操作步骤,认为不管"'了$_2$'是汉语态标记"这样的理论认识是否符合语言事实,都不能直接运用到第二语言教学中,因此他指出在理论层面不要囿于对"了$_2$"意义的表述及其在语法体系中的定位,而是要在了解"了$_2$"语法意义的基础上,把理论语法抽象出来的东西再具体化,从不同的角度对"了$_2$"所在的句法格式进行下位分类,以建立语法分析和实际教学之间可行的链接。

2.1.2 虚词所在的格式意义分析

除了上述对某个虚词的句法、语义和语用的分析之外,还有很多研究是把虚词所在的格式作为一个整体来讨论其所表达的意义。因为很多虚词的意义、作用和特征只有放在一定的环境里,才能更好地认识(郭熙1986)。下面分别对副词、介词、连词和助词的一些相关格式研究进行简要介绍。

首先看副词的格式研究。林华勇(2003)对副词的组合、聚合和个案研究进行了回顾,副词的格式方面的研究主要是组合研究。组合研究可以分为跨类组合研究和同类组合研究,跨类组合研究如"副词+名词/形容词/动词/数量名"结构;同类研究指共现顺序研究和连用研究。其中跨类组合研究更受重视,这反映在论文的数量和深入程度上。

讨论比较多的是关于副词修饰名词性成分的现象,如李一平(1983)、张谊生(1996)。陆俭明(1980a)分析了"程度副词+形容词+的"一类结构的语法性质,讨论的是"很、挺、非常、更、最、太"等几个常用的程度副词,把可以出现在该结构中的形容词一一代入检验,认为该结构实际上代表了三类不同性质的句法结构:状态形容词性的、名词性的和副词性的。此外还有马真(1981、1986)、吴硕官(1988)、贺阳(1994)、徐燕青(1996)、刘元满(1999)、潘慕婕(2001)、王圣博(2008)等。

其次看介词的格式研究。这方面主要是介词框架研究,刘丹青(2002)认为汉语中的介词框架是一种重要的句法现象,该论文从类型学的角度讨论了汉语中的框式介词,即在名词短语前后由前置词和后置词一起构成的介词结构,如"在 X 里""在/当 X 时""除了……以外"等。陈昌来(2003)对不同类型的介词框架进行了句法、语义和语用分析,尤其是对框架中前置成分和后置成分的隐现进行了描述。另外还有郑懿德、陈亚川(1994),李剑锋(2000),张国宪(2009),张国宪、卢建(2010),施春宏(2010a)等。

再来看连词的格式研究。甲级虚词中的 13 个连词多是成对出现的关联词,所以很多研究讨论的是关联词的格式,如周换琴(1995)、童肇勤(2005)、徐燕青(2007)等。

最后是一些助词的格式研究。主要是"的、着、过、了、得",如李芳杰(1997)、金忠实(1998)、杨德峰(2001)、史金生(2000)、李云靖(2008)、赵越(2009)、蔡丽(2012)等。

另外,还有一些不同词类的虚词一起使用的格式研究。如赵静贞(1984)、金立鑫(2005)等。

从语块学习理论的视角来看,虚词的格式教学有利于学习者更好地掌握和运用该语法形式,所以有关虚词格式的研究成果对第二语言教学来说具有很好的借鉴作用。

2.1.3 汉外虚词对比研究

与其他语言相比,虚词在缺乏形态变化的汉语语法体系中是一个独特现象,所以从汉外对比的角度进行虚词研究也是一个重要的内容。贾钰(2000)在对近二十年对外汉语教学领域汉英语法对比研究的综述中,发现虚词的对比研究占有相当的比重。胡明扬(1995)在谈汉语和英语的完成态时,首先指出两种语言的对比研究由于研究目的不同,对比的内容和方法也有所不同。语言结构理论研究和类型学研究的重点是对比两种语言的结构和类型方面的异同,要求系统性强,而语言教学研究的重点是对比两种语言的语法形式和语法意义以及同样意义的各种表达方式的异同,要求内容更加具体,不强求系统性。目前的汉外虚词对比研究两者都有,但后者较多。前者如周刚(2001),后者如赵永新(1980、1983)、王还(1983),张孝忠(1984),赵世开、沈家煊(1984),卢英顺(1995),白荃(2001),徐以中(2010)等。

现有汉外虚词对比研究多是在句法层面,自上而下地举例论证单个虚词的语法意义,系统性对比研究尚有不足,还需要进一步基于语料库,充分考虑制约虚词运用的篇章结构和语用因素,对不同语言成分在出现频率、分布情况等方面的差异进行对比分析。

2.1.4 汉语母语者虚词运用研究中值得关注的问题

通过上文对常用虚词本体研究概况的大致梳理,发现有以下几个方面的问题值得关注。

首先是虚词研究方法问题。吕叔湘(1977)曾专门谈了用对比方法研究语法,因为一种事物的特点,要跟别的事物比较才能显现出来。虚词研究也是如此,除了上文谈到的汉外对比之外,还有今古对比、普通话和方言对比以及普通话内部不同虚词之间的对比。运用对比方法进行虚词研究的实践典范有马真(2004)、李晓琪(2005)等。施春宏(2010b)认为马真一书是现代汉语虚词研究的总结以及总结和反思之后的方法论上的提升,该书总结和倡导的虚词运用的语义背景分析模式、强调区分虚词义与格式义的理念和研究方法、强调使用多种语料反复验证的研究路径在虚词研究领域产生了广泛的影响。

其次是研究语料问题。目前对汉语母语者的虚词运用研究大多基于内省的语句或者摘自现代文学作品的例句,还有的是基于书面语料或语体不明确的语料,缺少一定数量的对汉语母语者实际语言使用情况的统计和描写。这样的语料虽然揭示了一些语言规律,但也存在一定的不足。近年来,随着语体语法不断受到重视,越来越多的研究开始关注口语语料,发现了一些新的现象,例如李宇凤(2007)考察了常见的程度副词在日常对话(剧本)、新闻、政论和有准备的谈话(访谈节目)四种不同语体的语料中在短语搭配、入句功能以及语境适应性等方面的具体表现,结果显示,程度副词在电视谈话中出现频率最高,在剧本对话中整体频率偏低,说明交互性评论语境是程度副词出现的决定因素。李一平(1983)发现副词修饰名词性成分大都出现在口语句中,表达说话人对事物的看法、感情和态度,带有说话人的种种语气。方梅(2000)在对自然口语中弱化连词的话语标记功能的研究中指出,过去像"所以、但是、因为、可是、那么、而且、然后、甚至、如果"等连词一般被视为表达小句或者句子之间的时间关系或逻辑语义关系等真值语义的手段,但这种基于书面语研究所得出的认识只反映了连词的部分功能。在自然口语中,连词的运用常常发生语义弱化,不表达真值语义关系,而被用作组织言谈的话语标记。语料统计发现"所以"的非真值语义表达占比达 50%,"不过、但是、可是、然后"占比都在 30%以上。

随着语料库语言学的兴起,研究语料逐渐由过去的内省例句转向语料库语料。例如郑定欧(2009)从一个 2000 万字经切分带标注的核心语料库及一个收有约 800 篇学术文献的专设语料库中分别提取了 11000 个和 14000 个"把"字句,再经人工筛选整理出 10000 个可接受度高、再现率高和结构完整的句子作为供观察的实证基础。郑文基于语料库的考察指出现代汉语要表达"处置性","把"字句仅仅是多种选择中的一种。"把"字句的构成首先是由句法因素驱动的,而不是由语义因素驱动的。绝大部分汉语动词在合适的句法框架中都可以进入"把"字句,而与其语义内容无关。该文同时也强调必须重视语料库的作用,必须把密集的、同质性高、冗余度低而针对性强的群体序列作为观察的语料基础。

最后是对虚词的篇章功能研究问题。过去对虚词的研究一般局限于句子范围内的意义与功能,包括单句和复句。已有的从篇章角度来观察虚词运用的研究给我们开启了一个新的领域,如屈承熹(1991)对汉语副词的篇章功能的研究发现副词的一些功能以单——个句子来看通常并不显著,而与篇章结构有着很密切的关系。再如刘勋宁(1999)在考察词尾"了"的语法位置时指出,当几个小句合成一个连续谓语句时,词尾"了"只用于最后一个小句等有关"了"的应用原则。同时该文还指出,制约"了"使用的条件在句外,而不在句内,如果只在句内找原因,自然不能如愿。

2.2 以汉语为第二语言的学习者虚词运用研究

虚词是对外汉语语法教学中的重点和难点,是研究的重要课题,学界针对汉语学习者的虚词运用研究成果也很丰富,主要包括对外国留学生某类或某个虚词进行偏误分析和习得过程研究,找出其中的规律,分析偏误产生的原因,提出虚词教学的总体原则或设想,对虚词的教学方法提出建议,等等。

为了了解目前对汉语学习者中介语中虚词运用的研究状况,本研究全面检索了《语言教学与研究》《世界汉语教学》《汉语学习》《语言文字应用》四部核心期刊的相关文献,结合部分会议文集和研究专著,发现对汉语学习者中介语中的虚词研究主要集中在偏误分析及习得过程研究这两个方面,笔者把这部分文献所考察的虚词、研究对象、语料来源及研究方法、主要研究内容等进行了整理,详见表2.1。

表2.1 汉语学习者中介语虚词研究部分成果一览表

虚词	研究对象	语料来源	语体	研究方法	主要内容	研究者	时间
把	母语为英语的学习者	语法判断、翻译及陈述故事	测试语料及口语	问卷调查	"把"字句的获得由"把"后名词语法语义明确与否、动词处置意义强弱、"把"字句结构复杂度决定	靳洪刚	1993

续表

虚词	研究对象	语料来源	语体	研究方法	主要内容	研究者	时间
了	英语母语留学生	与2名留学生的谈话	口语	跟踪调查	"了"的习得过程分析	孙德坤	1993
副词"也"	不同学时等级的留学生	北语CCLI语料库	以作文为主	语料库研究	"也"的使用率和偏误率与母语背景和语料类型都有比较密切的关系,而学时等级对使用率有显著影响,对偏误率没有显著影响	陈小荷	1996
把	不同母语、水平、性格、性别留学生	汉语中介语语料库系统	作文	语料库研究	留学生普遍采取回避策略,母语背景对习得有显著影响	熊文新	1996
不、没	母语为英语的学习者（1—6级）	北语汉语中介语语料库系统	书面语	语料库研究	"不"和"没"否定结构的习得过程的有序性和阶段性特征	王建勤	1997
了	留学生	问卷调查语料	书面语	个案及试卷	留学生掌握"了$_1$"和"了$_2$"情况	赵立江	1997
了$_2$	母语为英语的学习者	台湾师范大学汉语第二语言中介语数据库	作文	语料库研究	"了$_2$"比"了$_1$"较早为学习者习得	Teng	1999
把	欧美、日、韩各10名留学生	测试卷语料	书面语	实验研究	学生回避使用"把"字句现象突出	余文青	2000

续表

虚词	研究对象	语料来源	语体	研究方法	主要内容	研究者	时间
介词	11名初级留学生	问答及成段表达语料	口语	跟踪调查	学生能用的介词不多,介词在初级阶段的发展不是介词数量增加,而是内部搭配的扩充	赵葵欣	2000
介词"在"	韩国初级学习者	对话问答语料	口语	跟踪调查	考察偏误,提出教学建议	丁安琪、沈兰	2001
再、又	中级、高级、入系留学生	测试卷语料	书面语	问卷调查	考察正确率及习得顺序	李晓琪	2002
了	韩国留学生	韩汉翻译教学收集语料	书面语	偏误分析	通过汉韩对比分析"了"的偏误类型及其原因	韩在均	2003
把	母语为英语的留学生	测试卷语料	书面语	问卷调查	"把"字句习得状况	黄月圆、杨素英	2004
不、没	中山大学4个班留学生	问答、观察和测试语料	口语+书面语	个案研究、小组研究	时间词和语块熟悉度是影响学习者选择使用"不"还是"没"的两个因素,学习者对该否定结构的掌握程度与其汉语水平不完全正相关	李英	2004
20个介词	欧美留学生	汉语中介语语料库系统	书面语	语料库研究	欧美学生使用介词频率明显高于日朝韩学生,也高于汉语母语者	崔希亮	2005

续表

虚词	研究对象	语料来源	语体	研究方法	主要内容	研究者	时间
助词"着"	中高级留学生	作文、填空测试材料	书面语	问卷调查	与"着"相关的语法点使用频率、偏误及难度等级	李蕊、周小兵	2005
把	初、中、高级学习者及母语者	笔头造句及作文语料	书面语	问卷调查	"把"字句习得难易度及排序	李英、邓小宁	2005
被	初、中、高级留学生	造句、看图说话及连词成句语料	书面语+口语	问卷调查	意义被动句习得难度高于"被"字句	吴门吉、周小兵	2005
除了	中、高级留学生	作文语料	书面语	与汉语母语者语料对比	分析使用频率、正误用例及教学分级	肖奚强	2005
没有	留学生	中介语语料库	书面语	语料库研究	归纳偏误类型，分析偏误原因	袁毓林	2005
不	留学生	中介语语料库	书面语	语料库研究	归纳偏误类型，分析偏误原因	袁毓林	2005
介词	韩国留学生	教学中收集语料	书面语	韩汉语言对比	分析偏误类型，解释偏误原因	崔立斌	2006
程度副词	留学生	汉语中介语语料库（HSK）	书面语	语料库研究	统计程度副词用例数量、正误比例及分布	郑艳群	2006
介词"对"	母语为英语的留学生	教学中收集语料	书面语	偏误分析	归纳偏误类型、通过汉英对比等分析偏误原因	白荃、岑玉珍	2007
被	母语为英语的留学生	作文语料及专题测试语料	书面语	问卷调查	考察产出和理解"被"字句能力，探讨习得制约因素	黄月圆等	2007

续表

虚词	研究对象	语料来源	语体	研究方法	主要内容	研究者	时间
语气词"呢"	母语为日语的留学生	问卷调查语料	书面语+口语	问卷调查+跟踪调查	偏误分析及汉日语言对比分析,说明母语的负迁移现象	徐棠、胡秀梅	2007
范围副词"都"	留学生	—	—	偏误分析	分析偏误类型,解释偏误原因	周小兵、王宇	2007
副词"就"	初、中、高级留学生	作文语料	书面语	习得顺序研究	学习者习得顺序及使用特点并与教材、汉族儿童习得顺序对比	黄露阳	2009
把	留学生	HSK动态作文语料库	书面语	语料库研究	"把"字句习得状况	张宝林	2010
了	俄罗斯学生	HSK动态作文语料库	书面语	语料库研究	归纳偏误类型、比例及分布情况,分析偏误原因	王红厂	2011
10个时间介词	初、中、高级学习者	现当代小说、南京师范大学汉语中介语偏误信息语料库、对外汉语教材课文语料库	书面语	语料库研究	中介语中频率与汉语母语者使用频率趋于一致,与教材中频率不一致	周文华	2011
多义副词(就、才、还、再、都、也、又)	中、高级留学生	自建中介语作文语料库及中文小说	书面语	语料库研究	描述各副词习得顺序并与语法化顺序对比	高顺全	2012

续表

虚词	研究对象	语料来源	语体	研究方法	主要内容	研究者	时间
把	韩国留学生	中介语语料库	书面语	语料库研究	习得顺序及教学分级	黄自然、肖奚强	2012
汉语否定结构"不""没"	母语为英语的中、高级学生	口头谈话语料	口语	个案研究	习得情况良好,没有发生母语负迁移	郑丽娜、常辉	2012

虽然表2.1中关于汉语学习者中介语中的虚词研究并没有完全覆盖所有的成果,但作为核心期刊的文献具有一定的代表性。综合考察这些研究的内容和特点,可以得到以下一些信息。

首先,在研究范围上,主要集中在对"把、了、不、没、被、也、在、再、又、着、除了、都、就、呢"等常用虚词的研究上。大多数文献都是对个别语言项目的习得情况考察。所考察的这些虚词相比实际语言中出现的和教学中涉及的虚词数量来说还比较有限。正如柯传仁、沈禾玲(2003),肖奚强(2011)所指出的,除了对单个语法现象进行研究之外,还应全面调查各语法点的习得情况,注意将相关语法点结合起来进行研究,全面描述、解释中介语语法方面的系统性,因为各语法现象之间事实上是相互联系与制约的。从单个语法现象的研究转向对某一类语法现象的研究是中介语系统化研究的发展趋势,也出现了一些专著,如肖奚强等(2008)对频率副词和程度副词的习得研究,张文贤(2011)基于中介语语料库的连词研究,周文华(2011b)对时间介词、空间介词、对象介词、依据介词、缘由介词的总体考察。

其次,在研究对象方面,多集中于母语为英语、韩语、日语的中高级汉语学习者。研究多着重考察某一学习阶段的中介语现象,全面考察初级到高级阶段中介语特征的研究并不多,也有不少研究没有说明调查对象的母语、汉语水平等信息。这反映出在对中介语虚词进行研究时有两方面的问题还需要特别注意:

一是学习者水平的确定标准各不相同,有的是按照学习汉语的时间,有的是按照学习者所在班级,有的是按照 HSK 等级,这就使得各研究对于虚词项目在各级别学习者中介语中的表现缺乏可比性。

二是是否要分国别进行习得研究。Ellis(1994)综述的关于英语语素习得顺序的研究表明母语对学生的习得顺序没有影响,因此有些研究如周文华(2011b)对中介语语料库的使用基于普遍语法的思想,认为各国语言都有普遍的语法规则,各国学生在大部分语言项目的习得顺序方面都没有明显差异,在选取中介语语料时并未区分学习者的国别。尽管部分语法项目在不同母语背景的二语学习者习得过程中存在普遍规律,但是也必然有一些项目是存在差异的,比如崔希亮(2003)考察了日朝韩学生对 8 组介词的使用频率和偏误情况,并与汉语母语者和欧美学生的使用情况进行了对比,结论是母语的类型学特征对学习者目的语学习过程有明显的迁移作用,日朝韩学生的介词使用量基本持平,但远低于欧美学生。虽然崔文中不同国别学生的中介语语料并不平衡,也没有对中介语进行分级考察和双语对比分析,但其研究显示,区别学习者的母语背景对中介语研究具有重要的意义,也是今后研究的一个方向。

再次,所见文献的研究方法基本上涵盖了所有的中介语研究方法,包括汉外对比分析、偏误分析、问卷调查、个案研究、跟踪调查、实验研究及基于中介语语料库的研究。有的研究不只使用一种研究方法。总体来看,问卷调查和基于中介语语料库的研究方法比较普遍,并且中介语语料库研究方法已经逐渐成为主流。研究方法与语料收集方法直接相关,主要可以分为三大类:一是基于已有的或者自建的中介语语料库;二是通过测试卷调查得到的语料;三是在日常教学中收集的语料。表 2.1 中绝大多数语料是留学生作文等书面语料,只有 7 篇论文是通过与留学生问答交谈得到的口语语料,这类语料多来自对少数几位学习者的跟踪调查,语料数量比较有限。还有的研究把口头和书面的语料混合在一起没有加以区分,根据前文所谈的语体问题,这类混合语料的语体特征不明确,会给研究结果带来一定的影响。

关于问卷调查语料的问题,李晓琪(2002)在使用单句填空及语篇完型填空这两类问卷测试形式对学习者习得"再、又"的情况进行了考察之后,有过专门论述。该研究发现,学习者在运用"再、又"表达意义时,在不同语境(单句、语篇)中所表现出来的言语特征会随具体语境特征的变化而发生不同变化,这种变化直接影响其言语表达的准确性,因此该研究明确指出"研究中介语习得顺序和习得过程的文献,收集语料的方法多数是通过研究者根据不同的研究目的来设计调查问卷而获得,或是通过学生的习作,只有少数是通过被调查者的谈话录音而获得真实情景的交际性语料。设计的调查问卷涉及到题型、语境参数、语言的自然程度等多方面因素,这些都直接影响到问卷的准确率,以至影响到研究结论"。

语料性质对于研究成果的重要性在前文已经进行了阐述,在对文献进行梳理研读的过程中,笔者发现很多研究的语料来自留学生平时的习作,部分语料的真实性值得怀疑,比如周文华(2011a)对留学生时间介词的习得研究所举的一个初级德国学生的作文例句:"每当回忆起这件往事,我都无比后悔,后悔没有问他的名字。"这样的句子明显不像是初级学生的水平。根据笔者的经验,在教学过程中学生交给老师的习作常常是经过辅导老师或语伴修改过的,并不能完全反映留学生的真实语言能力。

最后,关于研究过程和结果,大多数研究都是利用虚词本体研究成果或汉语母语者语料分析该虚词的语义、语法、语用特点,在此基础上对中介语进行偏误分析,归纳偏误类型,分析偏误原因,根据语法项目的正确率或偏误率,总结习得顺序和难度。在这些研究中主要存在两个方面的问题:

一是前文谈到过的对偏误的归类和解释可能存在主观性比较强的问题。正如肖奚强(2011)指出的,有很多偏误从不同的角度加以分析会有多种归类的可能,不同的归类,所得数据必然不同,导致整个分析数据的偏差。赵金铭(2002)在谈语法偏误句的分析时举过一个例子,对"妈妈每天不收拾屋子"这个偏误句的分析,既可以认为是"不"的位置错误,改为"妈妈不每天收拾屋子",也可以认为是遗漏了副词"都",而改为"妈妈每天都不收拾屋子",因此在判断偏误类型时一定要弄清楚学习者的本意,因意正句,不可随意增删修正。但是由于中介语中语言形式和功能的对应关系还没有确定下来,学习者的表达意图需要推测,很多研究是把偏误句从语料库中单独抽取出来进行分析,有些偏误容易确认,有些就只能大致猜测学习者要表达的意思,然后归入相应的偏误类型,主观性比较大。这就不可避免地给研究结果带来一定的误差。此外,刘颂浩(2003)在谈到对"把"字句习得研究中的"回避"问题时指出,研究者确定回避的标准不一,有的以不出现为回避;有的以出现少为回避;有的把语境能用而学习者未用视为回避;有的是把语境能用,学习者会用而未用视为回避。一个语境中是否出现"把"字句,有时是因人而异的,研究者凭语感确立的能用"把"字句的语境很难作为比较的参照点,这就使得研究中对回避现象的判断失去了基础。

二是一些对同一个语法点的习得研究出现了相反的结论,比如柯传仁、沈禾玲(2003)指出的 Teng(1999)与 Wen(1995、1997)关于动词后"了$_1$"和句尾"了$_2$"的习得研究结论相反,Teng(1999)认为"了$_2$"习得先于"了$_1$",而 Wen(1995、1997)认为学习者先习得"了$_1$",后习得"了$_2$"。柯传仁、沈禾玲(2003)分析其原因在于两个研究的调查对象汉语水平及使用的语料类型有很大差异,Wen(1995、1997)基于被试的口头资料,而 Teng(1999)则为学生的书面资料,而且两个研究的被试学习环境也不同,这就直接影响到两个研究结论的可比性。

综上所述,学习者中介语中的虚词习得研究取得了一些成果,但相对于虚词在汉语语法及教学中的重要性,对学习者中介语特别是口语中的虚词运用情况进行更为系统的研究还有大量的工作需要去做,在严格确定调查对象特点和语料选取方面还有很多不足。

2.3 语料库语言学的性质和研究方法

随着计算机技术的普及,语料库语言学(Corpus Linguistics)得到了快速发展。语料库指的是一个按照一定的采样标准采集而来的、能够代表一种语言或者语言的一种变体的电子文本集。语料库语言学,以大量精心采集而来的真实文本(authentic texts)为研究素材,主要从宏观的角度通过概率统计的方法对语言事实和语言学习的行为规律进行多层面的研究。

有人认为语料库语言学是一个独立的学科,有自己的理论体系和操作方法,立足于大量真实的语言数据,对语料库作系统而穷尽的观察和概括,所得到的结论使人们加深了对语言本质的理解,对语言理论建设具有创新意义;也有人认为语料库语言学并非语言学的一个分支学科,而只是一种研究方法,这种方法基于大量的真实语言,可以用来回答通过其他途径很难回答的问题(梁茂成等 2010)。Tognini-Bonelli(2001)对语料库语言学的性质进行了重新思考,认为是介于理论和方法论之间的研究领域。这一观点代表了相当多语言学家的看法(许家金 2003)。桂诗春(2010)认为语料库语言学既是一种工具,更是一门学科,是对语言行为进行概率性归纳和概括的一门学科。与传统的自上而下的语言结构分析角度不同的是,语料库语言学强调语言用法研究,研究中心是自然真实的文本中实际应用的语言,而不是研究语言在理论上可能是什么。

许多研究集中在调查相似的语言结构在不同语境中的使用和功能。研究者总是试图从语料库语料中归纳出最频繁使用的语言型式(pattern)、最频繁使用的词语搭配以及最频繁表达的意义和功能,揭示语言的典型运用特征而不是仅仅对其是否符合语法作出判断。

语料库语言学自下而上的研究方法,体现为提取、观察、概括、解释的研究过程。具体来说,首先是要从语料库提取有关语言现象的数据,凭借计算机软件自动或半自动地处理数据,获得必要的量化数据分布信息,然后对数据的总体特征和趋势进行观察和描述,在进一步分析具体语言形式的环境信息、意义和功能特征后,对研究对象作出适当的概括和解释。因此,语料库语言学研究常被称为基于频数的研究或概率驱动的研究。高频出现的形式、意义和功能往往揭示了语言运用的核心和典型要素(卫乃兴 2009)。卫乃兴(2009)指出,有的基于语料库的研究采用自上而下的方法,不进行量化的数据处理和频率信息描述,对所用语料库的性质和特征以及数据提取和处理手段不作明确描述,而是使用语料库中的语句例证某个理论或观点,这可以视为"语料库例证的方法",严格来说,这不是语料库语言学的方法。

卫乃兴(2007a)在评述开启语料库语言学研究的英国语言学家 John Sinclair(约翰·辛克莱)的研究思想和方法论观点时,把 Sinclair 创设的一般研究范式概括为基于大量真实数据的实证研究,以复现的语言形式、意义及其内在规律为对象的研究内容,科学的数据处理与统计手段,语境—词项的观察方法,对形式选择和意义实现机制的归纳、概括与描述等五个方面,并认为该范式所揭示的特征性方法与内容体现了其形式、意义与功能一体的社会语言理论观。

根据研究目的的不同,语料库有多种类型划分,如通用语料库与专用语料库、共时语料库与历时语料库、口语语料库与笔语语料库、本族语者语料库与二语学习者语料库等。

二语学习者语料库为第二语言习得研究另辟蹊径,基于语料库的学习者中介语分析能帮助研究者观察到学习者学习一门新语言的过程和规律,使中介语分析由过去的"主观分析"和"定性分析"为主逐渐向"数据驱动型分析"和"定性定量结合型分析"演变(Leech 1998,转引自潘璠 2012)。自 20 世纪 90 年代后期以来,学习者语料库的出现为充分描写学习者中介语的总体特征提供了极大的便利,也成了研究热点。通过检索有代表性的学习者语料库,可以快速准确地获取学习者在写作和口语中的各种词法、语法和话语特征的出现频率、种类和语境等方面信息,揭示特定层次学习者在语言运用方面的共性特征。(潘璠 2012)

语料库语言学最常用的研究方法为中介语对比分析法(CIA),该方法是 Granger(1996)首先提出的,主要是将学习者语料库和本族语者语料库进行对比,找出两者间的差别再进行分析。

CIA 分为两大类。第一类是学习者与本族语者之间的对比,这种分析有助于发现二语学习者语言中不合乎本族语表达的特征以及学习者语言中超用、少用或误用的某些特征,从目标语典型性和学习者偏离的角度揭示二语学习者在语言运用方面的困难和问题,给教学内容的选取和编排提供依据。例如 Granger(1996)比较了二语学习者和本族语者在写作时使用连接词语方面存在的差异,发现学习者过多使用某些连接词,而对另一些连接词则使用不足,学习者对一些词语的使用频率比本族语者高得多,如 68% 的"so"出现在句子的起始位置,而这种用法在本族语者中只占 14%。第二类是不同学习者中介语之间的对比,包括不同母语背景的学习者之间的对比,不同学习阶段或不同水平的学习者之间的对比以及学习者不同语体的文本之间的对比。

许家金基于 Granger(1996)的中介语对比分析和 Tono(2002)的多维分析,提出开放式中介语对比分析模式,即以研究目的为驱动,从多个视角对中介语进行分析,如利用可比的不同母语者语料进行语言迁移研究,通过相关口语和笔语语料对学习者的语体意识进行分析,基于学习者不同阶段的语料观察学习者语言能力的发展,等等。他还以自建的"梨子故事"语料库为例,介绍了如何使用语料库的方法来研究学习者的母语对其英语口语叙事能力的影响。开放式中介语对比分析模式的提出是对传统 CIA 模式的完善和发展,在理论和实践上拓宽了中介语对比研究的思路(刘国兵 2012)。

具体来说,对语料库的使用往往是从检索某个语言形式的出现频率及其出现语境开始,再对其语义、语法和语篇等方面的特征进行归纳总结,分析的切入点一般是检索项的搭配形式,其在语句或语篇中所处的位置以及其具有的语音、词汇和句法特征(何安平 1999)。

从本质上来说,语料库的研究方法是描述性的,只能回答"有什么"和"有多少"的问题,并不能回答"为什么是这样",也不能直接判断"就是这样",因此语料库研究还应当结合其他方法,从而发挥更大的作用(何中清、彭宣维 2011)。

2.4 语料库语言学的相关概念

语料库语言学有系统的研究方法和相应的术语,下面重点介绍与本研究相关的频率分布、搭配、类联接和语体特征等概念。

2.4.1 频数和标准频率

语料库研究改变了人们对于语法的看法,语法并非绝对的正误规则,而是一种"概率语法"(probablilistic grammar)。Halliday 在 1961 年就指出,语言的本质是各语言现象彼此间的相对概率,而非"永远是此而非彼",概率语法考虑的是某一特定语境中哪些语言形式最可能被使用以及使用概率是大还是小。语料库语言学主张通过语言形式和意义的概率信息揭示核心的语言型式,需要观察不同语言项目之间在一定语境中共同出现(简称"共现")的概率以及某个或某些语言项目在不同类型文本中出现次数的差异性。

在进行语料的统计与分析时,要讨论概率,就会涉及频数、频率和标准频率等概念。

频数(raw frequency)指的是某个语言项目在一定语料范围(文本数据源)内出现的次数。而频率的计算公式是:频率=频数/总体频数(通常为语料库文本的总字数或总词数)。研究项目基于不同的语料进行对比时,因为各种语料的数量不等,所以要考察的语言项目在不同语料中的频率不能直接进行比较,需要进行数值转化,就是把某个语言项目在多个语料文本中的出现频率归到一个共同基数上,如 1000,即每 1000 个词中出现了多少个语言项目。这个基于统一基数得出的频率叫作标准频率,计算公式是:标准频率(每千字)=频率×1000。

语料库语言学常常将标准化频数叫作频率(frequency),而将标准化前的频数称作频数(frequencies 或 occurrences)。

2.4.2 搭配和类联接

语料库语言学强调以真实语料作为统计的基础,除了统计语言形式的概率信息之外,还要分析特定语境中语言形式和功能之间的关系(Ronald Carter、刘精忠 2001)。最常用的概念就是搭配(collocation)和类联接(colligation)。这两个概念都是弗斯(J. R. Firth)在 1957 年提出来的。

搭配的概念已被广泛使用,但学界的定义和内涵不尽相同。语料库语言学的搭配指的是一个词所处的最常见的、典型的环境,用来描述词的词汇型式(lexical patterns)。搭配(或称"共现关系")是语料库语言学的核心概念之一,也是语料库语言学最活跃的研究领域。

词语搭配是语言的一个特征。学习者在掌握了基本语法知识后,语言表达是否准确地道,词语搭配是重要的考察点。二语学习者和本族语者对某个实词或虚词的词语搭配往往会呈现明显的差异。

搭配研究的是具体的词与词的组合,而类联接则是语法层面的搭配关系,用来表示一个词或一类词所处的语法结构类型,涉及高于搭配层面的抽象的语法概念与范畴,是从句法结构和范畴的角度对词语搭配进行的抽象描述,如"动词+名词"就是一种类联接。该术语的提出者 Firth 将"I watched him"这句话背后体现的"第一人称代词+动词过去式+第三人称代词"语法类别共现关系称为类联接。

近年来,许家金、熊文新(2009)对 Firth 的类联接概念(即:词类+词类)进行了扩展,将类联接关系扩展到词形和语法类别两个层面,比如下图中展示的"I think"的类联接:

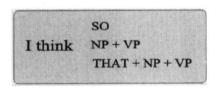

图 2.1　I think 的类联接(许家金、熊文新 2009)

从图 2.1 可以看出,"I think"的横向组合关系不光有词类(NP),也有语法类别(that 从句)以及具体词形(so)。此外,"I think"右边的纵向聚合选择关系也是经常需要考察的内容。如果研究需要,类联接还可以结合语法类别对篇章和文体进行分析。扩展后的类联接研究有助于发现学习者中介语中一些典型的句法特征,尤其是在与本族语者的相关句法范畴的对比中更容易发现二语学习过程中的不足之处(许家金、熊文新2009)。

类联接强调词的组合方式,搭配强调组合的材料,这两个方面的知识都是语言学习的重要内容(濮建忠 2003)。搭配在一定程度上有惯例化因循使用或约定俗成的性质,这也正是语言使用地道性的基础所在(卫乃兴 2003)。实际上,判断搭配也是根据词语共同出现的频率而定的,出现的频率高,它们之间就形成一种搭配关系。

在研究搭配和类联接等问题时,关键词(节点词,node word)索引(key-word in context,简称 KWIC)即"语境中的关键词"是语料库语言学分析处理语料的基本手段之一,就是通过考察含有所要研究的关键词的句子片段来描写词项搭配,将关键词居中显示,在关键词左右显示词语存在的语境,分析词语的搭配特征。关键词索引的基本意义是把关键词或词组按照字母或频率顺序排列并与其所在前后文语境一同展示。

Sinclair 研究形式与意义的经典方法是词项-语境法,该方法由词语搭配研究发展而来,是语法与词汇、词汇与词汇共选关系的体现,通过扩展意义单位来研究意义,扩展意义单位由节点词、核心搭配、类联接、语义韵(semantic prosody)和语义选择趋向等 5 个要素组成(卫乃兴 2007a)。其中,节点词就是所要研究的词语,从语料库的词语索引来看,节点词左右的词是组合关系,其上下各行则是聚合关系;核心搭配则是意义单位的中心部分;类联接体现了句法结构;语义韵揭示了语用目的和功能,统领词汇和语法项目的选择。节点词在语境中吸引具有相同或相似语义特点的词项与之高频共现,从而形成某种语义氛围即语义韵,一般分为积极、中性和消极三类(卫乃兴 2002);语义选择趋向揭示了一定自由度的形式变体和微调意义,是节点词与某类语义特征的词语频繁共现的习惯性搭配行为(李晓红、卫乃兴 2012);扩展意义单位集语境、意义、功能、结构、目的于一体。该思想将短语学研究置于突出地位。

实词与实词的搭配是搭配研究的主要内容,目前也有研究开始探讨实词与虚词以及虚词与虚词之间的搭配。虚词大多表达的是语法意义,没有实在的词汇意义,学习者的虚词习得情况更多反映的是其语法知识而非词汇知识,而对语义韵和语义选择趋向的研究更多的是对实词的词汇意义和风格的分析,因此本研究主要考察虚词的搭配和类联接情况。首先考察一个词在用法上的类联接,然后看某些类联接中反复出现的典型的搭配词语。因为在类联接的某个位置上出现的搭配词语常常是有选择的，是由说话人对于节点词意义的理解及使用习惯决定的。

语料库语言学的研究中心是语言用法研究，通过调查类联接模式研究语言使用的特征。语言中有许多意义和语法功能都相似的结构，说话人优先使用哪些结构与类联接模式有关。定量分析显示语言特征及不同形式与语境之间的联接程度，定性分析则对语言用法作出功能解释。基于语料库研究的目的不是简单地进行定量计数分析，而是更重视定性的功能解释。

2.4.3 语体特征

语料库语言学对语体特征的研究常常是考察词汇或语法结构在不同语域中的分布有何不同。如前文所谈到的，分语体的语法研究越来越成为中外语言学界的共识。不同语体的区别取决于其词汇语法特征的差别。在计算机技术发展之前，由于口语语料收集有难度，所以大多数研究都是基于书面语语料或者自省的口语语料进行的。对于口语和书面语有哪些具体的语言区别特征还只有比较模糊或笼统的认识。语料库的出现尤其是一些口语语料库的建设，使得通过对一定规模的口语和书面语语料的对比分析进而总结概括其中的典型语体特征的研究变得现实和简单。

早在20世纪五六十年代的手工语料库时期，国外一些学者就十分重视语料的语体研究，如1959年Quirk等人建立的SEU(Survey of English Usage)，目的是收录大量风格体裁不同的语料对英语书面语和口语进行全面系统的描述。

基于语料库的语言描述和研究一直围绕着这样一个中心问题，即某种语言或语言中的某个语域、某类篇章里到底有些什么语言单位、形式、系统或组合，它们的使用频率、时间、场合、原因和对象是怎样的。这些研究可以归纳为四个层面：一是词汇层面，探讨某个词项的出现频率、出现语境以及邻近搭配，如Kennedy(1991)基于LOB语料库检索"between"和"through"这两个介词的左邻搭配词和右邻搭配词的全部实例，通过考察高频搭配词归纳出两个介词最常用的语法形式,并分析其语义内容,找出两个介词的用法异同,帮助英语学习者更好地分辨和使用这两个介词;二是句法层面,在已经有语法标注的语料库里研究各种词性标记的组合模式以及对各类句型的使用作量化分析,如 Sinclair 等倡导的短语学研究,其方法不是从一个核心词开始向两边延伸寻找高频搭配,而是从一些最常见的语法词配置结构入手,如"a/an+?+of"这样的结构,在语料库中调查最能够嵌入这些结构的词及其特征,同时考察各种短语结构在口语语料库和书面语语料库中的差异;三是篇章结构层面,研究口语和书面语连贯及衔接的语言基础,尤其是探讨话语交际的结构模式;四是篇章类型层面,研究不同语体篇章的语言特征组合情况,从而构建语篇或语体分类的语言标准(何安平 1999),比如研究英语的从句在口语语域和书面语语域中的使用有何不同,在区别口语和书面语语域时,什么语言学特征的使用模式是重要的。

在上述四个层面的研究中,口语和书面语的语体特征都是重点关注的内容。对于口语语法与书面语语法的关系,国外主要有 Brazil 的"两种语法"观、Biber 的"同一语法"观和以 Carter & McCarthy 为代表的诺丁汉学派的口语语篇语法的观点。Brazil(1995)在他的 *A Grammar of Speech* 一书中强调书面语和口语的语法是截然不同的,口语语法要完全摆脱书面语,反对在口语语法研究中套用"句子语法"的术语,认为口语交际双方完全依赖于其交际需求,语用是 Brazil 语法的基本出发点。而 Biber 则持"同一语法"观点,通过对比口语和书面语中语法现象的使用频率,认为口语和书面语言中的语法现象并非绝对不同,而是有着共同点,要客观描述口语语法,就不能忽视书面语法,认为口语和书面语法都可以用相同的类别、结构来分析。诺丁汉学派则折中了之前的两种观点,认为口语语法应当被看作是另一种语法,有自身的研究方法,但又承认一些语法特点既适合口语又适合书面语(翟红华 2006)。

本研究主要采用诺丁汉学派的观点,通过对较大规模的口语语料的考察,以及对同一名被试在看图说话时的口头表达和笔头表达进行对比,努力寻找甲级虚词在口语表达中是否存在语体特征以及在口语和书面语中的运用差异。

2.5 基于语料库的英语作为第二语言运用特征研究

国外早期的语料库语言学研究多是依据本族语者的书面语和口语语料,为词典和语法书的编纂服务。后来英语学习者语料库研究不断出现,为第二语言习得研究开辟了新思路,在英语作为第二语言教学与研究方面发挥了越来越大的作用。语料库的应用逐渐从传统的词典编纂领域扩展到语言学习、编写教学大纲和教材以及二语教学等新领域。

在第二语言习得过程中,学习者的中介语既不同于其第一语言,也不同于目的语,是一种随着学习的进展不断向目的语靠拢的动态的语言系统。既然作为一种语言系统,就与本族语者的第一语言一样可以通过语料库语言学的研究方法考察其运用特征。

东京外国语大学 Yukio Tono 教授在 2011 年首届中国语料库语言学大会的主旨发言中认为语言特征能够区分不同的二语发展阶段,多数特征具有明显的群体性特点,并把这些语言特征称为"标准参照特征"。他谈到随着更多学习者语料库的建成,发现和识别学习者语言特征成为研究热点,剑桥大学"英语描写项目"(English Profile Program)在此方面作了尝试,该项目主要是基于 CEFR 中对语言能力的分级标准,利用学习者语料库,总结不同阶段学习者的标准参照特征。Tono 还提出,学习者标准参照特征应包括积极语言特征、消极语言特征、积极用法分布以及消极用法分布四种(刘国兵 2012)。

传统语料库研究主要集中于词语研究,统计某个词语的出现频率,研究它与其他词语的搭配情况,归纳该词语的用法,为词典编纂服务,如比伯等(2012)所著的《语料库语言学》中通过"DEAL"一词带有上下文的关键词索引列表调查该词做名词和动词时的词义和词频以及在不同语域的词义分布,再比如通过检索"big, large, great"的频率分布和左右搭配词对这几个同义词进行区别。在弗斯语言学中,词汇处于语言研究与描述的中心位置并首倡词语搭配的专业研究。新弗斯学派倡导词汇语法(lexical-grammar),强调词汇和语法的同一性。近年来,语料库的研究对象逐步超越词汇层面,扩展到其他层面,包括短语、习语、句子直至语篇。

在我国,英语语料库语言学的研究从 20 世纪 70 年代末 80 年代初兴起,最早是 80 年代中期上海交通大学学术英语语料库的研究。1996 年广州外国语学院开始建立的中国学生交际英语语料库(刘满堂 2004),上海交通大学建设的大学学习者英语口语语料库①(College Learners Spoken English Corpus,简称 COLSEC)(5 万词次),语料主要来源于全国大学英语口语考试的录音资料。甄凤超、张霞(2004)在展望语料库语言学的发展趋势时谈到,学习者语料库的建设与中介语的研究是今后语料库语言学研究的重点之一。实际上,中国的语料库建设一开始就与外语教学密不可分。在 2003 年于上海召开的第一届语料库语言学国际会议上入选的论文中约 65% 涉及中介语研究和语料库在外语教学中的应用研究。而且,目前建设学习者语料库的目的已不再仅仅限于对学习者进行错误分析,而是逐渐扩展为对学习者的语言特征和语言发展进行全面系统的对比研究。此外,口语语料库的建设已成为发展的一个方向,很多学者认为,口语比书面语更能揭示语言以及语言习得的本质。学习者语料库的建设和中介语的研究是语料库研究的重中之重,目的是了解真实的学习者语言特征,为二语教学服务(杨江 2008)。

在众多的有关英语学习者语言特征的研究中,对语块或词块等短语的研究最为普遍,如卫乃兴(2004、2007b)基于 COLSEC 对中国大学生英语会话中的词块使用特征和话语结构特征以及中国学习者英语口语的短语学特征进行的研究,王立非、张岩(2006b)基于语料库的大学生英语议论文中的语块使用模式研究,许家金、许宗瑞(2007)关于中国大学生英语口语中的互动话语词块研究,毛澄怡(2008)的语块及其在英语学习者会话中的使用特征研究,蒋俊梅(2011)基于 COLSEC 对大学生英语口语中四类词块的运用特征进行的对比分析,等等。

---

① 现名为"中国学习者英语口语语料库"。

此外，对某个词语或某类句式的研究也比较多，如刘晓翠、陈建生(2011)基于英语学习者和英语本族语者语料库，采用中介语对比分析的方法，对比分析了英语学习者和英语本族语者在口语中使用"yet"时的差异；王立非、张岩(2006a)基于中外学习者语料库对中国大学生英语议论文中疑问句式的使用特征进行了对比研究。

除了上述两大类研究外，还有对某一类词语或语体特征的研究，如孙海燕、陈永捷(2006)基于赋码语料库对中国英语学习者名词类联接的发展特征研究，文秋芳(2006)通过对比中外学生议论文文体的口头作文，对学习者口语词汇多样性进行了分析。

上述研究都是基于英语学习者语料库，运用语料库语言学的理念和方法，对真实语言交际的各个方面包括词汇、短语、句法、语义、语用、语篇等进行描写，研究中国学生学习英语的典型困难所在及其运用英语的语言特征，研究有关学习者语言发展的全面信息，以便建立有针对性的中国英语教学体系。有关英语学习者语言运用特征的研究走在了对外汉语教学研究的前面，为汉语学习者语言运用特征的研究提供了很好的参考。

2.6 基于语料库的汉语作为第二语言运用特征研究

目前使用语料库语言学的理念和方法对汉语进行的研究有很多是在汉语本族语者的语言运用层面。如许家金(2009)基于8.22小时汉语自然口语语料，考察了"然后"的3种话语标记用法：先后关系、列举标记、开启话题。通过对"然后"的音韵特征、出现位置、互动功能的分析，发现会话中人们频繁运用"然后"作为话语标记来实现说话人之间互为主题的关系，促进相互间的话语和社会互动。同时该文还比较了电话交谈和面谈之间以及男性和女性之间在使用话语标记"然后"方面的异同。杨江(2009)基于语料库对虚词"一旦"的类联接形式进行了考察，归纳了"一旦"的典型用法及其所在句子的句式特征，同时利用互信息从语料库中获取"一旦"的左右搭配词并发现了一些统计意义上的规律以及"一旦"的消极语义韵。

前文谈到,在对学习者中介语进行研究的过程中,语料库正发挥着越来越重要的作用。建立学习者语料库并基于语料库进行多维研究,是近年来国内外第二语言教学和外语教学研究的新潮流(杨翼等 2006)。基于汉语本族语者和学习者语料库用中介语对比研究方法进行研究也逐渐受到重视,如李芳兰、熊南京(2011)基于汉语本族语者语料库及 HSK 动态作文语料库对"特色"一词的搭配、类联接、语义偏向及语义韵的考察,发现本族语者和留学生在"特色"的搭配广度、类联接的宽度及语义偏向和语义韵上均存在差异。这样的研究多是关注实词。杨江(2009)在利用语料库对"一旦"进行研究的同时,还提出了基于语料库的虚词搭配研究设想,认为目前的搭配研究虽然多以实词为研究对象,较少涉及虚词,但这是一种误解,虚词搭配常常是汉语语句结构分析的重要参照系,同时由于虚词是封闭类,可以穷尽枚举研究虚词与实词的搭配以及虚词与虚词的搭配,这对于语言教学有着积极的意义。

本研究在前文已经综述了有关汉语学习者虚词运用方面的研究,除了虚词偏误分析及习得过程方面的研究外,有关汉语学习者语料库的研究也在逐渐增多,但与英语作为第二语言的学习者语料库研究相比还处于起步阶段,主要原因是作为研究基础的语料库的建设和应用还很不完善。

汉语中介语语料库的建设始于 20 世纪 90 年代,第一个语料库为北京语言学院 1995 年建成的"汉语中介语语料库检索系统",此后南京师范大学、中山大学、暨南大学都相继建设了留学生中介语语料库,北京语言大学的"HSK 动态作文语料库"因免费开放,得到了广泛的运用(崔希亮、张宝林 2011)。21 世纪以来,汉语中介语语料库引起了更多学者的重视,语料库建设明显增多,但对外公开的语料库却十分有限。

语料库的语料来源、语料性质对研究有直接影响。目前的汉语中介语语料库及其研究成果仍是以学习者作文等书面语语料为主。近年来国内外第二语言习得及教学越来越重视口语语法的研究。国外第二语言教学领域自 20 世纪 70 年代以来相继建立了一些英语母语者和学习者口语语料库。杨翼等(2006)提出建立汉语学习者口语语料库的设想。但直到现在,口语中介语语料库还在建设之中,真正能被用来进行中介语口语语法研究的还少之又少,目前所知的只有香港中文大学吴伟平研制的"语言习得汉语口语语料库"(LAC/SC)和苏州大学陆庆和、陶家骏研制的"小型外国学生口语中介语语料库"。后者语料来源是 39 名学生的口试录音资料及 74 名不同班级和层次的学生口试及课堂即兴演讲录音资料,共计 689 段口语录音,出自 22 个国家和地区的 113 名外国学生,30 余万字(肖奚强、张旺熹 2011)。

张瑞朋(2013)在对三个汉语中介语语料库的若干问题的比较研究中谈到,语料库有两方面语料属性:一是语料的真实性,包括水平真实性(语料是外国学生真实语言水平的反映)和文字真实性(语料忠实于原来的语言文字面貌,对错字的保存和呈现能体现出错误特征);二是语料的平衡性,HSK 动态作文语料库的语料来自 102 个国家和地区的被试,但每个国家被试的语料篇数比例悬殊,日韩两国语料共 7382 篇,占 63.9%,而澳大利亚、美国和英国的语料一共仅有 349 篇,语料的国别比例呈现出不平衡状态。另外,层级的平衡性也很重要,HSK 动态作文语料库收录的都是高级水平作文,缺乏语料的连续性,研究者不便于对不同级别的语言发展趋势作整体的对比研究。台湾师范大学汉语学习者汉字偏误数据资料库把学生水平分为初、中、高三级,但对这三个层级的具体标准没有说明。中山大学汉字偏误连续性中介语语料库对学生汉语水平的分类比较详尽,根据学生的自然班划分为初 1—4、中 1—4、高 1—2、本 1 下—本 4 下等 17 个等级,但语料多集中在中级水平,初级和高级水平语料较少。

除了在前文谈到的基于中介语语料库的虚词研究外,比较重要的中介语语料库语法研究成果还有肖奚强等(2008)、赵金铭等(2008)。2010 年 7 月北京语言大学和南京师范大学还联合举办了首届汉语中介语语料库建设与应用国际学术讨论会并于 2011 年出版了该会议论文集。第六届汉语中介语语料库建设与应用国际学术研讨会 2021 年在鲁东大学召开,广泛深入地探讨了汉语中介语语料库建设及应用研究等相关领域的问题。

这些基于汉语中介语语料库的研究多数是考察学习者偏误类型以及

通过正确率或偏误率对语言项目的难易度、习得顺序进行排序,其中有的涉及了搭配问题,但也多是作为一种偏误类型如搭配错误来讨论的。只有少数研究对学习者的语言运用特征进行了研究和描述,如孙德金(2002)利用留学生汉语书面语中介语语料库对"得"字补语句的习得情况进行考察时,对语料逐条进行正误和结构类型方面的确认、标注,得到"得"字补语各框架和点项的具体形式用例及出现次数和正误比,同时也考察了"得"前词语和"得"后补语的形式,发现"得"字补语句习得难度不是很高,习得过程有一定的规律性,表现为最常用、最生活化的词语先用于"得"字补语句,形式特征明显的优先习得,典型形式优先于非典型形式习得,并且学生对"得"前词语有明显的类型意识,等等。该文采用的是利用语料库进行断面封闭考察的方法,不同于着重分析误例的偏误分析。但该文只考察了留学生的书面语料,没有与汉语母语者的使用情况进行比较,受语料库方法限制,也没有提取那些该用"得"字补语句而未用的句子。

相比于英语教学界相关研究来说,汉语作为第二语言的语料库应用研究还不够充分,或者可以说,从研究方法和结果来看,真正属于语料库语言学方面的虚词研究还比较少。

2.7 本章小结

通过上述关于汉语母语者的虚词运用研究、外国学习者中介语中的虚词运用研究以及语料库语言学和第二语言运用特征研究方面的文献梳理,可以得到以下几点认识。

一是目前汉语虚词研究还比较分散,缺乏系统性,基于口语中介语料库的汉语虚词研究还十分有限。因此本研究不只关注某个或某类虚词,而是对全部甲级虚词包括副词、介词、连词和助词在口语语料库中的表现作穷尽分析,尝试对甲级虚词在汉语学习者口语中介语中的特征进行比较全面的描写和分析。

二是在进行口语中介语料研究的过程中,必须科学严谨地控制学习者的母语背景、汉语水平,注意语料收集的方式,保证用于学习者之间及学习者与母语者之间对比的语料具有同质性。因此本研究借助 SCT 的测试结果严格区分学习者的母语背景和汉语口语水平,同时汉语母语者的语料也以同样的测试方式获得,以保证对比语料的同质性。另外,自由交谈的语料虽然更加自然真实,但正如前文所分析的,由于汉语学习者的语言能力有限,在分析确定完全自然的口语中介语语料中的偏误情况时需要推测说话者表达意图,有时候因为时过境迁,学习者真正的表达意图难以确定,这就容易使偏误分析产生误差。所以本研究采用重复、重组句子、短文重述和看图说话这样的口语测试语料,以便更客观地考察分析学习者的中介语特征。

三是语料库语言学的理念和研究方法在国内外英语作为第二语言的特征研究方面已经比较普遍,并且发展迅速。学习者语料库拓宽了二语习得的研究范畴,中介语语料库研究往往把学习者言语行为结果放在具体的上下文语境中展开研究,而不是像传统的习得研究那样在非语境化层面进行错误分析。相比之下,目前所见的基于汉语中介语语料库的研究多关注的是学习者的偏误类型和习得顺序,偏误类型的总结和描述多是举例性的,对习得过程的描写也多是通过计算某个语言项目的正确率进行排序,对学习者中介语中某语言项目的前后文搭配及运用语境的描写还不够系统,从概率的角度对汉语学习者中介语运用特征的研究还不够充分。从英语学界和汉语学界的语料库语言学研究比较来看,汉语学界多注重习得,通过考察正确率和偏误率给出习得顺序,而英语学界多关注语言特征,因此本研究希望利用语料库语言学的视角和方法把习得研究、偏误分析与语言特征研究结合起来。

四是多维度的中介语对比研究方法已经在语料库语言学研究中得到了广泛的运用。在对比中才能凸显特征。目前汉语中介语虚词研究往往限于语料的客观条件,只能关注某个水平阶段的学习者的习得情况,集中各水平阶段进行对比研究的不多。另外,很多研究只限于学习者书面语料,没有相应的汉语母语者语料作为参照,对学习者口语的研究也比较少。中介语语法研究也应该像语言学本体研究一样分语体进行研究,使研究所基于的语料更加真实纯粹,以得到更有针对性的第二语言习得成果。因此本研究完全基于汉语学习者和汉语母语者在口语测试中的同题口语表达语料,以保证语料及其中语法现象的语体特征单纯一致。

  本章所综述的有关汉语虚词和语料库语言学方面的研究成果为本研究提供了多角度的思路。本研究力图对 102 个甲级虚词在英语、日语母语者口语语料中的运用特征进行比较系统的描写,基于这一研究目标,本研究无法全面覆盖文献中诸多有价值有意义的研究层面,也不着力探讨每个虚词的语义和句法功能,而是采用语料库语言学的研究方法,主要从虚词的频率分布、类联接和搭配以及语体差异等方面将汉语学习者虚词运用情况与汉语母语者进行对比分析。

第三章

语料的性质及特点

3.1 语料和语料收集

对于中介语语料库的研究方法来说,语料的数量和质量是对研究结果具有决定性影响的因素,因此如何获取有效的真实语料是保证研究科学、准确的前提。对此,孙德坤(1993b),王建勤(2000),李晓琪(2002),徐子亮(2004),冯丽萍、孙红娟(2010),肖奚强(2011)都进行过讨论。

中介语语料分为口头表达语料和作文语料(肖奚强 2011)。按照 Krashen 的语言监控假说,没有事先准备的口头表达由于缺乏充足的思考时间,更多地关注说话内容,失误和偏误一般多于书面表达。第二语言学习者的口头表达和作文表达存在一定的差异,反映的是不同的表达能力。目前所建的汉语中介语语料库多为作文语料库,因此将基于外国留学生口语语料进行的口语中介语研究与现有的基于作文语料的研究成果相互验证、相互补充,可以从不同的角度更全面地说明汉语中介语的习得状况。

Ellis(1984)将语料收集的方法分为三类:自然语言的收集、通过实验任务收集及通过内省的方法收集(转引自王建勤 2000)。

王建勤(2000)认为在收集语料时有语料的真实性、语料的数量、语料的来源以及语料收集方法的信度和效度等几个原则性问题需要考虑。

语料的真实性问题指的是什么是真实的语料。Krashen(1981)认为语言能力只有通过习得才能获得,通过学习获得的知识只起监控的作用。因此二语学习者在自然状态下通过习得的知识系统生成的语言材料才是反映其真实语言能力的真实语料。在语言监控很好的条件下生成的语言材料并不能反映二语学习者真实的语言能力。王建勤(2000)认为Torane(1979、1982)提出的"可变能力连续统"(variable capability continuum)具有重要的方法论价值,二语学习者的语言能力是由不同的语言风格构成的连续统,一端是随便体,另一端是严谨体。学习者的语言风格的变异与不同的学习任务有关。在自由交谈、朗读语言片段、模仿造句以及语法判断等不同的交际任务下,二语学习者的语言输出便会呈现不同的语体风格,发生不同的变化。在这些不同风格的语言材料中,只有随便体(在非正式场合,很少注意语言形式的情况下即兴的语言材料)才是最真实的语言材料。因此,研究者要根据自己的研究问题,认真考虑环境因素和任务效应的影响,尽量收集真实的语料。对此,李晓琪(2002)也指出中介语变体的问题,在收集语料的过程中,不同的任务形式、二语学习者被要求达到什么程度的准确率以及交流过程中的心理压力等语境参数直接影响到语言表达的准确性,因此要严格控制中介语变体。

语料的数量指的是中介语现象的印证需要大量的语料统计。Selinker(1992)指出,母语负迁移的现象不是一个有与无的问题,而应该在概率的层面上来认定。如果收集的材料只是来源于某个学习者或某个群体,就不具有代表性。

明确语料的来源对于考察二语学习者中介语现象及其产生的原因也具有直接的影响。二语学习者的母语背景、汉语水平等信息以及语料是口语还是书面语,是自然语料还是诱导的语料都需要明确界定,否则便无法为重复验证研究提供足够的信息,也无法为改进教学提供有针对性的指导。

此外,在收集语料时还需要注意所对比的各种语料的同质性,即汉外语言、本族语者语言和中介语、中介语各等级之间在语料的语体风格等方面应该一致(肖奚强 2011)。

根据上述中介语语料收集中关于中介语变体等问题的探讨,语料的语体性质对研究具有重要的影响。本研究对汉语学习者虚词运用特征的研究主要依据被试的汉语口语语料。因此,在对汉语学习者及汉语母语者口语语料库中的虚词运用情况进行考察之前,还需要先明确口语的语体性质,然后再对本研究所采用的语料性质和特点进行说明。

3.2 汉语口语的界定及其特点

虽然学界对于标准语有书面语和口语这两大功能分体的看法基本上没有异议,但是对于"口语"这个概念的理解却各有不同。

由于汉语历史悠久,现代汉语的组成成分十分驳杂,既有以北京话为基础的口语成分,又有欧化的书面语成分,既有传统的和仿古的文言成分,又有各种方言成分(胡明扬 1993)。比较有代表性的关于汉语口语的定义有以下几个:

> 本书书名中的"汉语口语"指的是二十世纪中叶的北京方言,用非正式发言的那种风格说出来的。
>
> (赵元任 1979,12)
>
> 汉语的标准口语就是当代排除俚俗成分的北京口语……应指受过中等教育以上操地道北京话的人日常所说的话。
>
> (陈建民 1984,13—14)
>
> 汉语口语应是普通话口语,不是北京土话;是受书面语引导的具有中等文化程度以上的北京人的口头语言;口语应包括对话、独白、辩论、演讲等多种形式。
>
> (王若江 1999)

从上面的定义可以发现,赵元任和陈建民对汉语口语的界定基本相同,都是以北京口语为基础的非正式的谈话。不同的是,陈建民强调了两点:一是排除过于俚俗的方言成分,二是受过中等教育以上的人所说的话。与赵元任和陈建民的定义相比,王若江对汉语口语的界定强调了三点:一是普通话,实际上与陈建民的"排除俚俗成分的北京口语"没有本质区别;二是受书面语引导的高品位、上档次的话;三是包括演讲等多种形式,而不仅仅是非正式的、日常所说的话。

上面关于汉语口语定义的讨论归纳起来包含以下几个方面的问题:

(1)是普通话的口语还是北京话的口语?

众所周知,汉语普通话是以北京语音为标准音,以北方话为基础方言,以典范的现代白话文著作为语法规范的现代汉民族共同语。需要注意的是,普通话口语的语音和词汇的界定是比较清楚的,分别以北京语音及北方话为标准和基础,但是在普通话语法的定义中,其语法规范是"典范的现代白话文著作",很明显这只是界定了普通话书面语语法,并不能作为普通话口语的语法规范。如果认为普通话包括口语和书面语,并且口语和书面语在语法方面存在差异的话,那么从普通话的定义中找不到对于普通话口语语法的说明。

笔者认为从口语语法研究的角度来看,汉语口语只能是像赵元任和陈建民所定义的那样,是排除了俚俗成分的北京话的口语,而不能是"受书面语引导的"普通话口语。

第一,方言之间、方言和普通话之间的差别在语音和词汇方面比较明显,而在语法方面差别最小。赵元任在把北京方言作为汉语口语时,也曾指出这个定义既过宽又过窄,过宽是说北京很大,不同地区说话有别,不同年龄和教育水平的人说话不同;过窄是说在语法方面,适用于北京方言,也常常适用于所有北方方言乃至其他方言。方言之间的差别更多体现在语音和词汇上,而在语法方面具有较高的一致性。王若江在谈到汉语口语是普通话口语而不等于北京话时,其理由也主要是两者在语音和词语上存在差异。随着现代社会人口的频繁流动以及人们受教育水平的提高,北京话中的方言词语和句式在日常口语中已经大大减少,有的从话语中消失,有的为大家接受成为共同语。詹开第(1985)对老舍作品中的北京话进行分析,举例性地找出了一些北京口语中的句子格式。这些句式中有一些属于北京方言,比如说"扑过老张去"表示"向老张扑过去",在现代北京话中已不常听到,其他大部分在现代汉语口语中已经被广泛接受。

第二,口语应该是活的语言。正如朱德熙(1987)指出的那样,普通话只是理论上存在的抽象的东西,北京话是活的"具体"的语言,虽然北京话不完全等同于普通话,但是现代汉语口语语法的研究仍然只能以北京口语为主,毕竟作为普通话语音标准的北京话是一种有代表性的口语。

(2)是普通人说的话还是受过中等教育以上的人说的话?

前面的定义中强调口语是受过中等教育以上的人所说的话,主要原因是这些人的话语中俚俗的方言成分相对较少。然而任何事物都有两个方面。虽然受过中等教育以上的人话语中俚俗方言少,但这些人的话语中书面语成分也相对会较多。不少知识分子以及文化程度较高的城市居民由于受书面语和外来语的影响,谈话也常常带有浓厚的书卷气。朱德熙(1987)在谈到语言材料的稳定性时指出,口语的不稳定性主要表现在知识分子说的话上头:一是不同方言区的知识分子的普通话有差异;二是知识分子的语言受书面语的影响大,书面语的不稳定性自然反映在知识分子的口语里。另外,随着社会教育水平的提高,现代社会中没有受过中等教育的人越来越少,人们受广播、电视等媒体的影响,话语中的俚俗成分大大减少,情况与三十年前有了很大的不同,所以笔者认为没有必要强调口语是受过中等教育以上的人所说的话,受教育与否并非界定口语的关键因素。相对于受教育程度而言,说话人的年龄等因素也许更为重要,比如王改改(2003)的调查发现北京的退休教师说话基本不说"被",而年轻的新北京人口语中"被"字句明显比较多。而相对于说话人的个体因素,交际场合是决定使用什么样语言的更为重要的因素,同一个人在不同的交际场合面对不同的交际对象时会使用正式程度不同的口头表达方式。

(3)是日常非正式的谈话还是上档次的口头表达?

所谓上档次的口头表达,指的是像演讲、辩论那样的话语,相对于"简单的大白话"而言比较正式、文雅。虽然日常谈话和演讲、辩论都是口头表达,但是由于交际目的、对象、内容、场合等的不同,人们会选择具有不同特征的语音、词汇、句法和篇章,语言表达的正式程度有很大的不同。贺阳(2008)认为区分口语和书面语的关键因素并不在于话语所凭借的物质条件,而是正式程度的差异。正式程度高的口头表达,如演讲和报告,与书面语没有多大的差别;正式程度低的书面表达,如口语化的小说和剧本,又与口语十分接近。

根据以往对语体的研究和阐述(王德春 1980;赵金铭 2004;李泉 2004;袁晖、李熙宗 2005),关于汉语口语的概念,可以明确两点:一是作为语体的口语不等于口头说出的话;二是只有不同的语言特征如词汇和语法才是区别口语和书面语的本质。口头通过声音或者纸上通过文字都只是不同的表达方式,并不是区别口语和书面语的标准,不管是说出来的还是写出来的语言,只要是带有明显口语体语言特征的,就可以算是口语,而只要带有明显书面语体语言特征的,就应该是书面语。

因此,王若江(1999)主张的上档次的高品位的口语如演讲和辩论等,虽然从表达方式上来说是口头的,但如果分析其语言特征,往往其中书面语特征的词语和句式所占比例更大,因此不能说是口语体的语料,也就不属于语体概念上的口语,而只是书面语的一种口头表达形式。

相对于国内关于汉语口语的讨论,国外有关口语语体的研究中对口语的界定比较明确。所谓语体,指的是语言的功能变体。系统功能语言学的语域理论对此有清晰的阐述。根据 Halliday(1964)的界定,语域(register)指的是"语言的功能变体"(functional variety of language),就是因情景语境(context of situation)的变化而产生的语言变化形式。情景语境由三方面的因素构成:一是话语范围(field of discourse),又称"语场",指的是交谈的话题和场所等情景因素,比如科研报告和日常会话在话题和场所等方面有所不同;二是话语基调(tenor of discourse),又称"语旨",指的是交际双方的社会角色关系,这种关系制约着语言使用的正式程度,人际关系越亲密,语言的正式程度越低;三是话语方式(mode of discourse),又称"语式",指的是语言活动所采用的媒介或渠道,是口头的

还是书面的。这三方面的因素共同作用,制约说话者对词语和语法结构的选择。(转引自胡壮麟等 2008)

语域理论揭示了口语和口头言语的区别。从语场、语旨和语式的角度来说,"口头言语"只是单从语式的角度区分言语的表达形式,对语场和语旨方面并无规定,而"口语"不单是语式的界定,更重要的是强调其语场为日常话题和日常交际场合,语旨为非正式的交际。

俄罗斯口语学的代表人物泽姆斯卡娅也从语言和言语的角度说明了"口语"和"口头言语"这两个概念的区别,认为"口语是标准语的一个基本分体,带有语言系统的性质。口头言语则不然,它是一种发声的言语,是语言存在的形式"(徐翁宇 1993)。不管是口语还是书面语都有口头形式和书面形式。口头言语指任何以口头形式表达的言语,如学术报告、讲演、电台或电视台的广播、日常生活言语、地域方言等,其中的报告、讲演和广播等虽是口头形式,但其词汇、语法特征却更接近书面语,并非口语。标准口语指的是操标准语的人在非正式场合,在无准备的情况下使用的无拘束的言语。泽氏的表述与系统功能语言学的语域理论可以说是异曲同工。

俄罗斯语言学界对口语的研究一直比较重视,《俄语口语》中就曾明确指出,"口语必须具备三个特点:1.口语是无准备的言语活动;2.口语是在非正式的、无拘束的、日常的场合进行的言语活动;3.口语是谈话人直接参加的言语活动"。① 本研究赞同陈建民(1984)、佟秉正(1996)、陶红印(1999)、张伯江(2007)的看法,口语就是人们在现想现说的情况下,借助各种辅助手段的口头语言,基本上是用非正式讲话的风格说出来的话,是无准备的、非正式的口头话语。

实际上,从非正式到正式并不是绝对的,而是相对的,是一个连续统。对此,冯胜利(2010)认为正式的程度有高低,并用下面的例子对正式度进行了说明:

零级正式度:编教材

---

① 引自《什么叫口语?》,《汉语学习》1981 年第 2 期。

一级正式度:编写/改编教材

二级正式度:教材编写/改编、教材的编写/改编

三级正式度:对教材进行改编

正式度越低的,越是口语的典型形式。这种语体的典型样式是日常生活口语,特别是日常生活对话。

综上所述,现代汉语口语是尽量排除方言俚俗成分的北京口语,是人们在无准备的、非正式的、有语境的情况下进行的言语活动。明确了口语的特点,才能更好地把握口语语料尤其是作为参照目标的汉语母语者语料,探究其语法表现和规律。比如,过去研究口语经常以相声语言作为研究语料,相声表演虽然形式上是一人一句,但并不是无准备的真正意义上的对话,而是有准备的,张伯江(2007)曾对比了一段相声和一段自然对话,指出两段话语在谈话策略及反映出的语法特征方面都有区别。因此,在进行口语语法研究和教学时应当选择典型的口语体语料。目前一些口语语料库和口语研究语料并没有区分话语的正式程度,常把日常谈话和演讲、报告等口头表达语料放在一起,或者将混杂了口语和书面语特征的文学作品语料作为研究对象,基于这样的语料得出的研究结果很难准确地反映口语体的语法特征。

本研究要讨论的是"口语"而非"口头言语",是说普通话的人在非正式场合、无准备的情况下进行的表达,不包括讲演、报告等较正式的、有准备的口头言语。

3.3 语料的类型和特点

本研究采用 SCT 中的英语、日语母语者和汉语母语者在完成重复句子、组句和短文重述时的语料以及自建语料库中英语、日语母语者和汉语母语者看图说话的语料,对其中的虚词运用特征进行对比分析。从重复句子、组句到短文重述、看图说话,语料的特性分别为非自由的限制表达和半自由表达。其中看图说话的语料性质和特点比较容易理解,而对于 SCT 语料库的性质及其中使用的重复句子、组句和短文重述等口试题型

特点有必要分别作进一步详细说明。

3.3.1 SCT 语料库

SCT 是由北京大学和美国培生公司(Pearson)联合开发的大型口语测试,旨在测量汉语学习者标准汉语(即普通话)的听说水平。SCT 借鉴自动化英语口语考试(Versent)的题型设计,并结合汉语作为声调-音节语言的特点,采用了声调词语、朗读、重复句子、问答、声调识别(词)、声调识别(句子)、组句、短文重述这八种题型。每次考试时间约 25 分钟,共 80 道试题。SCT 使用方便,只需通过电话或电脑自动实施,不需要人工考官。考试系统通过一系列录制好的汉语语音提示,引导考生对每道试题作出应答。语音提示的录音由具有不同方言背景的汉语母语者提供,他们代表了本族语者在说汉语普通话时经常听到的各种口音和风格。考生的回答全部录音并即时导入考试评测系统进行评分,系统在数分钟内即可报告考生的汉语口语水平,分数报告提供综合性总分与五个分析性的子分数,用来描述考生运用汉语口语的能力。总分为以下五个子分数的加权平均:语法(grammar)、词汇(vocabulary)、流利度(fluency)、发音(pronunciation)、声调(tone)。

这八种题型的测试目的各有侧重,本研究着重考察英语、日语母语者的虚词运用情况,属于口语表达中的语法能力,因此选择其中的重复句子、组句和短文重述这三种题型的语料进行研究。

该测试语料库有以下几个特点:

(1)这三部分试题的内容都没有印在试卷上,考生在听到试题后即时应答,没有事先准备的时间,能够最大限度地体现口语的即时性特点,并且可以避免说写能力不平衡的考生受汉字阅读的影响,能更准确地反映其口语能力。

(2)口试题型为听后重复或重述,相比其他口语考试更为客观。该语料虽然不是自然交谈的口语语料,但是对于中介语研究来说,好处是语境和预期语言形式基本明确,可以避免中介语语法研究过程中经常会遇到的不容易判断二语学习者是否回避以及到底产生了哪种偏误类型等问题。

(3) 在命题过程中所有试题均严格取自汉语母语者自然状态下的口语表达材料。因此基本上能够保证测试语料保留自然口语语料的语言特征。

(4) 在考试研发阶段,为了建立自动化评分模型,考试研发机构采集了 4000 名不同汉语水平和不同母语背景的汉语学习者及 2000 名汉语母语者的试测样本,基本覆盖了自零起点到接近汉语母语者水平的来自不同国家的汉语学习者样本,以及来自各方言区的接受过大学教育的母语者说普通话的言语样本。汉语学习者和汉语母语者回答的是基本相同的题库中的试题,这就比较好地保证了前文谈到的语料的同质性。

(5) 所有汉语学习者和汉语母语者被试的应答都由两名以上受过专门培训的研究生按照转录规则转写为文本,如果两名转录员的转录文本不一致,系统会将录音提供给第三人进行转录,直到多数转录员转录一致才会被采用作为评分依据。这些转录文本是本研究进行语料分析的基础。

(6) 在建立了自动化评分模型之后,所有被试的汉语口语水平都由评分系统进行了客观评分,经过验证,评分具有很好的信度和效度。这使得本研究对于二语学习者汉语水平的划分有了客观性、标准化的依据。

下面分别对本研究三种测试题型及语料特点进行具体说明。

(一) 重复句子

重复句子(sentence repetition),是一种口语测试题型,要求考生听到一个汉语母语者用日常谈话的感觉说出的句子之后,马上把该句子完整重复出来。句子的长度从 3 个汉字到 20 个汉字不等,但超过 15 个汉字的句子很少。如:

1. 要下雨了。
2. 这个周末我们去看电影吧。
3. 要是不快点儿走的话,就来不及了。

重复句子是一个"组块"(chunk)过程,语言水平高的人能够利用短时记忆储存并重组所听到的信息(Clark & Swinton 1979,转引自王佶旻

2002a)。王佶旻(2002a)通过对问答、重复句子和口头报告这三种口试题型的研究,发现重复句子题型由于题目的内容固定,考生发挥的余地很小,考生行为表现的一致性强,因而信度最好。同时,一般被认为缺乏表面效度,难以反映被试口语水平的重复句子题型,其结构效度也优于口头报告这样被口试广泛采用的表面效度良好的题型。考生在重复句子时,首先要听辨识别语流中的词语,在短时记忆中储存,然后重新说出来。对汉语口语熟练的人来说,一般可以重复远远超过七个音节的句子,因为他们较好地掌握了汉语词汇、搭配、短语结构等语言形式。而对于汉语口语不够熟练的人来说,随着句子长度和复杂性的增加,重复难度会越来越高。因此,这部分试题不但可以考察被试在语流中的发音及流利度,而且还可以评估他们对词语和句子结构的掌握程度。

SCT 旨在测量考生对普通话口语自如运用的能力,即在口语交流中像汉语母语者一样理解和使用普通话的能力。在日常口语活动中,有许多层面的信息需要处理:要边记住说话的内容,边提取谈话的意义,边组织语言作出相应的可理解的应答。语言处理的核心组成部分,例如词汇存取和句法编码,通常需要以非常快的速度进行。据研究(Bull & Aylett 1998),一个典型的话轮内部沉默大约是 500—1000 毫秒。因此,自如运用汉语口语的能力是口语交际成功的关键。在日常口语活动中,虽然存在像有准备的报告那样由计划主导的活动,但通常是以即时特征为主,所以考生在听说过程中的快速反应能力是体现其口语能力的重要特征。

为了了解认读和听说之间的关系,笔者曾对 26 名英国学生进行试验,在重复句子测试后,在书面上重现测试句,请学生将书面上的句子翻译成英文,并标出自己不知道的词语。笔者把每个学生书面上了解的和不知道的词语与他们在重复句子测试中的表现进行比对,发现被试书面上能够正确认读理解的词语在单纯的听说过程中不一定能准确重复。比如把"连……也"重复成"连……都",把"来不及"重复成"不着急",把"了"重复为"的",把量词"座、家"重复为"个、张、件"等。重复句子过程中遗漏的词语多数是量词以及像"连、也、就、的话、点儿、找不到"等语法意义比较强的词语。推测其原因,首先在于学生对这些词语的形式和意义掌握得不够牢固和熟练,虽然被试在书面翻译时能够正确理解句子中词语的意思,但这些词语只是被试的接受性词语,而非使用性词语。重复句子测试要求被试在很短的时间内作出反应,没有检索长时记忆和思考的时间,能否准确地把听到的词语与长时记忆中的词语在比较短的时间内建立联系,检验了被试对该词语的熟练程度。其次,被试在重复句子的过程中不是机械地被动地重复,而是按照被试现有的中介语的习惯对句子进行了主动加工,最明显的表现是虚词和量词的错漏,这些词语都是最常用的,被试在日常口头表达时首先关注的是表达意义,所以习惯用"个"代替其他的量词,或者句法中一些像"要是……就、连……也"等相呼应的虚词说不完全。虽然被试说出的句子和原句意思相近,但是一旦对被试提出准确性的要求,问题就出现了(李海燕等 2003)。从这里也可以看到,重复句子测试可以比较简单明确地反映出被试口头输出语言的熟练程度和准确程度。

通过测试信度和效度验证,重复句子是考察被试听说能力的非常有效的方式。但由于重复句子和一般理解的自由口语表达形式有所不同,对该题型可能会有以下一些误解。

第一,重复句子可能会被误解为测量的是记忆力而不是语言能力,或者说至少考生在该题型上的表现会在很大程度上受到记忆力的影响。对于这样的看法,笔者认为虽然不能完全排除重复句子过程中记忆力的影响,但是,记忆的单位是一个变量,短时记忆的容量会受到长时记忆中的知识等因素的影响。即使是一个记忆力很强的人,如果让他重复他从未学过的语言中的句子也是非常困难的。同时,SCT 的每道试题都曾在受过高等教育的汉语母语者的群体中进行过试测,90%以上的汉语母语者都能快速正确地重复所有的句子,只有所有的汉语母语者都能正确完整重复的句子才会最终选入考试题库。假如记忆力而非语言能力是影响考生测试中表现的重要因素,那么,这些汉语母语者的个体记忆力是存在差异的,他们的重复句子表现也应当有较大的差异,但实际上并非如此,记忆力不同的汉语母语者都能准确重复。可见,决定重复质量的因素主要还是语言能力而非记忆力。在实际考试中,笔者也发现虽然句子的长度与重复句子的成绩有较高的相关性,但句子越长,其句法复杂度也一般相应更大,同一个考生对同样长度的句子有的可以完整重复,有的却很难重复出来,这也说明词汇和句法难度对重复表现有更大的影响。即使是只有3个字的极短的句子,如果学生对其中的词语和句式不熟悉,也常有重复错误的现象。

第二,重复句子可能会被误解为由于缺乏语境和上下文而缺乏交际真实性。对此,可以从以下几个方面进行阐释。

SCT强调使用语境独立的材料,是为了确保考试表现能够与考生的语言能力自身紧密关联,而不会受社会文化背景、修辞、认知等因素的影响,是为了将考生对汉语口语的熟练运用程度与考生对文化知识、特定社会行为及考生自身的认知风格和优势区分开来。Lado(1961)认为在语言交际场景(situation)和语言要素(element)之间,应该选择语言要素。因为场景是无穷多的,而要素是有限的,从有限的要素中选取样本比选择各种各样的场景要有效率得多(转引自王佶旻 2002b)。选择语境独立的题型和试题既可以比较直接地测量考生对于词语、句子和语段的最基本意思的理解,同时语境独立的题型还可使应答的密度最大化,也就是说,在给定的考试时间内,可以花较少的时间去呈现语言样本的语境、考试需求及建立任务的背景认知模式,使考生有更多的时间展现其口语能力,为语言评估收集足够多的表现样本。

根据Clark(1975)的观点,一般把口试分为直接口试和间接口试。以面试型口试为代表的直接口试旨在尽可能重现实际语言语用情景及使用过程,因而被很多人看好,认为是可以在有限时间内较为真实地检验考生口语交际能力的形式。然而,直接口试除了信度较低和标准化问题外,一些语言学家对其内容效度也提出了疑问。Spolsky(1985)认为即使在普遍被称为真实性较高的面试型口试内也有许多非自然成分。Shohamy & Reves(1985)在对面试、角色扮演、汇报和小组讨论四种口试任务进行调查研究后也持类似观点,认为所谓具备表面真实性的语言测试形式并不能真正反映考生的语言水平(转引自邹申 2001)。Bachman(1990)在评价ACTFL时,认为面谈并不能代表更广泛语境中的事务性和交互性语篇(转引自刘颂浩等 2004)。这类题型不管是考官与考生之间还是考生与考生之间的交流讨论,都很容易出现交流不平衡、不对称等现象,不同考官或交流对象的行为、性格、情感、交际任务都会对考生的口语表现产生影响。因此,邹申(2001)认为对口试真实性的检验不能仅仅停留在考试能否再现实际语言的语用情景上,而是要反映在对被试能力结构的恰当界定以及考生与考试任务之间的交互作用上。口语测试人员可以摆脱情景逼真性的束缚,在选择口试形式时拥有更多的灵活性。另外,虽然学界强调要基于自然语言和真实文本,但实际上从客观的现实来说,多数语料库所记录的都只有文本,现场即兴会话中的很多情景语境和文化语境方面的内容入库后往往不复存在,这就是为什么我们在阅读一些如实转录的口头对话文本时常常有看不懂的感觉。能够结合情景和文化语境研究口语当然是最理想的,但在目前的条件下还很难做到。因此,从实际口语中抽取语境相对独立的语言材料作为测量被试口语水平的试题内容不失为一个比较现实可行且经济有效的方法。

SCT 在命题过程中要求命题员必须从汉语母语者在不同场景、面对不同谈话对象时的自然口语语料中选取词句制成考题,如 CALLHOME[①] 语料及如实转写自《鲁豫有约》《锵锵三人行》等电视访谈节目的语料。命题者不能自己造句,更要避免使用书面语料或者教科书语言,要尽量多地覆盖日常生活中不同的话题,以保证测试语料的真实性。

另外,在主观性较强的口试题型如口头报告、角色扮演、面谈中,由于测试的重点往往在交际技能而不是语法词汇上,考生很自然地会采取回避交际策略,用自己最熟悉的有把握的词句来完成交际任务,而回避使用可能更得体更准确的词语和句式。Ellis(1985)指出,交际策略的使用甚至可以抑制习得,因为成功的交际会使学习者觉得没有必要掌握新的语言形式。如果学习者有足够的语言知识,就会使用较少的交际策略。刘颂浩等(2002)对比研究汉语母语者和二语学习者在看图说话中的表现时

---

① CALLHOME 语料库根据美国语言数据联盟所提供的汉语自发性口语语料库编纂而成。该语料库包括 120 个电话谈话,均为汉语母语者之间未经准备的即时谈话。

发现,在93％的中国学生运用"把"字句的地方,只有不到7％的留学生(包括高水平的学生)使用了"把"字句。这说明一些母语者常用的口语句式可能在二语被试的口语中很少出现,在主观性较强的测试中二语被试虽然可以完成交际任务,但他们的语言能力却有很大的不足。Bachman也不主张在语言能力测试构成定义中列入策略能力并作出推论,因为这会影响测试的成绩,例如,有测试要求被试从四张相似的图中选择描写其中的一张,从而使考官能了解描写的是哪一张。对此,有些语言知识较差的人根据图片的不同也能很快完成任务(胡壮麟1996)。因此,SCT采用客观性较强的题型如重复句子和组句,考察被试对汉语母语者的常用口语句式和表达方式的理解和重组情况,使考生无法回避所要考察的词句,从而可以比较充分地探测考生对目标语句的掌握情况及对语体差异和话语自然程度的敏感性。

(二)组句

考生听到三个以随机顺序排列的语言片段(虽然是随机,但不会与正确答案一致),然后将它们重新组织成一句话,即将这三个片段组成一个合理的句子。可能有的试题答案不止一个,但最多只有两个。例如:

1. 要去 / 我 / 也
2. 你还工作 / 为什么 / 周末
3. 下雨 / 了 / 快要

语序和虚词是决定汉语语法意义的重要因素。在组句题型中,考生必须了解每个语言片段的含义,以及这些片段如何在语法和语义方面与其他片段组合。所组成的句子的长度与复杂度受到一个人记忆中的语言单元大小的限制,所有试题都经过众多汉语母语者试测,只有那些对所有汉语母语者来说都比较容易答对的试题才会选入试题库。这个题型反映了考生存取和检索词项并自如地建立短语与句子结构的能力。这个过程越自如,考生在口语表达时展示的流畅自如的能力就越高。

(三)短文重述

SCT的最后一部分试题是短文重述。考生听到一段话,要求在听两遍之后用自己的话重述,内容越详细越好。叫"重述"而不是"复述"的原因是要强调该试题不要求考生完全按照原文进行重复,可以自己重新组织语言进行表述。该部分试题包括叙述和说明两种类型的语段。大多数叙述性短文都是简单的故事,描述某个情境中的一个(或多个)人物、一个背景和一个目标。故事主体通常是描述一个人的行为以及后续的可能反应或事件后果。该故事结局有时会引入一个新的情境、人物、想法、决策或情感。说明性短文通常描述某些事物或行动的特点、功能、内部运作方式、目的或通常的用途用法。说明性短文没有主角,讨论的是一个特定的主题或事物,并解释该事物是如何运作或使用的。考生被鼓励尽可能多地重述短文的内容和细节,但不一定要完全重复原文,可以用自己的语言重新组织语句。短文的长度一般从35到91个汉字不等。每名被试每次测试约4道题,包括两道叙述性短文和两道说明性短文。短文重述可以用来评估考生的听力理解能力,以及组织语言进行成段表达的能力。

例如:

1. 叙述文

小明去商店想买一辆红色的自行车,结果发现红色的都卖完了,小明觉得很扫兴。看到这种情况,商店经理对小明说他自己就有一辆红色的自行车,才用了一个星期,如果小明急着要买,他可以半价卖给他。小明高兴地答应了。

2. 说明文

手机太好用了。不管你在哪儿,都能随时打电话,发短信。现在的手机功能更多,不但可以听音乐,还能上网呢。

重复句子、组句及短文重述分别在句子和语段层面考察学习者的口头听说能力,前两者对考生输出的语言形式有严格的限制,后者在限制内容的基础上允许考生在语言组织过程中有一定的自由度。SCT各类测试语料在不同层面上展现了汉语学习者口语表达时的语法能力,为本研究考察英语、日语母语者口语中的虚词运用情况提供了比较丰富的语料。

3.3.2 看图说话语料

由于 SCT 中重复句子、组句以及短文重述语料是受到一定限制的口语表达,为了进一步了解英语、日语母语者在相对自由表达时的虚词运用情况,本研究另外收集了看图说话的语料。

看图说话测试选择了两幅连环画作为诱导语料的素材,每幅图画都是一个小故事。图画中没有文字说明,要求被试在看完图画,明了故事内容后马上用汉语叙述故事内容,叙述过程中基本没有提示,所有叙述都被完整录音,然后如实转写为文本。为了更好地了解被试的母语对汉语口语中介语中虚词运用的影响,本研究请部分被试在用汉语叙述完故事之后,用自己的母语也进行了叙述。另外,从语体语法的角度考虑,为了更好地了解汉语学习者的口语表达特征,本研究还请一些被试在口头表达之后进行了书面表达,书面表达时间不限,但不能查词典,不会写的汉字可以用拼音代替。作为参照,除了母语为英语、日语的汉语学习者以外,还有 31 名受过高等教育的年轻的汉语母语者也进行了两幅图画的口头及书面表达。所有口头和书面的叙述都被转写为电子文本进入语料库作为对比分析的语料。

3.4 语料库中汉语学习者国别与汉语水平

肖奚强(2011)在谈到中介语研究是否要分国别的问题时,认为目前在国内中介语研究领域,分国别和不分国别的研究都有一些,但成果都还不多。理想的做法是在分国别(母语)的基础上,再进一步讨论不同母语学习者的习得共性和差异。某些具有共性的语言项目,应该具有不分国别的习得共性,而具有汉语特点的语言现象,由于与不同的语言存在不同的对应或不对应关系,可能存在不同的习得难度,所以应该进行分国别研究。

SCT 语料库中所有被试的汉语学习时间、年龄、性别、国籍、第一语言等背景信息及汉语口语水平都有详细标注。本研究将分别考察汉语口语水平为初级、中级和高级的母语为英语、日语的汉语学习者以及汉语母语者语料。其中英语母语者来自美国、英国、澳大利亚、加拿大、新西兰、肯尼亚、尼日利亚等14个国家,他们的第一语言均为英语并且非华裔。同时,对他们的汉语水平的分级完全是依据他们的SCT分数。SCT分数经测试专家论证十分可靠,是被试口语能力的直接反映,比较客观准确。SCT的分数范围是20—80分,80分及以上相当于汉语母语者水平。经研究,该分数与CEFR整体口语测评量表(CEFR Global Oral Assessment Scale)和CEFR口语评估标准表(CEFR Oral Assessment Criteria Grid)相匹配时的区间分布如表3.1所示(SCT项目研发组2012)。

表 3.1　CEFR 能力等级分界（来自 Rasch 模型的 logits）

CEFR 能力等级	SCT 分数范围	级别
A1 或以下①	20—40	入门级
A2	41—50	初级
B1	51—61	中级
B2	62—69	中高级
C	70+	高级

本研究将分别对这5个分数区间的被试语料中虚词运用情况进行描写和分析。根据《欧洲语言共同参考框架:学习、教学、评估》一书的描述②,欧盟框架的语言能力量表分为A1—C2共6个等级,其中A1(breakthough)为入门级,A2(waystage)为初级,B1(threshold)为中级,B2(vantage)为中高级,C1(effective operational proficiency)为高级,C2(mastery)为精通级③。

对于参与看图说话的英语、日语母语者的汉语水平,本研究也依据CEFR整体口语测评量表和CEFR口语评估标准表,以及被试所在的汉

---

① 后文一律简称为 A1。
② 详见该书第三章。
③ 由于能达到 C2 水平的被试数量很少,所以本研究把 C1 和 C2 级被试合并处理,全部记作 C 级即高级水平。

语班级水平对被试在看图说话时的表现进行口语水平等级划分。

为了便于与已有的中介语虚词研究结果相比较,本研究把 A1、A2 作为初级,B1、B2 作为中级,C 作为高级。

3.5 语料的数量

前文谈到,语料库语言学研究是基于概率的分析,语料的数量越大,结论越可靠。因此,一定规模的语料数量是保证研究结果可信度的前提。上述 SCT 和看图说话的各级别英语、日语母语者和汉语母语者被试数量及语料规模如表 3.2 所示。

表 3.2 本研究采用的口语语料库数量

研究对象		SCT 语料						看图说话语料			
		重复句子		组句		短文重述		图画 1		图画 2	
		人次	字数	人次	字数	人次	字数	人次	字数	人次	字数
英语母语者	初级(A1、A2)	228	30516	208	9384	228	7051	47	7144	40	7376
	中级(B1、B2)	82	15340	95	4974	137	13606	49	10064	32	8523
	高级(C)	19	4325	21	1364	69	9423	10	3006	10	3860
	总计	329	50181	324	15722	434	30080	106	20214	82	19759
日语母语者	初级(A1、A2)	148	18813	148	7416	202	7751	9	1096	9	1266
	中级(B1、B2)	44	7376	44	2557	52	6196	24	3888	24	4888
	高级(C)	6	1156	6	420	7	1124	4	1060	4	1321
	总计	198	27345	198	10393	261	15071	37	6044	37	7475
汉语母语者总计		77264 字①		19941 字		323	56754	31	7864	31	8990

在表 3.2 中,把 SCT 重复句子和组句两种题型中英语、日语母语者的相应试题句作为汉语母语者的表达语料,原因是收入考试题库的试题

---

① SCT 研发过程中采集了 1967 人次的汉语母语者对题库中试题的应答。重复句子和组句题所有汉语母语者均能完整准确应答。因此本研究直接将英语母语者应答句的原题作为汉语母语者语料,不再另外统计汉语母语者应答人次。

句原则上必须是汉语母语者能够完整准确重复或重组的句子,如果汉语母语者的重复或重组正确率低于90%,则该试题会被淘汰。所以这两种题型的试题句及其字数可以视为汉语母语者重复或重组的语料。由于学习者在完成这两种题型测试时可能会对试题句的字词进行增减,所以汉语学习者和汉语母语者的语料字数不同。

从表3.2中数据可以得到本研究所依据的口语语料库规模:英语母语者总语料数约为13.6万字,日语母语者总语料数约为6.6万字,汉语母语者总语料数约为17.1万字。其中,说话人在表述时明显重复的词语只转写为一次,不重复计算字数,如"他觉得挺 挺 挺 漂亮的",计算字数时为"他觉得挺漂亮的"。与一些比较成熟的大型书面语语料库相比,本研究所依据的语料库规模很小。但相比一些已知的汉语口语中介语语料库来说,现有语料数量基本能够满足本研究需求,因为不同于实词研究,在小型语料库中出现的功能词和语法结构已足够高频。

第四章

甲级虚词运用频率特征

本章重点考察102个甲级虚词在汉语学习者几种口语语料中的运用频率特征。

正如前文谈到的,近几十年来,语言学研究方法已逐渐从基于规则的方法过渡到基于概率的方法及基于概率和规则相结合的方法。频率是语料库语言学中最重要的概念之一。语料库语言学根据从语料库中得到的频率信息,通过统计方法来测量各种语言现象在多大程度上可能会在实际语言使用中发生。语料库相关研究中的对比最终常常是落实到频率的对比上(梁茂成等2010)。

本章首先统计102个甲级虚词在不同水平的汉语学习者口语语料中的出现频率,对比母语为英语、日语的学习者的频率差异情况,然后再与汉语母语者口语语料中的出现频率进行比较,考察汉语学习者口语中超用或少用的甲级虚词,分析学习者虚词运用的总体特征。

由于本研究所依据的口语中介语语料是口语测试语料,口语测试的题型不同,语料的性质和反映出的问题也会有所不同,因此本章将分别对SCT中不同题型和看图说话语料中的虚词出现频率进行统计分析,然后再概括全部口语语料中的甲级虚词总体运用频率特征。

在具体的统计过程中,首先把母语为英语和日语的汉语学习者以及汉语母语者的语料分不同题型列在 Excel 中，然后使用计算机检索功能提取每个甲级虚词作为语境中的关键词在语料中的运用实例及其出现语境，包括说话人信息、题型信息和前后文等。索引结果如图 4.1 例示①：

	A	B	C	D	E	F	G	H	I	J
1		题型类别	考号	考生水平	考生姓名	学生回答（全部）		虚词		考题
944		5	056	C2	爱华	这个就是父亲和他的儿子一起	是父亲和他的儿子一起	把	石头扔进大海里，一直	说“父与子”
945		5	057	B2	大卫	有一天，一个小伙儿跟他的爸	以他也参加，他们一起	把	所有的石头扔到河里去	说“父与子”
946		5	058	C2	小麦	有一天，一个父亲和他的儿子	海很广大，他们能不能	把	一块石头扔到大海里，	说“父与子”
947		5	059	B1	费强生	现在有，一个小孩子，一个比	一个比较老的人，他们	把	小石子，丢到那个，湖	说“父与子”
948		5	060	A2	唐依莲	这是一个小孩子跟他的爷爷，	石头】扔小石头，他们	把	，都个石头，扔了，不	说“父与子”
949		5	062	B1	何美笑	所以小孩子喜欢把石林放在海	所以小孩子喜欢	把	石林放在海里，还有，	说“父与子”
950		5	074	A1	裴安然	有一个，两个，跟他的，那个	上的时候，父亲来，他	把	，轮子拿到水边，所以	说“父与子”
951		5	077	A1	万捷	一个，男孩子，把石头在水，	一个，男孩子，	把	石头在水，姥姥把石头	说“父与子”
952		5	078	B2	王天行	一个小孩跟一个先生，站在未	在未名湖的旁边，他们	把	很多小石头扔到湖里，	说“父与子”
953		5	080	B1	周玉婷	一个好像很奇怪的故事，一个	，叔叔去找到石子，他	把	一个手推车，把石子拿	说“父与子”
954		5	084	A2	施若涵	我觉得那个娃娃跟他的爷爷，	了，玩一玩，小孩子，	把	石，放在一个湖，我不	说“父与子”
955		5	086	B1	康德麦	这个呢，这个好像那个老头跟	子有一个比赛，他们在	把	石，投，把石投到什么	说“父与子”
956		5	087	B1	任杰	有一个小孩，特别喜欢，扔，	时候，才想好了，他们	把	很多的卵石放在海边，	说“父与子”
957		5	090	B1	陈妮雅	有一个小孩还有他的爸爸，他	边，海边上，那个小孩	把	一个小石头扔在海面，	说“父与子”
958		5	092	B2	范安然	一个男孩跟他的爸爸，或叔叔	，好像有很多的石头，	把	一个丢了在未名湖的里	说“父与子”
959		5	096	B1	葛云龙	在大海，两个人，一个大爷和	大爷和他的孙子，扔，	把	石头扔在水里面，第一	说“父与子”
960		5	109	A2	李子玉	一个孩子把一个石头放在湖，	一个孩子	把	一个石头放在湖，他觉	说“父与子”
961		5	110	A2	何伟安	所以这个女孩现在把头扔河流	所以这个女孩现在	把	头扔河流在，所以因为	说“父与子”
962		5	115	C1	佟道望	第一个，那个，一个，这是他	他们在那个海边，他们	把	那个石头仍在那个海边	说“父与子”
963		5	013	C1	小丹	这个第一个图，这是我觉得，	上捡了一些石头，然后	把	它们扔到湖里边，但是	说“父与子”
964		5	018	B1	安俊杰	所以有两个人，可能是爸爸和，	天晚上还是夜里，爸爸	把	很多石头来，海边，放	说“父与子”

图 4.1　虚词运用语料索引例示

其次在如图 4.1 所示的虚词索引列表中一一筛除非虚词用法的用例以及在同一句话中明显无意义的单纯重复，统计得出各水平级别汉语学习者和汉语母语者使用每个虚词的次数（即频数）。然后按照前文2.4.1节谈到的方法计算出每个虚词在每种题型语料中的标准频率。

4.1　重复句子语料中甲级虚词运用频率特征

首先分别统计 102 个甲级虚词在母语为英语和日语的汉语学习者重复句子测试语料中的出现频数（包括正确用例和偏误用例）和每千字标准频率，然后分别与测试题原文即汉语母语者语料中的甲级虚词出现频率进行对比，从总体上考察汉语学习者在重复句子时对甲级虚词过多使用（overuse）或使用不足（underuse）的问题。最后将英语母语者和日语母语者语料中的甲级虚词出现频率进行对比，考察汉语学习者的运用频率是否受母语的影响。

---

①　由于 SCT 题库保密的要求，本研究只能在文中讨论时列举少量试题。此表用的是看图说话的语料，对 SCT 语料的索引方式与此相同。

4.1.1　英语母语者重复句子语料中甲级虚词运用频率

本节从 SCT 语料库中提取母语为英语的考生在完成重复句子测试时的应答转录文本,共得到 329 人次①共 7534 个句子。所重复的句子长度从 3 字到 20 字不等,包括部分考生完全没有重复的句子。这些考生来自美国、英国、澳大利亚、加拿大、新西兰、肯尼亚、尼日利亚等 14 个国家。根据 SCT 自动评分系统得出的考生口试分数,考生的分数、口语水平等级分布及相应的语料数量如表 4.1 所示。

表 4.1　重复句子语料中英语母语者汉语口语水平等级分布及语料数量

CEFR 能力等级	SCT 分数范围	英语母语者 人次	试题原句数量 及字数	英语母语者 重复句子字数
A1	20—40	123	2813 句,29053 字	13389 字
A2	41—50	105	2422 句,24987 字	17127 字
B1	51—61	57	1268 句,12778 字	10469 字
B2	62—69	25	547 句,5605 字	4871 字
C	70+	19	484 句,4841 字	4325 字
总计		329	7534 句,77264 字	50181 字

在英语母语者重复句子的语料中,102 个甲级虚词中,有 17 个虚词没有出现,包括副词"多么、忽然、互相、立刻、永远、只好、总",介词"被、朝、叫、经过、向",连词"不但、而且、结果",助词"等"和兼类词"接着"。这 17 个虚词也没有出现在试题原题(汉语母语者语料)中,主要的原因是 SCT 在命制重复句子试题时严格要求命题员必须从汉语母语者自然谈话语料中选取句子结构和词语,一些虚词如"多么、忽然、互相、立刻、被、永远、等、向"等可能带有较强的书面语语体色彩,在自然口语语料中出现频率不高;另外,重复句子局限于句子层面,很难呈现像"不但、而且"这样多在语段中出现的连词。除了上述 17 个虚词外,还有一些虚词的出现频

---

①　因为有少量考生在不同的时间参加过两次测试,但考号不同,所以共计为 329 人次。下同。

数比较少,达不到统计学的意义,所以此处重点关注其中出现频数较高（总频数超过100次）的18个虚词,具体频率信息见表4.2。

表4.2 英语母语者重复句子语料中18个甲级虚词的出现频数及频率

虚词	A1		A2		B1		B2		C		被试总计		原题总计	
	频数	频率	频数	频率	频数	频率	频数	频率	频数	频率	频数	频率	频数	频率
了	347	25.92	404	23.59	313	29.90	169	34.74	113	26.10	1346	26.80	1818	23.50
的	288	21.51	398	23.24	308	29.40	146	29.97	143	33.10	1283	25.60	1961	25.40
不	253	18.90	308	17.98	247	23.60	121	24.84	84	19.40	1013	20.20	1330	17.20
很	112	8.37	133	7.77	109	10.40	56	11.50	35	8.09	445	8.87	569	7.36
就	74	5.53	96	5.61	114	10.90	46	9.44	53	12.30	383	7.63	772	9.99
在	80	5.98	88	5.14	71	6.78	28	5.75	28	6.47	295	5.88	434	5.62
都	37	2.76	94	5.49	87	8.31	29	5.95	29	6.71	276	5.50	458	5.93
吗	83	6.20	82	4.79	46	4.39	13	2.67	26	6.01	250	4.98	267	3.46
吧	71	5.30	76	4.44	52	4.97	23	4.72	18	4.16	240	4.78	288	3.73
没	54	4.03	67	3.91	60	5.73	22	4.52	21	4.86	224	4.46	294	3.81
还	50	3.73	68	3.97	54	5.16	26	5.34	20	4.62	218	4.34	315	4.08
也	43	3.21	42	2.45	40	3.82	68	13.96	14	3.24	207	4.13	320	4.14
没有	46	3.44	52	3.04	45	4.30	12	2.46	22	5.09	177	3.53	240	3.11
给	41	3.06	40	2.34	55	5.25	29	5.95	11	2.54	176	3.51	278	3.60
跟	17	1.27	51	2.98	42	4.01	25	5.13	18	4.16	153	3.05	240	3.11
太	36	2.69	48	2.80	35	3.34	16	3.29	14	3.24	149	2.97	179	2.32
再	29	2.17	40	2.34	32	3.06	13	2.67	19	4.39	133	2.65	237	3.07
挺	27	2.02	38	2.22	37	3.53	5	1.03	19	4.39	126	2.51	233	3.02

表4.2中的这18个虚词基本上都是日常语言中出现频率很高的词。表中"原题"代表汉语母语者的情况。表4.2中已经将频数归到了一个共同的基数即标准频率,比较后可以发现各水平级别英语母语者之间及其总体与汉语母语者之间的频率表现有所不同。英语母语者总体语料中有11个甲级虚词的频率多于汉语母语者,7个少于汉语母语者。

重复句子的试题是电脑系统从题库中随机抽取给被试的。所有试题汉语母语者都可以一字不错轻松地完全重复,而汉语学习者限于汉语听说水平,往往无法完整地重复句子,会遗漏一些听不懂的词语,或将一个结构比较复杂的句子重复为简单的句子,或按照自己的理解和表达习惯重新组织句子,低水平的学习者常常只能重复出半句话或者开头结尾的几个词语。与句子中可能是生词的实词相比,学习者对一些常用虚词相对更熟悉、更敏感,因此这些虚词被重复出来的频率相对更高,这可能是多数虚词在英语母语者重复句子语料中出现频率高于汉语母语者的一个原因。但从另外一方面来说,学习者遗漏虚词、把一个虚词重复为另外一个的情况也非常普遍。前文已经谈到,重复句子可以很好地测量被试的语言能力,汉语母语者可以轻松准确地进行句子重复,主要原因在于他们用于储存和处理语言的基本单位是语块,而非单词,所以可以对输入的言语(听到的试题)形成正确的预测并快速提取。而对于学习者来说,目的语语块尚未习得,他们在重复时无法形成正确预测,只能依据自己的注意程度激发内化的语言现象,并在随后的表达中创造性地组织语句。因此,学习者在重复句子语料中常用虚词的出现频率与汉语母语者出现差异可以反映出学习者的中介语虚词运用特征。

为了更清楚地了解这种差异的显著性,下面通过语料库数据统计分析中最常使用的卡方检验(chi-square test,X^2)对表4.2中各级别英语母语者与相应的汉语母语者重复句子语料(即试题原题)之间各虚词频率差异是否具有统计学意义上的显著性进行检验。结果见表4.3。

表4.3中,X^2为卡方值,p值是卡方值对应的显著性水平,并且按照所处的置信区间标注星号,"*""**"和"***"分别表示在0.05、0.01和0.001显著水平上该虚词在两组被试语料中的频率分布具有显著性差异,"+"和"−"分别表示该虚词在前一组语料中的使用频数多于或少于其在后一组语料中的频数,即过多使用或使用不足。

表 4.3 英语母语者各水平级别重复句子语料中虚词频数与原题差异检验结果

虚词	A1 和原题			A2 和原题			B1 和原题			B2 和原题			C 和原题			英语母语者总体和原题		
	X^2	p	是否超用	X^2	p	是否超用	X^2	p	是否超用	X^2	p	是否超用	X^2	p	是否超用	X^2	p	是否超用
了	3.04	0.081	+	2.13	0.145	+	17.05	0.000***	+	7.29	0.007**	+	1.20	0.274	+	13.63	0.000***	+
的	3.19	0.074	−	1.12	0.289	−	8.43	0.004**	−	4.94	0.026*	+	9.62	0.002**	+	0.04	0.836	+
不	3.53	0.060	+	0.01	0.912	+	12.20	0.000***	−	4.32	0.038*	+	1.17	0.279	+	14.90	0.000***	+
很	3.18	0.074	+	1.55	0.212	+	9.38	0.002**	+	3.67	0.056	+	0.30	0.587	+	8.71	0.003**	+
就	21.39	0.000***	−	14.90	0.000***	−	0.60	0.440	−	0.00	0.995	−	2.09	0.148	−	18.86	0.000***	−
在	0.36	0.549	−	0.56	0.456	−	1.42	0.233	−	0.63	0.429	+	0.53	0.465	−	0.37	0.545	+
都	14.04	0.000***	−	0.70	0.402	−	2.61	0.106	−	0.17	0.682	−	0.42	0.518	−	0.97	0.324	−
吗	9.56	0.002**	+	5.94	0.015*	+	4.07	0.044*	+	0.57	0.451	+	7.48	0.006**	+	17.54	0.000***	+
吧	5.76	0.016*	+	1.01	0.314	+	3.25	0.071	+	0.59	0.441	+	0.21	0.649	+	8.21	0.004**	+
没	1.68	0.195	−	0.34	0.561	−	7.30	0.007**	+	0.22	0.641	+	1.17	0.278	+	3.26	0.071	+
还	3.82	0.051	+	3.91	0.048*	+	0.03	0.873	+	0.61	0.434	−	0.30	0.584	−	0.52	0.470	−
也	5.11	0.024*	−	8.60	0.003**	−	0.00	0.986	−	15.94	0.000***	−	0.82	0.365	−	0.00	0.964	−
没有	0.26	0.609	+	0.02	0.890	+	2.15	0.142	+	0.30	0.585	+	5.02	0.025*	+	1.65	0.199	+
给	1.12	0.289	−	2.25	0.134	−	2.60	0.107	−	0.63	0.426	−	1.29	0.256	−	0.07	0.790	−
跟	9.82	0.002**	+	1.05	0.306	+	2.46	0.117	+	4.13	0.042*	+	1.45	0.229	+	0.03	0.857	+
太	0.79	0.375	−	1.30	0.254	+	1.71	0.191	−	0.88	0.348	−	1.47	0.225	−	5.05	0.025*	−
再	4.26	0.039*	−	0.85	0.357	−	0.46	0.496	−	0.00	0.994	+	2.30	0.129	+	1.83	0.176	+
挺	1.98	0.159	−	5.48	0.019*	−	0.18	0.669	−	0.66	0.418	+	2.52	0.112	+	2.76	0.097	−

表 4.3 显示,与原题中的虚词频数相比,A1 和 A2 级英语母语者对多数虚词使用不足,其中显著不足的有"就、都、还、也、跟、再、挺",A1 和 A2 两个级别均显著不足的是"就、也";两个级别均过多使用的虚词有"了、很、吗、吧、没有、太",其中显著超用的是"吗"。可以看出,初级英语母语者重复句子时使用不足的以副词为主,而对一些助词有超用情况。B1、B2 和 C 级的英语母语者则呈现大多数虚词超用的现象,少用的虚词 B1 级只有"也",B2 级有"就、再、挺",C 级有"也、给",且均未达到显著水平;显著超用的有"了、的、不、很、吗、没、没有、跟",其中"的、吗、没有"在 C 级频数显著多于汉语母语者,说明即使是水平很高的英语母语者仍有明显过多使用这几个虚词的问题。

从表 4.3 最右侧英语母语者总体和原题之间虚词频率比较来看,除了"就"明显使用不足之外,英语母语者在重复句子时对"了、不、很、吗、吧、太"这几个虚词的运用均显著多于汉语母语者。

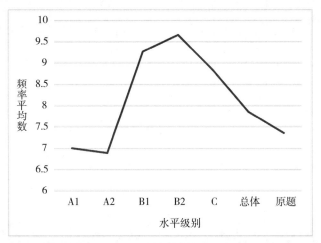

图 4.2　各级别英语母语者重复句子语料和原题中甲级虚词出现频率平均数变化曲线

通过观察各级别英语母语者语料和原题中甲级虚词的频率平均数变化曲线图(图 4.2),可以发现 A1 和 A2 级的初级学习者重复句子时的甲级虚词运用频率较低,比英语母语者总体标准频率、原题中标准频率要低,而 B1、B2 和 C 级的中高级英语母语者则比较高,呈倒 U 形,可见英语母语者初学阶段虚词运用频率偏低,到了中级阶段出现了爆发式的增长,随着汉语水平的进一步提高,高级阶段虚词使用频率有所降低,向汉语母语者靠近,但多数虚词使用频率仍高于汉语母语者。

这说明中高级英语母语者重复句子时,等量语料中甲级虚词存在过多使用的现象。实际上,英语母语者在重复句子时还存在很多虚词遗漏的情况,如果把这些遗漏的数据考虑进去的话,那么中高级英语母语者超用虚词的特征应该比图 4.2 中显示的更为突出。

为了更好地了解相邻水平级别英语母语者之间甲级虚词的运用频率差异是否具有统计学意义上的显著性,我们也进行了差异检验,结果见表 4.4。

表 4.4 英语母语者重复句子语料中相邻水平级别之间虚词运用频数差异检验结果

虚词	A1 和 A2			A2 和 B1			B1 和 B2			B2 和 C		
	X^2	p	是否超用	X^2	p	是否超用	X^2	p	是否超用	X^2	p	是否超用
了	1.70	0.193	+	10.22	0.001**	−	2.51	0.113	−	5.66	0.017*	+
的	1.02	0.312	−	9.96	0.002**	−	0.04	0.851	−	0.72	0.397	−
不	0.35	0.556	+	10.38	0.001**	−	0.22	0.638	−	3.09	0.079	+
很	0.34	0.560	+	5.23	0.022*	−	0.37	0.544	−	2.71	0.100	+
就	0.01	0.927	−	24.02	0.000***	−	0.67	0.412	+	1.70	0.192	−
在	0.96	0.327	+	3.06	0.080	−	0.55	0.457	−	0.20	0.655	−
都	13.05	0.000***	−	7.94	0.005**	−	2.46	0.117	−	0.21	0.650	−
吗	2.78	0.095	−	0.22	0.640	−	2.58	0.108	−	6.06	0.014*	−
吧	1.17	0.279	+	0.39	0.530	−	0.04	0.839	−	0.16	0.687	+
没	0.03	0.867	−	4.69	0.030*	−	0.92	0.337	−	0.06	0.812	−
还	0.11	0.742	−	2.08	0.149	−	0.02	0.886	−	0.23	0.628	+
也	1.56	0.212	+	4.11	0.043*	−	48.89	0.000***	−	29.81	0.000***	+
没有	0.37	0.540	−	2.96	0.086	−	3.02	0.082	−	4.28	0.039*	−
给	1.50	0.221	+	16.13	0.000***	−	0.30	0.584	−	6.15	0.013*	+
跟	9.86	0.002**	−	2.07	0.150	−	0.96	0.327	−	0.46	0.496	+
太	0.04	0.851	−	0.63	0.426	−	0.00	0.953	+	0.00	0.968	+

续表

虚词	A1 和 A2			A2 和 B1			B1 和 B2			B2 和 C		
	X^2	p	是否超用	X^2	p	是否超用	X^2	p	是否超用	X^2	p	是否超用
再	0.10	0.757	—	1.30	0.254	—	0.17	0.679	+	1.96	0.161	—
挺	0.14	0.704	—	4.15	0.042*	—	7.66	0.006**	+	9.97	0.002**	—

从表 4.4 可见,18 个虚词在各水平级别英语母语者重复句子语料中的频率差异也各不相同。在 A1 和 A2 两级别之间,只有"都"和"跟"两个虚词 A1 级的运用明显少于 A2 级,其他虚词的运用没有显著差异;而 A2 和 B1 两级别之间运用频率差异显著的虚词最多,除了"吗"以外,其余的虚词全部是 B1 级多于 A2 级,其中差异显著的有 10 个虚词("了、的、不、很、就、都、没、也、给、挺");在 B1 和 B2 两级别之间,只有两个虚词运用频率有显著差异,一个是"也",B1 级明显少于 B2 级,另一个是"挺",B1 级明显多于 B2 级;在 B2 和 C 两级别之间,"了、也、给"在 B2 级中的频数显著多于 C 级,尤其是"也",而"吗、没有、挺"则显著少于 C 级。

总体来看,重复句子语料中的虚词运用频数在 A2 和 B1 级以及 B2 和 C 级之间的差异多于其他各层次之间,因此可以说,从 A2 到 B1 级以及从 B2 到 C 级的虚词运用情况是比较明显的两个台阶,也说明以 A1 和 A2 级作为初级、B1 和 B2 级作为中级、C 级作为高级的水平划分是有一定理据的。这几个水平级别的英语母语者对一些虚词的理解和运用存在一定的规律性特征。

中高级英语母语者超用虚词的原因应该是受其母语的影响,崔希亮(2003、2005)在分析日朝韩和欧美学生的介词使用时发现欧美学生的介词使用频率明显高于日朝韩和中国学生。表 4.3、表 4.4 和图 4.2 的结果说明,不仅是介词,英语母语者在其他类别的虚词运用方面也存在比较明显的超用,原因也许在于汉语相比英语更注重意合,尤其是在口语表达中往往并不需要明确的功能词,但母语负迁移使得被试在重复句子时过多地运用虚词。

4.1.2 日语母语者重复句子语料中甲级虚词运用频率

本节选取 SCT 重复句子测试中母语为日语的不同水平汉语学习者语料,统计其中甲级虚词的运用频率,并与英语母语者和汉语母语者的运用频率进行对比分析。

检索 SCT 重复句子测试语料库中日语母语者语料,共得到 198 人次共 4597 个句子。所重复的句子长度从 3 字到 20 字不等,包括部分考生完全没有重复的句子。根据 SCT 自动评分系统得出的考生口试分数,考生的分数、口语水平等级分布及相应的语料数量如表 4.5 所示。

表 4.5 重复句子语料中日语母语者汉语口语水平分布及语料数量

CEFR 能力等级	SCT 分数范围	日语母语者人次	试题原句数量及字数	日语母语者重复句子字数
A1	20—40	103	2466 句,25803 字	12119 字
A2	41—50	45	1058 句,10780 字	6694 字
B1	51—61	36	765 句,7552 字	5851 字
B2	62—69	8	175 句,1819 字	1525 字
C	70+	6	133 句,1323 字	1156 字
总计		198	4597 句,47277 字	27345 字

在日语母语者重复句子语料中,出现频数较高的 18 个虚词与英语母语者相同,只有个别虚词的排序略有不同。这 18 个虚词具体频率信息见表 4.6。

表 4.6 日语母语者重复句子语料中 18 个甲级虚词的出现频数及频率

虚词	A1		A2		B1		B2		C		被试总计		原题总计	
	频数	频率	频数	频率	频数	频率	频数	频率	频数	频率	频数	频率	频数	频率
了	324	26.70	180	26.90	151	25.80	33	21.60	30	26.00	718	26.30	1083	22.90
的	262	21.60	194	29.00	173	29.60	46	30.20	33	28.50	708	25.90	1229	26.00
不	225	18.60	120	17.90	112	19.10	25	16.40	30	26.00	512	18.70	677	14.30

续表

虚词	A1		A2		B1		B2		C		被试总计		原题总计	
	频数	频率	频数	频率	频数	频率	频数	频率	频数	频率	频数	频率	频数	频率
很	109	8.99	51	7.62	54	9.23	15	9.84	10	8.65	239	8.74	339	7.17
都	72	5.94	44	6.57	47	8.03	4	2.62	5	4.33	172	6.29	327	6.92
就	63	5.20	39	5.83	23	3.93	13	8.52	8	6.92	146	5.34	418	8.84
在	63	5.20	32	4.78	28	4.79	13	8.52	7	6.06	143	5.23	257	5.44
没	75	6.19	28	4.18	40	6.84	7	4.59	7	6.06	157	5.74	147	3.11
吗	88	7.26	31	4.63	22	3.76	5	3.28	3	2.60	149	5.45	169	3.57
吧	72	5.94	30	4.48	28	4.79	2	1.31	8	6.92	140	5.12	171	3.62
还	61	5.03	29	4.33	26	4.44	5	3.28	3	2.60	124	4.54	196	4.15
也	21	1.73	20	2.99	16	2.73	4	2.62	4	3.46	65	2.38	173	3.66
没有	45	3.71	27	4.03	12	2.05	6	3.93	4	3.46	94	3.44	185	3.91
给	24	1.98	20	2.99	23	3.93	6	3.93	3	2.60	76	2.78	162	3.43
跟	24	1.98	11	1.64	16	2.73	6	3.93	7	6.06	64	2.34	150	3.17
太	38	3.14	18	2.69	16	2.73	3	1.97	3	2.60	78	2.85	104	2.20
再	32	2.64	13	1.94	14	2.39	3	1.97	4	3.46	66	2.41	113	2.39
挺	34	2.81	14	2.09	24	4.10	3	1.97	5	4.33	80	2.93	126	2.67

为了更清楚地了解表 4.6 中的虚词频数在各水平级别日语母语者重复句子语料中是否存在多用或少用的差异,我们同样对各水平级别语料与原题语料中的虚词频数进行了卡方检验,结果见表 4.7。

从表 4.7 中 18 个虚词运用的总体频率来看,与原题相比,A1 级的日语母语者少用和多用的虚词各为 9 个,A2、B1、B2、C 级多用的虚词分别为 10、11、13、12 个。虽然基本上仍呈现随着汉语水平提高多用的虚词逐渐增多的倾向,但各水平级别相对均衡,差异不大,没有像英语母语者那样在中高级阶段明显出现多数虚词多用的情况。从图 4.3 也可以看出,在初级阶段日语母语者虚词的频率高于英语母语者,但中高级阶段及总体上低于英语母语者,尤其在 B2 阶段两类被试差别较大。

74　基于语料库的汉语作为第二语言虚词运用特征研究

表 4.7　日语母语者各水平级别重复句子语料中虚词频数与原题差异检验结果

虚词	A1和原题 X^2	A1和原题 p	A1和原题 是否超用	A2和原题 X^2	A2和原题 p	A2和原题 是否超用	B1和原题 X^2	B1和原题 p	B1和原题 是否超用	B2和原题 X^2	B2和原题 p	B2和原题 是否超用	C和原题 X^2	C和原题 p	C和原题 是否超用	日语母语者总体和原题 X^2	日语母语者总体和原题 p	日语母语者总体和原题 是否超用
了	7.73	0.005**	+	1.57	0.210	+	0.23	0.630	+	0.00	0.945	+	0.16	0.686	+	8.25	0.004**	+
的	5.65	0.017*	−	0.86	0.354	−	1.26	0.261	−	0.57	0.449	−	0.19	0.663	−	0.01	0.931	−
不	6.01	0.014*	+	14.08	0.000***	+	3.73	0.053	+	0.40	0.529	+	0.43	0.511	+	21.43	0.000***	+
很	4.63	0.031*	+	0.76	0.383	+	0.22	0.643	+	0.72	0.395	+	0.01	0.927	+	5.55	0.018*	+
就	21.18	0.000***	−	3.35	0.067	−	5.57	0.018*	−	0.01	0.930	−	0.07	0.786	−	28.33	0.000***	−
在	0.06	0.814	−	0.21	0.647	−	0.27	0.606	−	0.42	0.519	−	0.00	0.998	−	0.14	0.710	−
都	0.98	0.322	+	0.14	0.710	−	0.00	0.977	+	0.38	0.538	−	0.12	0.730	+	1.02	0.311	+
吗	18.63	0.000***	+	1.53	0.216	+	0.50	0.478	+	0.08	0.780	+	0.03	0.868	+	14.34	0.000***	+
吧	7.46	0.006**	+	3.06	0.080	+	0.92	0.337	+	0.06	0.801	+	0.07	0.786	+	9.43	0.002**	+
没	18.13	0.000***	+	5.96	0.015*	+	6.39	0.011*	+	0.01	0.934	+	0.27	0.601	−	29.58	0.000***	+
还	0.12	0.728	+	0.41	0.524	+	1.12	0.291	+	0.36	0.548	+	0.04	0.841	−	0.61	0.433	−
也	6.92	0.009**	−	2.04	0.154	−	1.20	0.273	−	0.73	0.393	−	0.02	0.895	−	8.96	0.003**	−
没有	0.02	0.900	+	0.45	0.501	−	1.90	0.168	+	0.09	0.759	+	0.02	0.895	−	1.05	0.305	+
给	5.73	0.017*	−	0.16	0.689	−	0.11	0.738	+	0.00	0.968	+	0.04	0.841	+	2.28	0.131	+
跟	4.01	0.045*	−	2.62	0.106	−	0.36	0.549	−	0.00	0.968	−	0.27	0.601	−	4.20	0.040*	−
太	3.11	0.078	+	0.76	0.383	+	0.06	0.806	+	0.05	0.829	−	0.04	0.841	−	3.03	0.082	+
再	0.13	0.718	+	0.02	0.887	+	0.02	0.887	+	0.21	0.645	+	0.04	0.848	−	0.00	0.950	−
挺	0.18	0.670	−	2.10	0.147	−	0.24	0.623	+	0.05	0.829	+	0.29	0.591	+	0.43	0.514	+

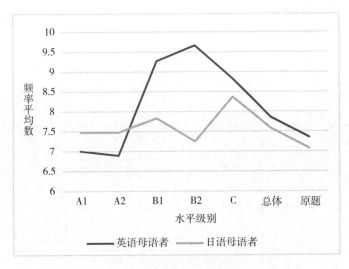

图 4.3 各级别英语、日语母语者重复句子语料和原题中
甲级虚词出现频率平均数变化曲线比较

从具体的虚词来看,5个级别日语母语者均少用的是"都、也",均多用的是"不、很、吗、没"。其中,A1级日语母语者使用的虚词频率与原题存在显著差异的比较多,显著少用的有"的、就、也、给、跟",显著多用的有"了、不、很、吗、吧、没";A2级只有"不、没"显著多用,其他没有显著差异;B1级只有"没"显著多用,"就"显著少用;B2和C级的日语母语者使用的虚词频率与原题相比均没有显著差异,这可能与这两个级别的被试人数较少有关。

日语母语者总体使用的虚词频率与原题相比,显著少用的有"就、也、跟",显著多用的有"了、不、很、吗、吧、没"。可以看出,日语母语者与英语母语者少用或多用的虚词有基本相同的特点,即少用副词"就、也",而多用助词"了、吗、吧"和副词"不、很"。

为了进一步了解各级别日语母语者之间在甲级虚词使用频率上是否存在差异,我们也对相邻两个级别的虚词频数进行了卡方检验,结果见表4.8。

表 4.8　日语母语者重复句子语料中相邻水平级别之间虚词运用频数差异检验结果

虚词	A1 和 A2			A2 和 B1			B1 和 B2			B2 和 C		
	X^2	p	是否超用	X^2	p	是否超用	X^2	p	是否超用	X^2	p	是否超用
了	0.00	0.950	−	0.14	0.706	+	0.86	0.353	+	0.53	0.465	−
的	9.88	0.002**	−	0.04	0.846	−	0.01	0.903	−	0.06	0.806	+
不	0.10	0.754	+	0.25	0.614	−	0.50	0.479	+	2.99	0.084	−
很	0.97	0.325	+	0.98	0.323	−	0.05	0.826	+	0.10	0.752	+
就	0.32	0.575	+	2.28	0.131	+	5.26	0.022*	−	0.22	0.641	+
在	0.15	0.699	−	0.00	0.997	+	3.06	0.080	+	0.54	0.462	−
都	0.28	0.596	−	0.92	0.336	+	5.16	0.023*	+	0.57	0.450	−
吗	4.75	0.029*	+	0.56	0.453	−	0.08	0.782	+	0.10	0.748	−
吧	1.70	0.192	−	0.06	0.802	+	3.60	0.058	+	5.57	0.018*	−
没	3.19	0.074	−	4.08	0.043*	+	0.96	0.326	−	0.27	0.602	−
还	0.45	0.505	+	0.01	0.925	−	0.39	0.531	+	0.10	0.748	+
也	3.12	0.077	−	0.07	0.791	+	0.01	0.940	−	0.15	0.694	−
没有	0.12	0.733	−	3.96	0.047*	+	1.76	0.184	−	0.04	0.842	+
给	1.88	0.171	−	0.81	0.367	+	0.00	0.998	−	0.35	0.553	−
跟	0.26	0.607	+	1.73	0.188	−	0.59	0.444	+	0.61	0.434	−
太	0.29	0.590	−	0.00	0.961	+	0.28	0.599	−	0.12	0.733	−
再	0.88	0.348	−	0.30	0.587	+	0.10	0.758	+	0.56	0.453	−
挺	0.86	0.353	+	4.18	0.041*	−	1.51	0.219	+	1.23	0.268	−

总体来看,日语母语者相邻两个级别之间虚词使用频率的差异没有英语母语者那么大,存在差异的虚词较少,也没有呈现出明显的阶段性差异。少数虚词的频率存在显著差异,A1 级比 A2 级少用"的",多用"吗";A2 级比 B1 级少用"没、挺",但多用"没有";B1 级比 B2 级少用"就",多用"都";B2 级比 C 级少用"吧"。

4.1.3　英语母语者和日语母语者重复句子语料中甲级虚词运用频率比较

为了更清楚地比较英语、日语母语者重复句子语料中在各个级别上对甲级虚词的运用频率差异,我们也进行了卡方检验,结果见表 4.9。

第四章 甲级虚词运用频率特征

表 4.9 英语、日语母语者重复句子语料中各水平级别之间虚词频数差异检验结果

虚词	A1 英语和日语			A2 英语和日语			B1 英语和日语			B2 英语和日语			C 英语和日语			总体 英语和日语		
	X^2	p	是否超用	X^2	p	是否超用	X^2	p	是否超用	X^2	p	是否超用	X^2	p	是否超用	X^2	p	是否超用
了	0.17	0.684	−	2.19	0.139	−	2.27	0.132	+	6.47	0.011*	+	0.00	0.973	+	0.22	0.640	+
的	0.00	0.952	−	6.55	0.010*	−	0.00	0.957	−	0.00	0.970	−	0.60	0.439	+	0.07	0.785	−
不	0.04	0.846	+	0.00	0.976	+	3.46	0.063	+	3.72	0.054	+	1.91	0.167	−	1.97	0.161	+
很	0.29	0.588	−	0.01	0.907	−	0.53	0.466	+	0.29	0.589	+	0.03	0.852	−	0.03	0.856	+
就	0.13	0.720	+	0.04	0.838	+	21.83	0.000***	+	0.11	0.743	+	2.36	0.125	−	13.73	0.000***	+
在	0.69	0.407	+	0.12	0.726	+	2.48	0.115	−	1.41	0.236	−	0.03	0.874	+	1.33	0.249	+
都	15.10	0.000***	−	0.98	0.321	−	0.04	0.851	+	2.51	0.113	+	0.84	0.360	+	1.92	0.166	−
吗	1.08	0.299	+	0.03	0.874	+	0.36	0.547	+	0.15	0.695	+	2.02	0.155	+	0.75	0.385	+
吧	0.46	0.495	−	0.00	0.963	−	0.03	0.873	+	3.47	0.063	−	1.47	0.225	−	0.41	0.521	−
没	5.87	0.015*	−	0.09	0.766	+	0.75	0.386	−	0.00	0.970	−	0.26	0.611	−	5.91	0.015*	−
还	2.48	0.115	−	0.16	0.693	−	0.39	0.531	+	1.02	0.312	+	0.90	0.343	+	0.15	0.702	+
也	5.56	0.018*	+	0.53	0.466	+	1.30	0.255	+	13.41	0.000***	+	0.01	0.906	+	15.47	0.000***	+
没有	0.14	0.710	−	1.45	0.229	−	5.45	0.020*	+	0.90	0.344	+	0.51	0.475	+	0.04	0.840	+
给	2.93	0.087	+	0.81	0.367	+	1.38	0.240	+	0.87	0.351	+	0.00	0.975	−	2.90	0.089	+
跟	2.00	0.157	+	3.30	0.069	−	1.73	0.189	+	0.35	0.557	+	0.72	0.396	−	3.18	0.074	+
太	0.44	0.508	−	0.02	0.881	+	0.45	0.504	−	0.68	0.409	−	0.12	0.727	+	0.08	0.774	+
再	0.60	0.438	+	0.34	0.562	+	0.59	0.443	−	0.23	0.632	−	0.19	0.663	+	0.39	0.534	+
挺	1.66	0.198	+	0.04	0.850	+	0.32	0.569	+	0.82	0.364	−	0.00	0.975	+	1.15	0.284	+

根据表 4.9，A1 级英语母语者有 13 个虚词的使用频率都少于日语母语者，其中显著少用的是"都、没"，只有 5 个虚词（"不、就、在、也、给"）多于日语母语者，其中显著多用的是"也"；A2 级只有"的"英语母语者比日语母语者显著少用；到了中级阶段（B1），英语母语者有 15 个虚词的使用频率多于日语母语者，其中"就、没有"差异显著，而只有 3 个虚词（"的、没、挺"）少于日语母语者，但差异不显著；中高级（B2）的情况与 B1 级类似，多数虚词使用频率多于日语母语者，其中"了、也"差异显著；高级阶段（C）两者差异均不显著。结合图 4.3 可知，中高级阶段英语母语者在重复句子时对甲级虚词的使用频率明显高于日语母语者，到了高级阶段逐渐接近。

比较两类被试的总体情况可见，18 个甲级虚词中，英语母语者有 11 个虚词的使用频率高于日语母语者，其中"就、也"的使用频率显著多于日语母语者。结合前文两类学习者对"就、也"的使用频率均少于汉语母语者的情况可知，日语母语者对副词"就、也"的使用频率尤其少。有 7 个虚词英语母语者使用频率低于日语母语者，其中差异显著的只有"没"。

4.2 组句语料中甲级虚词运用频率特征

组句题是把一个句子拆分成三个部分，打乱顺序，被试在听了三个部分之后即时重组说出语序正确的句子，相比重复句子来说难度有所增加，所以在命题时句子大多比重复句子题稍短，测试的重点是考察被试对于一些在句法位置上有明确要求的语法标记的敏感度，如"把""被""的""在"等，这些语法标记多数为甲级虚词。在 SCT 的每份试卷中，组句的题量比重复句子的题量少得多（重复句子 20 道题，组句 6 道题），因此语料数量相比重复句子也少得多。

4.2.1 英语母语者组句语料中甲级虚词运用频率

本研究从 SCT 语料库中提取母语为英语的考生在完成组句测试时的应答转录文本,共得到 324 人次的组句语料,考生的分数、口语水平等级分布及相应的语料数量见表 4.10。

表 4.10 组句语料中英语母语者汉语口语水平分布及语料数量

CEFR 能力等级	SCT 分数范围	英语母语者 人次	试题原句数量 及字数	英语母语者 组句字数
A1	20—40	112	997 句,7297 字	4041 字
A2	41—50	96	837 句,6034 字	5343 字
B1	51—61	67	517 句,3720 字	3479 字
B2	62—69	28	211 句,1537 字	1495 字
C	70+	21	191 句,1353 字	1364 字
总计		324	2753 句,19941 字	15722 字

有 38 个甲级虚词没有出现在英语母语者组句语料中,也基本上没有出现在试题原题语料中,其中有 15 个虚词也是重复句子语料中没有出现的,即 6 个副词"忽然、互相、立刻、永远、只好、总",4 个介词"朝、叫、经过、向",3 个连词"不但、而且、结果",1 个助词"等"和 1 个兼类词"接着"。组句语料中没有出现的虚词还有"必须、不用、常、常常、十分、也许、一共、一会儿、一块儿、一直、尤其、正、除了、当、通过、为、为了、那么、地、嘛、哪、呐、呀"。重复句子语料中没有出现而在组句语料中出现的是"被"和"多么",但"多么"的用例仅有 1 个。

有 24 个甲级虚词在英语母语者组句语料中的总出现频数不到 10 次。这 24 个虚词是:马上、然后、呢、先、最、所以、比较、又、总是、虽然、多、或者、不要、更、往、好、那、着、多么、不如、但是、可是、啊、啦。

在英语母语者组句语料中出现频数在 10 次及以上的甲级虚词只有 40 个。这 40 个甲级虚词的出现频数和千字标准频率见表 4.11。

表 4.11　英语母语者组句语料中 40 个甲级虚词的出现频数及频率

虚词	A1 频数	A1 频率	A2 频数	A2 频率	B1 频数	B1 频率	B2 频数	B2 频率	C 频数	C 频率	被试总计 频数	被试总计 频率	原题总计 频数	原题总计 频率
了	182	45.04	182	34.06	117	33.63	63	42.14	49	35.92	593	37.72	752	37.71
的	74	18.31	97	18.15	59	16.96	24	16.05	31	22.73	285	18.13	387	19.41
很	47	11.63	72	13.48	46	13.22	23	15.38	23	16.86	211	13.42	244	12.24
不	50	12.37	53	9.92	43	12.36	15	10.03	20	14.66	181	11.51	212	10.63
都	29	7.18	46	8.61	29	8.34	5	3.34	14	10.26	123	7.82	163	8.17
在	33	8.17	36	6.74	30	8.62	14	9.36	8	5.87	121	7.70	150	7.52
给	24	5.94	35	6.55	28	8.05	7	4.68	9	6.60	103	6.55	121	6.07
就	15	3.71	22	4.12	21	6.04	10	6.69	13	9.53	81	5.15	138	6.92
没有	17	4.21	26	4.87	13	3.74	8	5.35	8	5.87	72	4.58	88	4.41
没	16	3.96	19	3.56	12	3.45	11	7.36	9	6.60	67	4.26	90	4.51
得	18	4.45	21	3.93	18	5.17	8	5.35	2	1.47	67	4.26	98	4.91
把	18	4.45	13	2.43	15	4.31	9	6.02	6	4.40	61	3.88	96	4.81
还	13	3.22	14	2.62	13	3.74	6	4.01	5	3.67	51	3.24	67	3.36
过	8	1.98	16	2.99	7	2.01	6	4.01	3	2.20	40	2.54	54	2.71
也	9	2.23	15	2.81	7	2.01	4	2.68	4	2.93	39	2.48	79	3.96
对	10	2.47	11	2.06	12	3.45	5	3.34	0	0.00	38	2.42	53	2.66
真	9	2.23	8	1.50	10	2.87	4	2.68	2	1.47	33	2.10	38	1.91
被	6	1.48	11	2.06	8	2.30	5	3.34	2	1.47	32	2.04	58	2.91
太	12	2.97	6	1.12	8	2.30	2	1.34	3	2.20	31	1.97	33	1.65
非常	6	1.48	9	1.68	9	2.59	5	3.34	1	0.73	30	1.91	43	2.16
吗	12	2.97	7	1.31	7	2.01	3	2.01	0	0.00	29	1.84	32	1.60
吧	5	1.24	11	2.06	5	1.44	4	2.68	3	2.20	28	1.78	53	2.66
还是	3	0.74	9	1.68	10	2.87	4	2.68	1	0.73	27	1.72	37	1.86
跟	10	2.47	9	1.68	4	1.15	3	2.01	1	0.73	27	1.72	26	1.30
已经	6	1.48	9	1.68	5	1.44	5	3.34	1	0.73	26	1.65	40	2.01
比	3	0.74	10	1.87	10	2.87	0	0.00	3	2.20	26	1.65	40	2.01
别	7	1.73	8	1.50	7	2.01	2	1.34	1	0.73	25	1.59	37	1.86
从	2	0.49	9	1.68	6	1.72	2	1.34	3	2.20	22	1.40	33	1.65

续表

虚词	A1		A2		B1		B2		C		被试总计		原题总计	
	频数	频率	频数	频率	频数	频率	频数	频率	频数	频率	频数	频率	频数	频率
和	2	0.49	8	1.50	6	1.72	1	0.67	5	3.67	22	1.40	36	1.81
一起	6	1.48	5	0.94	6	1.72	0	0.00	3	2.20	20	1.27	25	1.25
再	5	1.24	5	0.94	6	1.72	2	1.34	0	0.00	18	1.14	41	2.06
挺	6	1.48	1	0.19	10	2.87	0	0.00	0	0.00	17	1.08	19	0.95
刚	3	0.74	8	1.50	1	0.29	1	0.67	1	0.73	14	0.89	20	1.00
只	2	0.49	4	0.75	5	1.44	2	1.34	1	0.73	14	0.89	21	1.05
正在	3	0.74	5	0.94	2	0.57	2	1.34	1	0.73	13	0.83	17	0.85
让	3	0.74	3	0.56	2	0.57	3	2.01	2	1.47	13	0.83	25	1.25
因为	6	1.48	4	0.75	2	0.57	0	0.00	0	0.00	12	0.76	13	0.65
要是	1	0.25	4	0.75	1	0.29	2	1.34	3	2.20	11	0.70	15	0.75
才	2	0.49	3	0.56	2	0.57	2	1.34	1	0.73	10	0.64	21	1.05
离	1	0.25	3	0.56	2	0.57	3	2.01	1	0.73	10	0.64	17	0.85

表4.11中的这40个虚词大多数也是重复句子语料中高频出现的。我们同样也对各水平级别的英语母语者及其总体与汉语母语者(原题)之间的虚词出现频数进行了卡方检验。多数虚词的频率差异并未达到统计学意义的显著性。部分虚词的检验结果如表4.12所示,只有"就、也、再"这3个副词在英语母语者组句语料中的频率显著少于原题中频率,其中"就"在A1级被试语料中也显著少于原题。

表 4.12 英语母语者各水平级别组句语料中部分虚词词频数与原题差异检验结果

虚词	A1和原题			A2和原题			B1和原题			B2和原题			C和原题			英语母语者总体和原题		
	X^2	p	是否超用	X^2	p	是否超用	X^2	p	是否超用	X^2	p	是否超用	X^2	p	是否超用	X^2	p	是否超用
的	0.00	0.984	−	0.64	0.424	−	0.71	0.400	−	0.10	0.746	−	0.00	0.974	−	0.78	0.378	−
都	0.02	0.893	−	0.01	0.920	−	0.23	0.628	−	0.28	0.596	−	0.00	0.983	−	0.14	0.712	−
就	5.16	0.023*	−	2.23	0.135	−	0.05	0.823	−	0.02	0.877	−	0.05	0.830	−	4.50	0.034*	−
没	0.01	0.903	−	0.59	0.441	−	0.16	0.686	−	0.26	0.609	+	0.00	0.986	−	0.13	0.721	−
得	0.68	0.409	−	0.00	0.968	−	0.00	0.969	+	0.17	0.679	+	0.68	0.408	−	0.81	0.367	−
把	0.84	0.360	−	1.04	0.307	−	0.11	0.741	−	0.00	0.953	+	0.00	0.989	+	1.75	0.186	−
还	0.03	0.853	+	0.68	0.408	−	0.03	0.864	−	0.00	0.962	+	0.00	0.990	+	0.04	0.850	−
过	1.06	0.304	−	0.02	0.882	−	0.16	0.690	−	0.12	0.728	+	0.19	0.661	+	0.09	0.765	−
也	2.38	0.123	−	0.61	0.433	−	3.54	0.060	−	0.74	0.390	−	0.00	0.991	−	5.85	0.016*	−
再	2.30	0.129	−	2.11	0.147	−	0.02	0.875	−	0.00	0.978	−	1.01	0.315	−	4.42	0.036*	−
了	1.13	0.287	+	0.01	0.905	−	0.09	0.759	+	0.04	0.844	−	0.00	0.967	+	0.00	0.997	+
很	0.04	0.850	+	0.54	0.462	−	0.41	0.523	+	0.04	0.846	+	0.02	0.902	+	0.98	0.322	+

对相邻两个级别的英语母语者组句语料中虚词运用频数是否存在差异的卡方检验结果显示,与重复句子相比,出现组间频率差异的虚词较少,大部分虚词在各组间的频数差异均未达到统计学意义上的显著性。有显著差异的 6 个虚词的卡方检验结果见表 4.13。

表 4.13　英语母语者组句语料中相邻水平级别之间虚词运用频数差异检验结果

虚词	A1 和 A2			A2 和 B1			B1 和 B2			B2 和 C		
	X^2	p	是否超用	X^2	p	是否超用	X^2	p	是否超用	X^2	p	是否超用
了	7.43	0.006**	+	0.01	0.913	+	2.17	0.141	−	0.73	0.392	+
都	0.60	0.440	−	0.02	0.891	+	3.84	0.050	+	5.17	0.023*	−
对	0.18	0.673	+	1.57	0.211	−	0.00	0.954	+	4.57	0.033*	+
太	4.10	0.043*	+	1.84	0.175	−	0.48	0.488	+	0.30	0.582	
比	2.12	0.145	−	0.94	0.333		4.31	0.038*		3.29	0.070	
挺	5.20	0.023*	+	12.22	0.000***		4.31	0.038*	+			

表 4.13 中"了、都、太、挺"在组句语料中的频率分布情况与重复句子语料中的情况大致相似,只是差异度没有重复句子那么显著,这可能是因为组句试题相对较短且主要考察的是语序,被试虽然说出了听到的词句,但主要问题是语序错误,这种问题频率统计反映不出来,所以在频率上的差异就没有那么明显了。此外,组句语料中所有虚词 C 级被试的运用频数都与汉语母语者即原题没有显著性差异,说明高级英语母语者在组句测试时的虚词运用频率比较接近汉语母语者。

4.2.2 日语母语者组句语料中甲级虚词运用频率

本研究从 SCT 语料库中提取母语为日语的考生在完成组句测试时的应答转录文本,共得到 198 人次的组句语料,考生的分数、口语水平等级分布及相应的语料数量见表 4.14。

表 4.14 组句语料中日语母语者汉语口语水平分布及语料数量

CEFR 能力等级	SCT 分数范围	日语母语者 人次	试题原句数量 及字数	日语母语者 组句字数
A1	20—40	103	969 句,7118 字	4647 字
A2	41—50	45	430 句,3209 字	2769 字
B1	51—61	36	294 句,2143 字	2070 字
B2	62—69	8	66 句,472 字	487 字
C	70+	6	54 句,399 字	420 字
总计		198	1813 句,13341 字	10393 字

由于日语母语者语料相对较少,观察日语母语者虚词运用特征主要是为了了解学习者母语迁移的影响,所以本节重点对表 4.11 中英语母语者运用频率较高的 40 个虚词在各水平级别的日语母语者及其总体和汉语母语者(原题)之间的虚词频数进行了卡方检验,结果如表 4.15 所示,与英语母语者的情况有相同之处,即除了 A1 级外,其他四个级别的日语母语者和汉语母语者(原题)之间的虚词频率均无显著差异。

第四章 甲级虚词运用频率特征 85

表 4.15 日语母语者各水平级别组句语料中部分虚词频数与原题差异检验结果

虚词	A1和原题 X²	A1和原题 p	A1和原题 是否超用	A2和原题 X²	A2和原题 p	A2和原题 是否超用	B1和原题 X²	B1和原题 p	B1和原题 是否超用	B2和原题 X²	B2和原题 p	B2和原题 是否超用	C和原题 X²	C和原题 p	C和原题 是否超用	日语母语者总体和原题 X²	日语母语者总体和原题 p	日语母语者总体和原题 是否超用
了	0.00	0.976	+	0.39	0.531	−	0.00	0.970	−	0.21	0.647	−	0.00	0.961	+	65.80	0.000***	−
的	2.13	0.145	−	0.03	0.859	−	0.04	0.838	−	0.03	0.857	−	0.02	0.899	−	39.57	0.000***	−
很	1.46	0.226	+	0.10	0.753	+	0.01	0.924	+	0.11	0.735	−	0.00	0.959	−	7.57	0.006**	−
不	0.76	0.383	−	0.24	0.622	−	0.13	0.719	−	0.00	0.969	−	0.01	0.929	−	24.03	0.000***	−
都	0.03	0.852	+	0.39	0.531	−	0.18	0.671	−	0.23	0.629	−	0.26	0.613	−	17.22	0.000***	−
在	0.00	0.953	−	0.12	0.727	−	0.00	0.964	−	0.00	0.975	−	0.01	0.929	−	15.32	0.000***	−
给	0.34	0.561	−	0.18	0.670	−	0.49	0.485	−	0.74	0.391	−	0.00	0.959	−	13.90	0.000***	−
就	2.77	0.096	−	1.27	0.259	−	0.30	0.586	−	0.23	0.629	−	0.00	0.959	−	26.69	0.000***	−
没有	0.14	0.711	+	0.02	0.897	+	0.54	0.463	−	0.00	0.960	−	0.26	0.613	−	10.72	0.001**	−
没	0.15	0.694	+	0.05	0.821	−	0.04	0.848	−	0.00	0.975	−	0.00	0.971	−	7.61	0.006**	−
得	2.42	0.120	−	0.04	0.849	−	0.01	0.932	+	0.17	0.679	+				8.37	0.004**	−
把	0.87	0.351	−	0.03	0.872	−	1.31	0.253	−	0.00	0.975	−	0.00	0.950	−	13.30	0.000***	−
还	0.45	0.504	−	0.07	0.784	−	0.04	0.848	−	0.00	0.969	−				8.52	0.004**	−
过	3.51	0.061	−	0.07	0.798	+	0.05	0.830	−	0.00	0.975	−	0.00	0.959	−	8.71	0.003**	−
也	3.22	0.073	−	0.03	0.873	−	4.23	0.040*	−	0.00	0.982	−	0.01	0.942	−	17.28	0.000***	−
对	6.68	0.010**	−	0.09	0.768	−	0.11	0.740	−	1.03	0.309	−	0.00	0.950	−	11.07	0.001**	−
真	0.07	0.797	+	0.30	0.584	−	0.00	0.972	−	0.00	0.982	−	0.00	0.959	−	0.83	0.362	−
被	3.29	0.070	−	3.51	0.061	+	0.43	0.510	+	0.00	0.982	+	0.00	0.971	−	19.60	0.000***	−
太	0.38	0.536	−	0.09	0.768	−	0.24	0.627	−	0.00	0.975	−				3.55	0.060	−
非常	0.02	0.895	−	0.33	0.563	−	0.00	0.956	+				0.00	0.971	−	2.23	0.136	−

续表

虚词	A1和原题 X^2	A1和原题 p	A1和原题 是否超用	A2和原题 X^2	A2和原题 p	A2和原题 是否超用	B1和原题 X^2	B1和原题 p	B1和原题 是否超用	B2和原题 X^2	B2和原题 p	B2和原题 是否超用	C和原题 X^2	C和原题 p	C和原题 是否超用	日语母语者总体和原题 X^2	日语母语者总体和原题 p	日语母语者总体和原题 是否超用
吗	3.90	0.048*	+	0.73	0.392	—	0.00	0.961	+	0.00	0.982	—				0.02	0.875	—
吧	2.12	0.146	—	0.00	0.990	—	1.01	0.314	—				0.00	0.971	—	10.51	0.001**	—
还是	0.76	0.384	—	0.08	0.777	—	0.11	0.740	—							6.21	0.013*	—
跟	0.14	0.705	—	0.01	0.910	—	0.24	0.627	+							1.52	0.218	—
已经	0.17	0.682	—	0.18	0.670	—	0.00	0.952	—				0.00	0.971	—	5.80	0.016*	—
比	0.01	0.939	—	0.33	0.566	+	5.80	0.016*	—	0.37	0.545	—				4.93	0.026*	—
别	0.25	0.614	+	0.18	0.670	—	0.90	0.343	—				0.00	0.950	—	4.64	0.031*	—
从	1.12	0.289	—	0.04	0.835	—	0.00	0.972	—	0.00	0.975	—				2.80	0.094	—
和	3.04	0.081	—	0.02	0.883	+	0.00	0.972	+	0.00	0.982	—	0.00	0.971	—	4.69	0.030*	—
一起	0.50	0.480	—	0.07	0.795	+	0.00	0.980	+							4.04	0.045*	—
再	1.05	0.305	—	0.02	0.883	+	0.11	0.740	—	1.03	0.309	—	0.00	0.959	—	7.68	0.006**	—
挺	0.35	0.554	—	0.01	0.910	—	0.30	0.584	—							2.39	0.122	—
刚	0.25	0.614	+	0.25	0.617	—	0.93	0.334	—	1.03	0.309	—	0.00	0.959	—	3.08	0.079	—
只	0.07	0.797	—	1.73	0.189	—	0.00	0.972	—							2.04	0.153	—
正在	0.65	0.419	—	4.32	0.038*	—	1.93	0.164	—				0.00	0.971	—	5.00	0.025*	—
让	0.69	0.407	+	0.25	0.617	—	0.00	0.980	+	0.00	0.982	—				7.92	0.005**	—
因为	0.33	0.567	—	0.01	0.917	—	0.00	0.980	+	0.00	0.982	—				2.02	0.155	—
要是	0.08	0.772	—	0.41	0.523	—	0.00	0.972	+	1.03	0.309	—				2.20	0.138	—
才	0.35	0.553	—	0.20	0.652	—	0.00	0.966	—							3.19	0.074	—
离	2.44	0.118	—													4.96	0.026*	—

表 4.15 显示,与英语母语者不同,日语母语者总体上在 40 个虚词上的使用频率均少于原题,并且其中有 28 个虚词频率存在显著差异。而英语母语者总体上只有 3 个虚词频率显著少于原题。

日语母语者各级别之间的虚词频率差异卡方检验结果显示,只有 A1 级有 3 个虚词"得、对、非常"显著少于 A2 级,B1 级的"要是"显著少于 B2 级,其他虚词之间的频率差异均不显著。

4.2.3 英语母语者和日语母语者组句语料中甲级虚词运用频率比较

我们同样对比了各个水平级别的英语母语者和日语母语者组句语料中 40 个甲级虚词的使用情况,其中存在显著差异的虚词情况见表 4.16。

从表 4.16 可见,在总体上,40 个甲级虚词中有 33 个英语母语者比日语母语者用得更多,其中差异显著的有 17 个:了、的、很、不、给、就、得、对、被、吗、还是、跟、比、从、和、挺、正在;比日语母语者少用的虚词只有 7 个,且差异均不显著。因此可以说,英语母语者在组句测试中多数虚词的使用频数多于日语母语者,且与汉语母语者相比,英语母语者多数虚词呈超用特征,而日语母语者则呈少用特征。这与重复句子语料中英语、日语母语者虚词运用的频率特征总体相似。

表 4.16 英语、日语母语者各水平级别之间组句语料中虚词频数差异检验结果

虚词	A1 英语和日语			A2 英语和日语			B1 英语和日语			B2 英语和日语			C 英语和日语			总体英语和日语		
	X^2	p	是否超用	X^2	p	是否超用	X^2	p	是否超用	X^2	p	是否超用	X^2	p	是否超用	X^2	p	是否超用
了	1.86	0.173	+	0.02	0.887	−	0.05	0.819	−	1.76	0.184	+	0.00	0.984	+	19.35	0.000***	+
的	1.60	0.206	+	0.42	0.516	−	0.00	0.989	+	0.13	0.716	−	0.47	0.495	−	9.51	0.002**	+
很	0.01	0.922	+	1.34	0.248	+	4.26	0.039*	+	1.41	0.236	+	3.40	0.065	+	21.94	0.000***	+
不	2.29	0.130	−	0.15	0.697	−	1.19	0.276	−	0.61	0.434	+	0.00	0.955	+	14.80	0.000***	+
都	1.36	0.243	−	1.44	0.230	+	0.20	0.658	+	0.06	0.805	+	1.09	0.296	+	3.47	0.062	+
在	0.05	0.822	+	1.69	0.193	+	0.16	0.692	−	1.27	0.260	−	2.92	0.087	+	0.42	0.519	+
给	1.15	0.284	+	5.73	0.017*	+	1.39	0.238	+	0.03	0.870	+	0.18	0.674	+	16.84	0.000***	+
就	1.02	0.312	+	0.12	0.730	−	0.34	0.560	−	0.41	0.523	−	0.88	0.349	−	3.94	0.047*	+
没有	2.77	0.096	−	0.01	0.908	−	0.38	0.540	+	1.36	0.243	+	0.07	0.791	−	0.03	0.858	+
没	1.20	0.273	−	2.10	0.148	+	0.00	0.967	+	0.60	0.440	−	1.02	0.311	+	0.23	0.628	+
得	4.42	0.035*	+	0.26	0.613	+	0.09	0.759	+	0.04	0.835	−	0.62	0.432	−	4.48	0.034*	+
把	1.22	0.269	+	2.92	0.087	+	0.00	0.984	−	0.24	0.622	−	0.48	0.488	+	1.34	0.247	+
还	0.13	0.721	+	0.61	0.436	+	0.05	0.831	+	0.37	0.541	+	1.54	0.214	+	1.49	0.223	+
过	1.18	0.277	+	0.46	0.497	+	0.44	0.509	+	0.00	0.977	+	0.75	0.385	+	3.24	0.072	+
也	0.28	0.595	+	0.00	0.948	+	0.88	0.349	−	0.06	0.812	+	3.13	0.077	+	1.94	0.164	+
对	6.55	0.010*	+	0.54	0.463	+	1.93	0.165	+	1.63	0.201	+	9.76	0.002**	+	5.77	0.016*	+
真	1.10	0.295	−	0.47	0.491	−	2.19	0.139	−	0.06	0.812	−	1.56	0.212	−	2.86	0.091	+
被	0.00	0.979	+	2.04	0.154	+	0.47	0.491	+	0.20	0.652	−	0.62	0.432	−	5.25	0.022*	+
太	1.47	0.226	+	3.30	0.069	−	0.47	0.491	−	1.40	0.237	+	0.00	0.945	−	0.41	0.521	+
非常	0.08	0.784	−	7.33	0.007**	−	0.02	0.902	+	1.63	0.201	+	0.78	0.378	+	0.13	0.717	−

续表

虚词	A1 英语和日语 X^2	A1 英语和日语 p	A1 英语和日语 是否超用	A2 英语和日语 X^2	A2 英语和日语 p	A2 英语和日语 是否超用	B1 英语和日语 X^2	B1 英语和日语 p	B1 英语和日语 是否超用	B2 英语和日语 X^2	B2 英语和日语 p	B2 英语和日语 是否超用	C 英语和日语 X^2	C 英语和日语 p	C 英语和日语 是否超用	总体英语和日语 X^2	总体英语和日语 p	总体英语和日语 是否超用
吗	2.12	0.145	+	1.67	0.197	+	0.00	0.949	+	0.98	0.323	+	0.00	0.945		4.58	0.032*	+
吧	0.00	0.944	−	0.01	0.920	−	0.69	0.406	−	0.06	0.812	+	0.31	0.579	−	0.57	0.451	+
还是	0.63	0.428	+	1.25	0.264	+	1.13	0.288	+	1.31	0.253	+	0.31	0.579	+	4.41	0.036*	+
跟	4.84	0.028*	+	0.07	0.798	+	0.09	0.761	−	0.98	0.323	−	0.78	0.378	+	5.32	0.021*	+
已经	0.52	0.469	−	0.66	0.417	−	1.40	0.237	−	1.63	0.201	−	0.93	0.336	−	0.09	0.766	−
比	0.26	0.609	+	0.19	0.660	+	5.96	0.015*	+	0.12	0.724	+	5.90	0.015*	+	5.75	0.016*	+
别	0.05	0.825	−	1.05	0.306	−	0.23	0.633	−	0.65	0.419	−	0.93	0.336	+	0.08	0.779	−
从	0.02	0.889	+	0.07	0.798	+	0.52	0.471	+	2.87	0.090	+	0.16	0.691	+	4.48	0.034*	+
和	0.49	0.484	+	4.15	0.042*	+	0.52	0.471	+	3.07	0.080	−	0.93	0.336	+	6.76	0.009**	+
一起	0.06	0.808	−	0.10	0.756	+	1.59	0.208	−	0.65	0.419	+	6.50	0.011*	+	1.91	0.167	+
再	0.00	0.944	+	2.04	0.153	+	0.06	0.805	+	0.33	0.568	+	3.10	0.078	−	0.10	0.751	+
刚	2.61	0.106	−	1.41	0.235	+	3.75	0.053	+	0.65	0.419	+	0.31	0.579	−	4.76	0.029*	+
只	2.24	0.135	+	0.00	0.953	+	0.14	0.710	+	0.65	0.419	−	0.78	0.378	−	0.67	0.414	−
正在	1.49	0.222	+	0.24	0.626	+	0.23	0.633	+	0.65	0.419	+	0.62	0.432	+	0.04	0.848	+
让	3.45	0.063	+	2.59	0.107	+	1.19	0.275	+	0.00	0.984	−				8.47	0.004**	+
因为	0.03	0.864	+	1.56	0.212	+	0.02	0.887	+	0.12	0.724	+	0.93	0.336	+	2.38	0.123	+
要是	0.52	0.469	−	0.24	0.626	−	0.02	0.887	−	0.65	0.419	−	0.31	0.579	+	0.66	0.416	+
才	2.15	0.143	+	0.44	0.505	+	0.60	0.440	+	0.12	0.724	+				0.36	0.550	+
离	0.49	0.484	+	0.08	0.782	+	0.28	0.599	+	0.65	0.419	+	0.93	0.336	+	0.95	0.328	+
	0.01	0.921	+	0.15	0.700	+	1.10	0.294	−	0.98	0.323	−	0.31	0.579	+	0.95	0.328	+

4.3 短文重述语料中甲级虚词运用频率特征

短文重述题是叙述性或说明性的短文,要求考生听两遍短文后尽量重述短文的主要内容和细节信息,但不必重复原文词语,可以自己组织语言。与重复句子和组句测试中试题原题语料即汉语母语者语料不同,短文重述测试中汉语母语者也是在听到试题后用自己的语言进行重述,因此本节在对比汉语学习者和汉语母语者虚词运用频率时主要采用的是汉语母语者重述的语料而不是原题语料。

4.3.1 英语母语者短文重述语料中甲级虚词运用频率

本研究从SCT语料库中搜检得到英语母语者和汉语母语者短文重述语料,具体语料数量如表4.17所示。

表 4.17 英语母语者及汉语母语者短文重述语料数量

被试	CEFR 能力等级	SCT 分数范围	被试 人次	试题 数量	被试语料 字数	试题原题 字数
英语母语者	A1	20—40	119	254	1840	18601
	A2	41—50	109	235	5211	17349
	B1	51—61	89	213	8602	15348
	B2	62—69	48	104	5004	7489
	C	70+	69	154	9423	11361
	总计		434	960	30080	70148
汉语母语者	总计		323	950	56754	64491

在英语母语者和汉语母语者短文重述语料中都没有出现的虚词有17个,是副词"多、多么、忽然、立刻、也许、一共、一会儿、一块儿、总",介词"向、经过、叫、朝",助词"呐、哪、嘛"和兼类词"接着"。此外还有37个虚词在英语母语者短文重述语料中出现频数总计不到10次,是副词"挺、好、先、真、马上、十分、必须、尤其、正、总是、刚、正在、别、互相、一直、已经、只好",介词"从、为、除了、当、离、往、被、通过",连词"虽然、那、不如、

结果、那么"和助词"等、吧、啊、呀、过、啦、吗"。

我们发现英语母语者使用较少的这 37 个虚词中有一些在汉语母语者及原题语料中出现的频数并不低，比如介词"被"在英语母语者语料中的频数只有 2 次（原题中 41 次），但是在汉语母语者语料中出现的次数是 30 次（原题中 36 次），差别还是比较明显的。这种差别体现在两个方面：一方面是英语母语者和汉语母语者口语表达之间的差异，另一方面是被试口语输出与短文原题之间的差异。命制短文试题时，虽然要求命题员尽量口语化，但毕竟是写出来的书面试题，由汉语母语者朗读存入题库，而且有一定的字数要求，所以试题原题不可避免地带有一定的书面语特征。

基于此，本研究将对各水平级别英语母语者短文重述语料中出现的 85 个甲级虚词（含上文提及的频数较低的 37 个虚词）的频率进行统计，并将之与汉语母语者语料和试题原题语料分别进行对比。

我们首先统计了 85 个虚词在各级别英语母语者语料、汉语母语者语料及相应的试题原题语料中的出现频率，发现其中有 18 个虚词在英语母语者和汉语母语者短文重述语料中的频率有差别，有 17 个虚词在英语母语者的短文重述语料和相应原题中的频率有差异，而只有 6 个虚词在汉语母语者的短文重述语料和相应原题中的频率有差别。具体数据详见表 4.18 和表 4.19。

表 4.18 最右边三列分别显示的是英语母语者和汉语母语者在短文重述时虚词标准频率之差、英语母语者短文重述和短文原题中虚词标准频率之差、汉语母语者短文重述和短文原题中虚词标准频率之差。其中正数表示前者多于后者，负数表示后者多于前者，如第一行"很"的"英汉重述"为"10.66"，这表示"很"在英语母语者每千字语料中就比汉语母语者多 10.66 个；最后一行"了"的"英汉重述"为"－10.68"，这表示"了"在英语母语者每千字语料中比汉语母语者少 10.68 个。"千字 10.66"或"千字 10.68"是比较大的频率差别，说明英语母语者口头短文重述与汉语母语者相比，有明显超用"很"以及明显少用"了"的特征。

表 4.18 22个虚词在英语、汉语母语者短文重述及原题语料中的出现频率比较

虚词	A1 重述频率	A1 原题频率	A2 重述频率	A2 原题频率	B1 重述频率	B1 原题频率	B2 重述频率	B2 原题频率	C 重述频率	C 原题频率	英语母语者 重述频率	英语母语者 原题频率	汉语母语者 重述频率	汉语母语者 原题频率	英汉 重述	英述和原题	汉重述和原题
很	33.15	12.20	25.91	10.95	29.53	11.40	22.58	12.15	18.15	11.53	24.40	11.60	13.74	12.93	10.66	12.80	0.81
所以	3.80	0.75	6.72	1.38	5.93	0.59	5.80	1.74	4.56	1.23	5.49	1.05	1.34	0.91	4.15	4.43	0.42
的	33.70	39.08	33.39	39.02	36.85	35.57	44.96	36.45	45.85	40.31	40.23	38.22	36.93	33.68	3.29	2.01	3.25
但是	0.54	1.40	3.84	1.27	7.91	1.30	2.60	1.60	4.99	1.50	4.95	1.38	2.57	1.77	2.38	3.57	0.80
因为	2.17	0.43	2.88	0.86	3.95	0.85	4.00	1.34	3.50	1.32	3.52	0.87	2.27	2.09	1.25	2.65	0.18
太	3.80	2.04	3.45	1.38	2.33	1.56	2.00	1.60	2.65	1.76	2.66	1.68	1.43	1.33	1.23	0.98	0.09
然后	0.54	0.05	1.34	0.29	1.86	0.20	2.80	0.13	1.80	0.18	1.83	0.17	0.60	0.50	1.23	1.66	0.10
比较	0.54	2.20	0.77	1.33	1.98	1.50	1.00	1.47	1.49	1.06	1.36	1.57	0.14	0.25	1.22	−0.21	−0.11
跟	2.72	0.27	1.73	0.29	1.51	0.39	1.40	0.40	1.70	0.44	1.66	0.34	0.48	0.23	1.19	1.32	0.24
让	1.09	2.47	1.54	1.67	2.09	1.95	2.20	2.00	2.26	2.55	1.86	2.12	1.25	1.54	1.01	0.14	−0.28
可是	2.17	0.16	2.88	0.58	1.51	1.24	2.20	0.53	3.08	0.79	1.06	0.64	1.96	2.12	−0.09	1.22	−0.17
更	0.00	2.20	1.54	2.31	0.81	1.89	0.80	2.27	1.38	2.11	7.95	2.15	1.52	1.44	−0.45	−1.09	0.07
不	9.24	6.40	9.02	7.67	8.25	5.99	7.59	8.68	7.00	5.90	0.76	6.79	8.40	8.08	−0.46	1.16	0.33
常	0.00	2.85	0.58	2.13	0.47	1.95	0.60	2.27	1.38	2.73	6.82	2.39	1.39	1.22	−0.63	−1.63	0.17
在	7.61	4.09	5.76	6.11	7.79	5.80	6.39	4.94	6.58	4.67	3.86	5.15	7.54	6.33	−0.73	1.67	1.21
都	3.26	3.01	2.69	4.09	4.42	4.63	2.40	2.54	4.88	4.49	2.73	3.82	4.88	5.02	−1.02	0.04	−0.14
没有	1.09	0.65	2.88	1.50	4.07	2.28	1.80	1.34	2.23	2.02	0.63	1.51	3.77	2.92	−1.04	1.21	0.86
地	0.00	1.67	0.19	1.44	0.58	1.11	0.60	2.00	1.06	1.50	1.60	1.50	2.18	1.86	−1.55	−0.87	0.32
把	0.54	2.69	0.77	2.02	1.51	2.28	2.20	3.07	2.02	1.41	0.53	2.27	3.19	2.81	−1.59	−0.67	0.38
着	0.54	0.65	0.00	0.92	0.00	1.11	0.60	1.34	1.27	1.58	4.62	1.04	2.29	1.94	−1.76	−0.51	0.35
就	1.63	4.95	2.30	5.19	3.60	6.71	5.40	5.47	7.00	5.02	12.07	5.46	6.61	6.14	−1.99	−0.84	0.47
了	11.96	8.44	10.36	10.26	13.02	14.27	10.59	12.02	12.95	12.67	12.07	11.23	22.75	21.68	−10.68	0.83	1.07

从表 4.18 还可以看出，英语母语者在口头重述时"很"的频率比短文重述原题中"很"的频率更高，频率差达到 12.80，而汉语母语者口头重述时"很"的频率与原题相差不多（频率差为 0.81）。相比原题，英语母语者进行短文重述时超量使用（频率差超过 1）的虚词除了"很"以外，还有"所以、的、但是、因为、然后、跟、可是、不、在、没有"，少量使用的虚词有"更、常"。对汉语母语者来说，口头重述和原题之间频率存在明显差别的虚词不多，口头明显超量使用的虚词有"的、在、了"。

此外，表 4.18 还显示，英语母语者口头重述时超量运用的助词"的"在各水平级别中的频率分布也有差别，随着汉语水平的提高，"的"的频率也呈逐渐上升的趋势，尤其是 B2 和 C 级的英语母语者运用"的"的频率（44.96、45.85）相比 A1(33.70)、A2(33.39) 和 B1 级 (36.85) 显著增高。

为了更明确地显示各级别之间虚词运用频率的差异，本研究还通过卡方检验对相邻两个水平级别的英语母语者及汉语母语者重述语料、相应的原题语料中的虚词频率进行差异检验。结果详见表 4.19。

从表 4.19 可以看出，大多数虚词在英语母语者和汉语母语者短文重述中的频数具有显著差异，其中显著超用和少用的虚词分别有 10 个和 8 个，总体上英语母语者在短文重述中对多数甲级虚词超用的特征与重复句子和组句测试中的表现基本一致，但超用和少用的问题比重复句子和组句测试表现得更加突出。与此相对的是英语母语者各级别组之间的虚词频数差异大多数并不明显，C 级的高级水平学习者与汉语母语者之间却存在很大差异。这说明，在成段表达中英语母语者运用虚词的能力还有很大的不足。

表 4.19 英语母语者短文重述语料中 22 个虚词频数相邻组组间差异检验结果

虚词	A1和A2 p	A1和A2 是否超用	A2和B1 p	A2和B1 是否超用	B1和B2 p	B1和B2 是否超用	B2和C p	B2和C 是否超用	C和汉语母语者 p	C和汉语母语者 是否超用	英和汉 p	英和汉 是否超用	英重述和原题 p	英重述和原题 是否超用	汉重述和原题 p	汉重述和原题 是否超用
很	0.104	−	0.212	−	0.016*	+	0.068	+	0.001***	+	0.000***	+	0.000***	+	0.219	+
所以	0.163	−	0.568	+	0.922	−	0.318	+	0.000***	+	0.000***	+	0.000***	+	0.027*	+
的	0.950	+	0.287	−	0.020*	−	0.809	−	0.000***	+	0.016*	+	0.132	+	0.002**	+
但是	0.026*	+	0.004**	−	0.000***	+	0.034*	−	0.025*	+	0.000***	+	0.000***	+	0.003**	+
因为	0.616	−	0.303	+	0.968	+	0.640	+	0.006**	+	0.001***	+	0.000***	+	0.503	+
太	0.828	+	0.219	+	0.695	+	0.447	−	0.000***	+	0.000***	+	0.001***	+	0.661	+
然后	0.381	−	0.470	−	0.261	−	0.220	+	0.000***	+	0.000***	+	0.000***	+	0.443	−
比较	0.756	+	0.077	+	0.171	−	0.443	−	0.000***	−	0.000***	−	0.443	−	0.186	+
跟	0.412	−	0.758	+	0.869	−	0.668	−	0.231	+	0.000***	+	0.000***	+	0.023*	−
让	0.660	+	0.464	−	0.897	+	0.339	+	0.752	−	0.763	−	0.670	+	0.187	+
可是	0.616	+	0.083	+	0.357	−	0.251	+	0.163	−	0.086	−	0.000***	−	0.517	−
更	0.093	−	0.212	+	0.977	+	0.334	−	0.976	+	0.476	−	0.046*	−	0.531	−
不	0.932	+	0.636	−	0.677	+	0.690	−	0.313	−	0.010*	−	0.000***	−	0.421	−
常	0.303	−	0.779	+	0.739	−	0.180	−	0.999	−	0.231	+	0.001***	−	0.011*	+
在	0.386	+	0.166	+	0.356	+	0.896	+	0.020*	−	0.032*	+	0.933	+	0.723	−
都	0.691	+	0.107	−	0.060	+	0.025*	+	0.025*	+	0.012*	−	0.000***	+	0.010**	+
没有	0.178	−	0.259	+	0.025*	−	0.589	−	0.055	−	0.000***	−	0.000***	−	0.209	+
地	0.552	−	0.287	−	0.966	−	0.379	−	0.048*	−	0.000***	−	0.032*	−	0.223	+
把	0.756	+	0.227	−	0.357	+	0.819	+	0.661	+	0.000***	−	0.013*	−	0.181	−
着	0.092	+			0.023*	+	0.232	−								
就	0.590	−	0.183	−	0.122	−	0.251	+	0.000***	+	0.000***	+	0.091	+	0.307	+
了	0.569	+	0.165	−	0.212	−	0.219	+	0.000***	−	0.000***	−	0.256	+	0.207	+

在重复句子、组句和短文重述三种语料中英语母语者均超用的虚词是"很",均显著少用的虚词是"就"。一个值得注意的现象是,在重复句子和组句测试中英语母语者超用的"了"在短文重述中却表现为使用不足。分析其原因,一是英语母语者在句子和语段层面口头使用"了"的情况有差异,句子层面的测试要求被试尽量完全重复试题,且试题长度较短,被试容易记住句子中熟悉的虚词,导致超用,而在短文重述测试时,被试更多地关注短文的意义,在自己组织语言时容易遗漏其中的一些习得情况不佳的虚词,导致出现显著少用的问题。这方面的差别在"了"的使用上表现比较突出。二是用于频率差异比较的语料内容有所不同,重复句子和组句语料中频率差异对比的是英语母语者和原题语料,因为汉语母语者均能完整重复,原题语料即可视为汉语母语者语料,不存在短文重述测试中试题原文与口头表达可能存在语体差异的情况。如果比较英语母语者口述和原题语料,"了"也表现为超用,只是未达到统计学意义上的显著程度,而如果比较汉语母语者口述和原题语料,"了"也表现为超用,程度与英语母语者相似。这反映出语体因素在短文重述测试中对虚词运用的影响。英语母语者口头重述中"了"的使用多于试题原文,体现出英语母语者已经对"了"的语体特征有所掌握,但相比汉语母语者的口头表达,仍显著不足。如果要更准确地了解英语母语者虚词运用频率与汉语母语者之间的差异,还需要在后文进一步考察内容一致的看图说话语料。

4.3.2　日语母语者短文重述语料中甲级虚词运用频率

本研究从 SCT 语料库中搜检得到日语母语者短文重述语料,具体语料数量如表 4.20 所示。

表 4.20　日语母语者及汉语母语者短文重述语料数量

被试	CEFR 能力等级	SCT 分数范围	被试 人次	试题 数量	被试语料 字数	试题原题 字数
日语母语者	A1	20—40	136	318	2742	22259
	A2	41—50	66	182	5009	12513
	B1	51—61	40	94	4260	6275
	B2	62—69	12	32	1936	2115
	C	70+	7	20	1124	1352
	总计		261	646	15071	44514
汉语母语者	总计		323	950	56754	64491

与表 4.17 中英语母语者短文复述的语料数量相比，SCT 语料库中高级水平的日语母语者数量相对较少。本研究同样对表 4.18 和表 4.19 中的 22 个虚词在日语母语者语料中的出现频率进行统计，与汉语母语者短文重述语料及原题中的出现频率进行了比较，并对相邻两个级别日语母语者、日语母语者和汉语母语者、日语母语者短文重述和原题以及日语母语者与英语母语者短文重述中的虚词频率进行了卡方检验。结果见表 4.21。

从表 4.21 中"日和汉"列数据可知，与汉语母语者相比，日语母语者对 22 个虚词的使用频率差异情况与英语母语者相似，多数虚词使用频率与汉语母语者存在显著差异，并且多数虚词超用或者少用的情况也与英语母语者相同，不同的只有"的、因为、太、让"，英语母语者表现为显著超用，而日语母语者表现为少用，但除了"因为"之外，其他 3 个虚词少用的情况不存在显著差异。

第四章 甲级虚词运用频率特征 97

表 4.21 日语母语者短文重述语料中 22 个虚词词频相邻组组间差异检验结果

虚词	A1和A2 p	A1和A2 是否超用	A2和B1 p	A2和B1 是否超用	B1和B2 p	B1和B2 是否超用	B2和C p	B2和C 是否超用	C和母语者 p	C和母语者 是否超用	日和汉 p	日和汉 是否超用	日重述和原题 p	日重述和原题 是否超用	日重述和英重述 p	日重述和英重述 是否超用
很	0.144	+	0.560	−	0.229	+	0.883	−	0.694	−	0.000***	−	6.964***	+	0.000***	−
所以	0.596	+	0.942	−	0.137	−	0.077	+	0.232	+	1.429***	−	3.253***	+	0.543	−
的	0.079	−	0.296	−	0.785	+	0.531	+	0.582	−	0.427	−	0.278	−	0.015*	−
但是	0.028*	−	0.257	+	0.151	−	0.126	−	0.073	+	0.000***	−	2.702***	+	0.461	−
因为	0.898	−	0.093	+	0.186	−	0.582	−	0.730	−	0.001**	−	0.575	−	4.407***	+
太	0.097	+	0.018*	−	0.932	+	0.626	+	0.635	−	0.197	−	0.291	−	0.000***	−
然后	0.164	−	0.418	−	0.181	−	0.187	−	0.412	−	4.122***	+	2.108**	+	0.334	−
比较	0.257	+	0.066	−	0.132	+	0.063	+	0.000***	−	0.000***	−	0.005**	−	0.037*	−
跟	0.007**	+	0.004**	+	0.932	+	0.187	+	0.465	−	0.038*	−	0.000***	−	0.051	−
让	0.139	−	0.869	−	0.321	−	0.626	+	0.734	−	0.092	−	0.008**	−	0.000***	−
可是	0.945	−	0.761	+	0.436	−	0.307	−	0.421	−	0.360	−	0.083	−	0.521	−
更	0.941	+	0.661	+	0.186	−	0.281	+	0.192	−	0.000***	−	6.370***	−	0.021*	−
不	0.397	−	0.022*	+	0.185*	−	0.015*	+	0.885	−	0.020*	−	0.596	−	0.093	−
常	0.295	−	0.192	+	0.010*	−	0.626	−	0.654	−	0.002**	−	4.023***	−	0.147	−
在	0.009**	+	0.006**	+	0.001**	+	0.615	−	0.604	+	8.530***	−	0.022*	−	0.000***	−
都	0.213	−	0.316	−	0.181	−	0.500	+	0.290	−	0.000***	−	0.012*	−	0.011*	−
没有	0.331	+	0.708	+	1.000	−	0.964	−	0.550	−	0.029*	−	0.060	−	0.789	−
地	0.200	−	0.125	−	0.938	+	0.446	+	0.117	+	2.495***	−	0.000***	−	0.050*	+
把	0.829	+	0.843	−	0.056	−	0.964	−	0.759	−	2.134***	−	0.000***	−	0.071	−
着	0.539	−	0.553	−	0.507	−	0.879	−	0.722	−	0.000***	−	0.054	−	0.123	−
就	0.028*	−	0.779	−	0.016*	−	0.655	−	0.210	−	1.860***	−	6.177***	−	2.806***	+
了	0.028*	−	0.000***	+	0.046*	−	0.050*	−	0.000***	−	8.502***	−	0.056	−	0.909	−

从表4.21中"日重述和原题"列数据可知,与试题原文相比,日语母语者对多数虚词的使用频率差异情况也与英语母语者相似,在超用或少用方面与英语母语者情况不同的有"的、因为、太、让、在、了",英语母语者表现为超用,而日语母语者均表现为少用,其中"让"和"在"这两个介词表现为日语母语者比原题显著少用,而英语母语者比原题显著超用介词"在"。

表4.21中"日重述和英重述"列数据显示,在短文重述时,日语母语者对绝大多数虚词的使用频率均少于英语母语者,其中显著少用的虚词有"很、的、因为、太、比较、让、更、在、都、地、就",而比英语母语者多用的虚词仅有"然后、着",且不存在显著差异。

表4.21中相邻两个水平级别的日语母语者之间虚词使用频率对比情况显示,多数虚词的使用频率差异不显著,超用或少用的规律性不强。

由此可知,短文重述语料中英语、日语母语者对甲级虚词使用频率差异与其在重复句子和组句语料中的差异情况总体相似,即英语母语者对多数虚词的使用频率多于日语母语者。

4.4 看图说话语料中甲级虚词运用频率特征

由于SCT为限制或半限制性的测试,在SCT语料中发现的汉语学习者虚词运用特征还需要进一步通过考察自主表达语料来作为补充和验证。

同样是自主表达,与谈话和话题表述相比,看图说话的内容更加具体明确,可以更好地提示被试所要表达的内容,基于同样的表述内容也有利于对比各类被试的语言表达特征。为此,本研究通过看图说话、看图写话和看图说英文、看图说日文等方法收集了一定数量的英语母语者、日语母语者和汉语母语者语料。本研究选取了下面两幅图画进行语料收集。

第四章 甲级虚词运用频率特征 99

图 4.4 看图说话图画 1(卜劳恩 2003)

图 4.5 看图说话图画 2

语料收集的过程分为三步:第一步,请被试看图画 1 和图画 2,用汉语表述图画内容;第二步,请部分汉语学习者被试用自己的母语(英语或日语)表述图画内容(自愿);第三步,请被试自己选择一幅图画,将图画内容用汉语写出来。表述和写作过程不限时间,看图写话时不允许查词典,不会写的汉字可以用拼音代替。第一步和第二步全过程录音并进行了后期语料转写。语料数量详见表 4.22。

表 4.22 看图说话及相关语料数量

被试		用汉语看图说话				用汉语看图写话				用母语看图说话	
		图画 1		图画 2		图画 1		图画 2		图画 1	图画 2
		人数	字数	人数	字数	人数	字数	人数	字数	人数	人数
英语母语者	A1	18	2280	14	2195	0	0	1	80	3	3
	A2	29	4864	26	5181	0	0	2	353	13	13
	B1	32	5677	21	5046	5	883	4	725	7	7
	B2	17	4387	11	3477	1	129	2	277	2	2
	C	10	3006	10	3860	3	729	2	247	4	4
	总计	106	20214	82	19759	9	1741	11	1682	29	29
日语母语者	A1	3	299	3	346	1	89	2	175	0	0
	A2	6	797	6	920	4	400	2	214	2	2
	B1	10	1293	10	1683	6	776	4	621	3	3
	B2	14	2595	14	3205	7	1202	8	997	6	6
	C	4	1060	4	1321	2	372	2	490	1	1
	总计	37	6044	37	7475	20	2839	18	2497	12	12
汉语母语者		31	7864	31	8990	12	2148	19	3275		

需要说明的是,A1 和 A2 级英语母语者汉字书写能力有限,在本着被试自愿原则的语料收集过程中,尽管看图写话时允许被试遇到不会写的汉字时可以写拼音代替,但初级水平的被试大都不愿意或者没有足够的汉字书写能力进行看图写话,因此,收集到的初级英语母语者看图写话(笔语)的语料很少。

下面运用中介语对比研究方法对看图说话及相关语料中的甲级虚词

运用情况进行统计和分析。因为语料数量相对较少,所以在统计这部分语料中的甲级虚词频率时,把图画 1 和图画 2 的语料合并在一起进行处理,分别统计英语、日语母语者和汉语母语者在说(口语)和写(笔语)语料中 102 个甲级虚词的频数和标准频率。

4.4.1 英语母语者看图说话语料中甲级虚词运用频率

在英语母语者看图说、写语料中均未出现的虚词有 10 个,即"多么、互相、也许、一共、总、叫、经过、不但、那么、呐",只在汉语母语者笔语中出现 1～2 次的有"立刻、永远",只在汉语母语者和英语母语者笔语中出现 1～3 次的有"十分、忽然"。这 14 个虚词也是 SCT 语料中基本没有出现的。另外,只在汉语母语者口语中出现少数几次的有"嘛(7)①、啦(4)、哪(2)、常(1)、要是(1)、等(1)",只在汉语母语者口语和笔语中出现几次的有"一块儿(5)、只好(8)、正(5)、朝(3)、通过(2)、接着(2)";只在英语母语者口语中出现 1～4 次的有"必须、尤其、除了、离、不如、过、常常、总是",其他在英语、汉语母语者口语和笔语语料中出现频数均不超过 5 次的还有"不用、为、向、多、当、正在、刚"。除此之外的 42 个出现频率较高及英语母语者和汉语母语者之间、口语和笔语之间频率差较大的甲级虚词如表 4.23 所示。本研究同样对表 4.23 中的各种语料间虚词频数差异进行卡方检验,结果见表 4.24。

通过表 4.23 和表 4.24,可以看到英语母语者和汉语母语者口语中出现频率差异比较大的有"所以、很、的、可是、和、因为、一直"及"就、然后、了、着、地、呢、把、得、还是、又、往、吧、啊、给、挺、最、结果、才、好、为了",前 7 个虚词是英语母语者运用频率比汉语母语者高,尤其是"所以、很、的"英语母语者超用现象比较突出,后 20 个虚词是英语母语者运用频率低于汉语母语者,尤其是"就、然后、了"英语母语者少用的现象更明显。英语母语者使用不足的虚词数远远多于超用的虚词。由此推测,在看图说话这样相对更自由的口语表述中,在表达一些基本相同的意义和内容

---

① 括号中的数字表示出现次数。

时,英语母语者和汉语母语者会倾向于运用不同的虚词,换言之,一些虚词在英语母语者和汉语母语者的表述中承担着不同的功能。例如,作为承担组织言谈,保持话语持续的话语标记功能的虚词,汉语母语者更倾向于运用"然后、就",而英语母语者则更倾向于运用"所以";在使用程度副词时,英语母语者比汉语母语者更多用"很",更少用"挺"。

再结合这些虚词在英语母语者和汉语母语者口语及笔语中的频率差异数据,可以发现,英语母语者在口语中运用"所以"和"很"的频率比笔语也高了很多,而汉语母语者虽然在口语中运用频率也比笔语高,但差异度比英语母语者小了很多。与之形成鲜明对比的是,汉语母语者在口语中运用"然后、就"的频率大大高于笔语,而英语母语者在口语中运用这两个虚词的频率则显著降低,口语和笔语之间的频率差也没有汉语母语者那么明显。一些虚词在口语和笔语中的频率有很大差异,比如"所以、很、然后",不管是汉语母语者还是英语母语者都是在口语中运用的频率更高,口语语体特征更明显,而"了"则相反,在英语母语者和汉语母语者的口语中运用频率均比笔语中低,而且不管是口语还是笔语,"了$_2$"的比例都高于"了$_1$",这与我们平常的印象似乎有所不同。

表 4.23 英语母语者和汉语母语者看图说话口语及笔语中虚词频率比较

虚词	英语母语者说		英语母语者写		汉语母语者说		汉语母语者写		英汉说频率差	英汉写频率差	汉说写频率差
	频数	频率	频数	频率	频数	频率	频数	频率			
所以	505	12.63	13	3.80	32	1.90	3	0.55	10.73	8.84	1.35
很	642	16.06	31	9.06	121	7.18	22	4.06	8.88	7.00	3.12
的	1142	28.57	100	29.21	350	20.77	104	19.18	7.80	−0.64	1.59
可是	204	5.10	7	2.04	13	0.77	8	1.48	4.33	3.06	−0.70
和	145	3.63	12	3.51	19	1.13	9	1.66	2.50	0.12	−0.53
因为	135	3.38	11	3.21	25	1.48	4	0.74	1.89	0.16	0.75
在	383	9.58	33	9.64	138	8.19	50	9.22	1.39	−0.06	−1.03
跟	82	2.05	3	0.88	19	1.13	0	0.00	0.92	1.17	1.13
还	103	2.58	7	2.04	29	1.72	4	0.74	0.86	0.53	0.98

续表

虚词	英语母语者说 频数	频率	英语母语者写 频数	频率	汉语母语者说 频数	频率	汉语母语者写 频数	频率	英汉说频率差	英说写频率差	汉说写频率差
让	112	2.80	13	3.80	34	2.02	11	2.03	0.78	−1.00	−0.01
一直	29	0.73	5	1.46	0	0.00	6	1.11	0.73	−0.74	−1.11
不	381	9.53	28	8.18	154	9.14	63	11.62	0.39	1.35	−2.48
别	12	0.30	2	0.58	0	0.00	0	0.00	0.30	−0.28	0.00
也	132	3.30	9	2.63	52	3.09	14	2.58	0.22	0.67	0.50
太	51	1.28	0	0.00	18	1.07	1	0.18	0.21	1.28	0.88
没	42	1.05	6	1.75	16	0.95	15	2.77	0.10	−0.70	−1.82
更	31	0.78	6	1.75	13	0.77	6	1.11	0.00	−0.98	−0.34
对	20	0.50	2	0.58	9	0.53	3	0.55	−0.03	−0.08	−0.02
非常	43	1.08	2	0.58	21	1.25	5	0.92	−0.17	0.49	0.32
都	60	1.50	8	2.34	35	2.08	11	2.03	−0.58	−0.84	0.05
为了	14	0.35	4	1.17	19	1.13	7	1.29	−0.78	−0.82	−0.16
好	13	0.33	2	0.58	19	1.13	1	0.18	−0.80	−0.26	0.94
但是	133	3.33	8	2.34	71	4.21	6	1.11	−0.89	0.99	3.11
才	6	0.15	4	1.17	18	1.07	16	2.95	−0.92	−1.02	−1.88
没有	103	2.58	8	2.34	59	3.50	10	1.84	−0.92	0.24	1.66
结果	2	0.05	1	0.29	17	1.01	3	0.55	−0.96	−0.24	0.46
最	31	0.78	0	0.00	31	1.84	3	0.55	−1.06	0.78	1.29
挺	5	0.13	0	0.00	21	1.25	2	0.37	−1.12	0.13	0.88
给	22	0.55	3	0.88	29	1.72	18	3.32	−1.17	−0.33	−1.60
啊	7	0.18	1	0.29	24	1.42	4	0.74	−1.25	−0.12	0.69
吧	19	0.48	0	0.00	31	1.84	1	0.18	−1.36	0.48	1.65
往	2	0.05	0	0.00	25	1.48	9	1.66	−1.43	0.05	−0.18
又	7	0.18	3	0.88	32	1.90	18	3.32	−1.72	−0.70	−1.42
还是	30	0.75	0	0.00	44	2.61	9	1.66	−1.86	0.75	0.95
得	32	0.80	3	0.88	50	2.97	18	3.32	−2.17	−0.08	−0.35
把	141	3.53	21	6.13	97	5.76	38	7.01	−2.23	−2.61	−1.25

续表

虚词	英语母语者说		英语母语者写		汉语母语者说		汉语母语者写		英汉说频率差	英说写频率差	汉说写频率差
	频数	频率	频数	频率	频数	频率	频数	频率			
呢	29	0.73	0	0.00	53	3.14	2	0.37	−2.42	0.73	2.78
地	15	0.38	15	4.38	59	3.50	25	4.61	−3.13	−4.01	−1.11
着	52	1.30	9	2.63	86	5.10	30	5.53	−3.80	−1.33	−0.43
了	279	6.98	58	16.94	371	22.01	145	26.74	−15.03	−9.96	−4.73
然后	274	6.85	10	2.92	374	22.19	3	0.55	−15.34	3.93	21.64
就	186	4.65	13	3.80	359	21.30	26	4.79	−16.65	0.86	16.51

表 4.24 英语母语者和汉语母语者看图说话口语及笔语中虚词频数检验结果

虚词	英语母语者和汉语母语者口语			英语母语者口语和笔语			汉语母语者口语和笔语			英语母语者和汉语母语者笔语		
	X^2	p	是否超用	X^2	p	是否超用	X^2	p	是否超用	X^2	p	是否超用
所以	145.95	0.000***	+	20.87	0.000***	+	4.73	0.030*	+	12.24	0.000***	+
很	70.60	0.000***	+	10.13	0.001**	+	6.27	0.012*	+	8.81	0.003**	+
的	28.23	0.000***	+	0.05	0.828	−	0.52	0.471	+	9.38	0.002**	+
可是	58.49	0.000***	+	6.10	0.014*	+	2.16	0.142	+	0.40	0.526	+
和	25.75	0.000***	+	0.01	0.909	+	0.93	0.336	+	3.02	0.082	+
因为	15.15	0.000***	+	0.03	0.874	+	1.75	0.185	+	7.60	0.006**	+
在	2.53	0.111		0.00	0.973		0.52	0.470		0.04	0.842	
跟	5.71	0.017*	+	2.23	0.136	+	6.12	0.013*	+	4.75	0.029*	+
还	3.75	0.053		0.35	0.553	+	2.68	0.102	+	2.89	0.089	+
让	2.85	0.092		1.09	0.297		0.00	0.987		2.43	0.119	+
一直	12.23	0.000***	+	2.18	0.140	+	18.65	0.000***	+	0.21	0.645	+
不	0.20	0.657	+	0.62	0.432	+	2.62	0.106	+	2.44	0.119	−
别	5.06	0.024*	+	0.79	0.374	−				3.17	0.075	+
也	0.17	0.678	+	0.44	0.507	+	0.35	0.553	+	0.00	0.966	+
太	0.42	0.516	+	4.37	0.037*	+	3.76	0.053	+	0.63	0.427	+
没	0.12	0.730	+	1.41	0.236	+	9.74	0.002**	−	0.91	0.340	−

续表

虚词	英语母语者和汉语母语者口语			英语母语者口语和笔语			汉语母语者口语和笔语			英语母语者和汉语母语者笔语		
	X^2	p	是否超用	X^2	p	是否超用	X^2	p	是否超用	X^2	p	是否超用
更	0.00	0.987	+	3.54	0.060	−	0.54	0.462	−	0.65	0.421	+
对	0.03	0.871	−	0.04	0.834	−	0.00	0.958	−	0.00	0.952	+
非常	0.31	0.580	−	0.74	0.391	+	0.37	0.543	+	0.30	0.582	−
都	2.35	0.125	−	1.41	0.235	−	0.00	0.946	−	0.09	0.760	+
为了	12.34	0.000***	−	5.09	0.024*	−	0.09	0.759	−	0.03	0.874	−
好	13.55	0.000***	−	0.61	0.434	−	4.07	0.044*	+	0.99	0.320	+
但是	2.60	0.107	−	0.95	0.329	+	11.49	0.001***	+	2.01	0.156	+
才	23.66	0.000***	−	14.20	0.000***	−	9.54	0.002**	+	2.95	0.086	−
没有	3.56	0.059	−	0.07	0.790	+	3.65	0.056	+	0.25	0.616	−
结果	32.60	0.000***	−	2.67	0.102	−	0.95	0.330	+	0.32	0.574	−
最	12.31	0.000***	−	2.66	0.103	+	4.45	0.035*	+	1.89	0.169	−
挺	32.57	0.000***	−	0.43	0.513	+	3.06	0.080	+	1.26	0.261	−
给	18.11	0.000***	−	0.58	0.445	−	4.98	0.026*	+	5.29	0.021*	−
啊	33.91	0.000***	−	0.23	0.628	−	1.54	0.215	+	0.74	0.391	−
吧	25.09	0.000***	−	1.63	0.202	+	7.83	0.005**	+	0.63	0.427	−
往	51.28	0.000***	−	0.17	0.679	+	0.08	0.772	−	5.69	0.017*	−
又	51.35	0.000***	−	6.73	0.009**	−	3.70	0.055	+	5.29	0.021*	−
还是	31.54	0.000***	−	2.57	0.109	+	1.56	0.211	+	5.69	0.017*	−
得	38.61	0.000***	−	0.02	0.881	−	0.17	0.682	+	5.29	0.021*	−
把	14.11	0.000***	−	5.76	0.016*	−	1.07	0.302	+	0.24	0.624	−
呢	48.15	0.000***	−	2.49	0.115	+	12.84	0.000***	+	1.26	0.261	−
地	89.05	0.000***	−	73.28	0.000***	−	1.34	0.246	−	0.02	0.876	−
着	70.73	0.000***	−	3.96	0.046*	−	0.15	0.702	+	4.03	0.045*	−
了	236.94	0.000***	−	40.63	0.000***	−	4.05	0.044*	−	8.98	0.003**	−
然后	247.34	0.000***	−	7.50	0.006**	+	115.46	0.000***	+	8.02	0.005**	+
就	345.90	0.000***	−	0.51	0.477	+	65.82	0.000***	+	0.47	0.491	−

如果把口语和笔语的对比扩展到表 4.23 和表 4.24 中其他更多甲级虚词的话，可以发现，大多数虚词在英语母语者和汉语母语者口语和笔语

中的频率高低趋势是基本一致的,只是程度上有所不同。而"的、不、啊、结果、往、和、可是、都、别、好"这10个虚词相反,即汉语母语者口语中频率更高的,在英语母语者口语中却比笔语中低,因此,从汉语母语者的口笔语表现来看,甲级虚词虽然同是语言中最常用的,但在具体使用时仍然具有不同的语体特征。相比较来说,英语母语者对大多数虚词的语体特征有一定的认识,但也有不少虚词的语体特征在中介语中还没有完全建立起来,甚至有混乱的现象。

由于看图说话和短文重述一样都是成段表达,通过比较表4.23最右边三列数据以及表4.24中显示的英语母语者和汉语母语者看图说话口语、英语母语者口语和笔语、汉语母语者口语和笔语之间的虚词频率之差,可以发现结果与短文重述相似,尤其是英语母语者口语相比于汉语母语者口语来说,大多数虚词的运用都存在过多使用或使用不足的问题。与短文重述相比,所有被试在看图说话时依据的是完全相同的两幅图画,虽然有少数被试在对图画内容的理解上略有不同,但被试要表述的内容基本上是一样的。英语、日语母语者和汉语母语者在短文重述时所听到的短文试题大多数一样,但因为具体测试时被试考哪道题是由计算机随机抽取的,在表述内容上还不能像看图说话这么一致,所以看图说话语料中虚词的频率差异能够更准确地体现出汉语学习者的中介语特征。英语母语者和汉语母语者在看图说话中的虚词运用频率差异无论从虚词的数量(超用和少用的虚词分别为9个和20个)还是差异度来说都比在SCT语料中的表现更加显著,而且少用的虚词更多。

本研究也统计了表4.23中42个甲级虚词在英语母语者和汉语母语者两个群体语料中的总频数,平均到每名被试在口头叙述一幅图画时所用的虚词数,英语母语者人均用量是30次,而汉语母语者人均用量达到48次,与汉语母语者相比,英语母语者用量明显不足。并且这42个虚词在英语母语者口语语料中出现频次的标准差也大于汉语母语者,说明这些常用虚词的分布不如汉语母语者均衡。这些特征反映出英语母语者运用甲级虚词的能力与汉语母语者相比还有很大的距离。另外,在看图说话笔语中汉语母语者叙述一幅图画时人均使用的虚词数仅为23.6次,远远少于口语中人均所用的虚词数(48次),这和我们平时印象中口语句式简单灵活少用虚词有所不同。这些虚词的具体运用特征及其原因将在第六章和第七章通过比较虚词的类联接、搭配及语体差异进一步分析。

4.4.2 日语母语者看图说话语料中甲级虚词运用频率

上一节分析的42个甲级虚词,在日语母语者看图说话口语和笔语中有5个词"别、结果、挺、啊、往"频数少于5次,此外,英语母语者语料中出现频数较少,不在42个虚词之内,但在日语母语者语料中频数超过5次的虚词有9个:比、比较、常常、从、或者、吗、那么、再、只。

表4.25和表4.26分别呈现了日语母语者看图说话和写话语料中这些虚词的频率,以及与汉语母语者和英语母语者的频率差异情况。根据频数卡方检验结果,与汉语母语者相比,日语母语者和英语母语者共同的特征是多数甲级虚词也都存在超用或少用现象。英语母语者口语中显著超用的7个虚词"所以、很、的、可是、和、因为、一直"在日语母语者口语中也呈现超用情况,只有"因为"差异不显著;英语母语者显著少用的20个虚词在日语母语者口语中有18个也同样呈现显著少用情况,只有"最"和"为了"比汉语母语者多用,但差异不显著。英语母语者笔语中比汉语母语者超用的"所以、很、的、然后、跟"以及少用的"着、给、往、又"在日语母语者笔语中特征相同。与英语母语者不同的是,日语母语者在笔语中还显著超用"但是、没有"。

比较日语母语者在口语和笔语中的甲级虚词运用情况,与英语母语者相同的特征是,口语中更多使用"所以、然后",更少使用"才、又、把、了",差异显著;不同的特征是,英语母语者口头表达显著多用"很",日语母语者在笔语中用"很"更多,但差异不显著。此外,和笔语相比,日语母语者口语中多用的词还有"还、但是、呢、或者",少用的词有"在、也、好"。而英语母语者口语中显著少用的"地、着"在日语母语者口、笔语中差异不显著。

表4.26的最右侧两列统计了英语母语者和日语母语者分别在口语和笔语中甲级虚词使用的差异性,结果显示,二者在口语表达中虚词

使用的差异比笔头表达更大更显著,口语中差异显著的虚词有 19 个,笔语中差异显著的虚词只有 5 个。口语中英语母语者更多使用"很、可是、因为、在",更少使用"一直、没、非常、为了、但是、最、呢、地、了、然后、比、常常、或者、那么、再";笔语中,英语母语者更多使用"地",更少使用"太、最、还是"。

表 4.25 日语母语者和汉语母语者看图说话口语及笔语中虚词频率比较

虚词	日语母语者说		日语母语者写		汉语母语者说		汉语母语者写		日汉说频率差	日汉写频率差	日说写频率差
	频数	频率	频数	频率	频数	频率	频数	频率			
所以	143	10.58	26	4.87	32	1.9	3	0.55	8.68	5.71	4.32
很	151	11.17	72	13.49	121	7.18	22	4.06	3.99	−2.32	9.43
的	402	29.74	134	25.11	350	20.8	104	19.2	8.94	4.62	5.91
可是	32	2.37	11	2.06	13	0.77	8	1.48	1.60	0.31	0.58
和	34	2.51	19	3.56	19	1.13	9	1.66	1.38	−1.05	1.90
因为	26	1.92	8	1.50	25	1.48	4	0.74	0.44	0.42	0.76
在	72	5.33	47	8.81	138	8.19	50	9.22	−2.86	−3.48	−0.41
跟	21	1.55	9	1.69	19	1.13	0	0.00	0.42	−0.13	1.69
还	37	2.74	5	0.94	29	1.72	4	0.74	1.02	1.80	0.20
让	43	3.18	25	4.69	34	2.02	11	2.03	1.16	−1.50	2.66
一直	27	2.00	13	2.44	0	0.00	6	1.11	2.00	−0.44	1.33
不	131	9.69	44	8.25	154	9.14	63	11.6	0.55	1.44	−3.35
别	2	0.15	0	0.00	0	0.00	0	0.00	0.15	0.15	0.00
也	41	3.03	29	5.43	52	3.09	14	2.58	−0.06	−2.40	2.85
太	14	1.04	6	1.12	18	1.07	1	0.18	−0.03	−0.09	0.94
没	40	2.96	13	2.44	16	0.95	15	2.77	2.01	0.52	−0.33
更	15	1.11	7	1.31	13	0.77	6	1.11	0.34	−0.20	0.20
对	6	0.44	3	0.56	9	0.53	3	0.55	−0.09	−0.12	0.01
非常	27	2.00	11	2.06	21	1.25	5	0.92	0.75	−0.06	1.14
都	12	0.89	9	1.69	35	2.08	11	2.03	−1.19	−0.80	−0.34
为了	23	1.70	14	2.62	19	1.13	7	1.29	0.57	−0.92	1.33

续表

虚词	日语母语者说		日语母语者写		汉语母语者说		汉语母语者写		日汉说频率差	日汉写频率差	日说写频率差
	频数	频率	频数	频率	频数	频率	频数	频率			
好	5	0.37	8	1.50	19	1.13	1	0.18	−0.76	−1.13	1.32
但是	87	6.44	21	3.94	71	4.21	6	1.11	2.23	2.50	2.83
才	3	0.22	5	0.94	18	1.07	16	2.95	−0.85	−0.72	−2.01
没有	43	3.18	25	4.69	59	3.5	10	1.84	−0.32	−1.50	2.85
结果	0	0.00	0	0.00	17	1.01	3	0.55	−1.01	0.00	−0.55
最	26	1.92	7	1.31	31	1.84	3	0.55	0.08	0.61	0.76
挺	1	0.07	0	0.00	21	1.25	2	0.37	−1.18	0.07	−0.37
给	5	0.37	3	0.56	29	1.72	18	3.32	−1.35	−0.19	−2.76
啊	1	0.07	0	0.00	24	1.42	4	0.74	−1.35	0.07	−0.74
吧	7	0.52	1	0.19	31	1.84	1	0.18	−1.32	0.33	0.01
往	1	0.07	0	0.00	25	1.48	9	1.66	−1.41	0.07	−1.66
又	1	0.07	6	1.12	32	1.9	18	3.32	−1.83	−1.05	−2.20
还是	7	0.52	6	1.12	44	2.61	9	1.66	−2.09	−0.61	−0.54
得	12	0.89	10	1.87	50	2.97	18	3.32	−2.08	−0.99	−1.45
把	40	2.96	29	5.43	97	5.76	38	7.01	−2.80	−2.48	−1.58
呢	24	1.78	3	0.56	53	3.14	2	0.37	−1.36	1.21	0.19
地	16	1.18	7	1.31	59	3.5	25	4.61	−2.32	−0.13	−3.30
着	11	0.81	6	1.12	86	5.1	30	5.53	−4.29	−0.31	−4.41
了	174	12.87	141	26.42	371	22	145	26.7	−9.13	−13.55	−0.28
然后	131	9.69	10	1.87	374	22.2	3	0.55	−12.51	7.82	1.32
就	80	5.92	25	4.69	359	21.3	26	4.79	−15.38	1.23	−0.10
比	12	0.89	4	0.75	10	0.59	1	0.18	0.29	0.14	0.57
比较	12	0.89	5	0.94	12	0.71	4	0.74	0.18	−0.05	0.20
常常	7	0.52	2	0.37	0	0.00	0	0.00	0.52	0.14	0.37
从	5	0.37	2	0.37	9	0.53	4	0.74	−0.16	0.00	−0.36
或者	10	0.74	0	0.00	14	0.83	0	0.00	−0.09	0.74	0.00
吗	7	0.52	1	0.19	7	0.42	0	0.00	0.10	0.33	0.19

续表

虚词	日语母语者说		日语母语者写		汉语母语者说		汉语母语者写		日汉说频率差	日汉写频率差	日说写频率差
	频数	频率	频数	频率	频数	频率	频数	频率			
那么	7	0.52	1	0.19	0	0.00	0	0.00	0.52	0.33	0.19
再	17	1.26	9	1.69	14	0.83	2	0.37	0.43	−0.43	1.32
只	5	0.37	2	0.37	13	0.77	2	0.37	−0.40	0.00	0.01

表 4.26　英语、日语母语者和汉语母语者看图说话口语
及笔语中虚词频数检验结果

虚词	日语母语者和汉语母语者口语		日语母语者口语和笔语		日语母语者和汉语母语者笔语		英语母语者和日语母语者口语		英语母语者和日语母语者笔语	
	p	是否超用	p	是否超用	p	是否超用	p	是否超用	p	是否超用
所以	0.000***	+	0.000***	+	0.000***	+	0.059	+	0.461	−
很	0.000***	+	0.184	−	0.000***	+	0.000***	+	0.060	−
的	0.000***	+	0.085	+	0.036*	+	0.484	−	0.245	+
可是	0.000***	+	0.692	+	0.469	+	0.000***	+	0.987	−
和	0.004**	+	0.222	+	0.053	+	0.053	+	0.966	−
因为	0.352	+	0.537	+	0.237	+	0.008**	+	0.092	+
在	0.003**	−	0.007**	+	0.821	−	0.000***	+	0.689	−
跟	0.309	+	0.836	−	0.002**	+	0.254	+	0.317	−
还	0.059	+	0.018*	−	0.721	+	0.753	−	0.171	+
让	0.045*	+	0.121	−	0.017*	+	0.479	+	0.538	−
一直	0.000***	+	0.555	+	0.100	+	0.000***	+	0.325	+
不	0.619	+	0.352	+	0.078	+	0.870	+	0.973	+
别	0.114	+	0.374	+			0.344	+	0.077	+
也	0.934	−	0.015*	+	0.019*	+	0.633	+	0.051	+
太	0.931	−	0.866	−	0.056	+	0.488	+	0.050*	−
没	0.000***	+	0.542	+	0.737	+	0.000***	+	0.502	+
更	0.334	+	0.714	+	0.759	+	0.252	−	0.601	+
对	0.725	−	0.737	−	0.984	+	0.797	+	0.966	+

续表

虚词	日语母语者和汉语母语者口语		日语母语者口语和笔语		日语母语者和汉语母语者笔语		英语母语者和日语母语者口语		英语母语者和日语母语者笔语	
	p	是否超用	p	是否超用	p	是否超用	p	是否超用	p	是否超用
非常	0.101	+	0.929	−	0.125	+	0.010*	−	0.080	−
都	0.009**	−	0.138	−	0.681	−	0.093	+	0.500	+
为了	0.181	+	0.197	−	0.117	+	0.000***	−	0.142	−
好	0.020*	−	0.008**	−	0.018*	+	0.807	−	0.216	−
但是	0.007**	+	0.040*	+	0.003**	+	0.000***	−	0.204	−
才	0.005**	−	0.032*	−	0.018*	−	0.578	−	0.741	+
没有	0.632	−	0.121	−	0.010*	−	0.245	−	0.080	−
结果	0.000***	−			0.086	−	0.411	+	0.212	+
最	0.867	+	0.366	+	0.197	+	0.000***	−	0.034*	−
挺	0.000***	−	0.530	+	0.161	−	0.628	+		
给	0.000***	−	0.563	−	0.001**	−	0.419	+	0.583	+
啊	0.000***	−	0.530	+	0.047*	−	0.406	+	0.212	−
吧	0.001***	−	0.321	+	0.991	−	0.846	−	0.423	−
往	0.000***	−	0.530	+	0.003**	−	0.748	−		
又	0.000***	−	0.001***	−	0.016*	−	0.406	+	0.724	−
还是	0.000***	−	0.153	−	0.457	−	0.374	+	0.050*	−
得	0.000***	−	0.074	−	0.141	−	0.760	−	0.237	−
把	0.000***	−	0.011*	−	0.300	−	0.325	+	0.671	+
呢	0.018*	−	0.047*	+	0.642	+	0.001***	−	0.165	−
地	0.000***	−	0.820	−	0.002**	−	0.001***	−	0.005**	+
着	0.000***	−	0.522	−	0.000***	−	0.153	+	0.097	−
了	0.000***	−	0.000***	−	0.919	−	0.000***	−	0.004**	−
然后	0.000***	−	0.000***	+	0.049*	−	0.001***	−	0.316	−
就	0.000***	−	0.306	+	0.934	−	0.071	−	0.538	−
比	0.343	+	0.769	+	0.174	+	0.000***	−	0.382	−
比较	0.588	+	0.919	−	0.721	+	0.316	−	0.073	−
常常	0.003**	+	0.686	+	0.154	+	0.003**	−	0.257	−
从	0.508	−	0.987	−	0.425	−	0.472	−	0.257	−

续表

虚词	日语母语者和汉语母语者口语		日语母语者口语和笔语		日语母语者和汉语母语者笔语		英语母语者和日语母语者口语		英语母语者和日语母语者笔语	
	p	是否超用	p	是否超用	p	是否超用	p	是否超用	p	是否超用
或者	0.779	−	0.047*	+			0.029*	−		
吗	0.679	+	0.321	+	0.313	+	0.131	−	0.752	+
那么	0.003**	+	0.321	+	0.313	+	0.000***	−	0.423	−
再	0.247	+	0.474	−	0.032*	+	0.012*	−	0.317	+
只	0.153	−	0.987	−	0.987	+	0.544	+	0.654	+

综上，作为汉语学习者，不管其母语是英语还是日语，与汉语母语者相比，在甲级虚词超用及少用等频率方面的共性特征更多。同时，由于母语的影响，英语母语者和日语母语者在甲级虚词使用频率方面也存在一定的差异，尤其是在口语表达中。

4.5 本章小结

本章对语料库中各水平级别的母语为英语、日语的汉语学习者在重复句子、组句、短文重述和看图说话语料中甲级虚词的运用频率进行了统计和分析，并与试题原文及汉语母语者的表现进行了对比。

首先，《大纲》中的102个甲级虚词虽然都为最常用的虚词，但在几种口语语料中的出现频率差别很大，部分虚词出现频率很低甚至没有出现。如在SCT三种题型的英语母语者语料中出现频数均少于10次的虚词有33个，包括副词"必须、多么、忽然、互相、立刻、十分、也许、一共、一块儿、尤其、正、只好、总、总是"，介词"朝、除了、当、叫、经过、离、通过、往、向"，连词"不但、不如、结果、那么、虽然"，助词"等、嘛、哪、呐"和兼类词"接着"。另外还有9个虚词"常、常常、然后、永远、为了、而且、或者、可是、地"在重复句子和组句这样的单句层面出现频数均少于10次。这些词语在汉语及日语母语者语料中的频率也大多比较低。这部分虚词出现频率低的原因,一是与语料内容有一定关系,二是这些甲级虚词是依据书面语或者混合语体的语料得到的,并不是汉语口语中最常用的虚词。

其次,相比汉语母语者,一些高频虚词在英语、日语母语者各类口语语料中存在过多使用(超用)和使用不足(少用)的特征。由于重复句子、组句、短文重述和看图说话这四类语料性质和数量不同,其中的高频虚词也不尽相同。这里综合考察至少在两类语料中均进行过统计和差异检验的高频虚词共有 29 个:了、的、很、就、都、不、在、没有、跟、太、没、还、也、把、吧、给、再、挺、让、因为、吗、得、所以、但是、然后、可是、更、地、着。其超用或少用的情况见表 4.27。

表 4.27 中加了方框的虚词表示英语和日语母语者在某类语料中对该虚词的使用频率相比汉语母语者存在显著差异,没有加方框则表示虽然有差异但不显著,方框中同时加了下划直线和曲线的词分别表示英语母语者比日语母语者显著超用和显著少用。如:"很"和"了"分别表示这两个词英语和日语母语者在看图说话时比汉语母语者显著超用和显著少用,同时,英语母语者比日语母语者显著超用"很",显著少用"了"。

表 4.27 英语、日语母语者各类口语语料中虚词超用及少用情况一览表

使用情况		语段层面		单句层面	
		看图说话	短文重述	组句	重复句子
超用虚词	英、日均超用	的、很、跟、没、还、让、所以、可是、更	很、跟、所以、但是、然后		了、很、不、太、没、还、吧、吗
	英超用	在、太、也、因为	的、太、让、因为	了、很	的、在、没有
	日超用	再、吗、但是			再、挺

续表

使用情况		语段层面		单句层面	
		看图说话	短文重述	组句	重复句子
少用虚词	英、日均少用	【了】、【就】、都、不、没有、【把】、吧、给、【挺】、【得】、然后、【地】、【着】	【了】、【就】、【都】、不、【在】、【没】有、【把】、可是、更、【地】、【着】	的、【就】、都、没、还、【也】、把、【再】、【得】	【就】、都、跟、【也】、给
	英少用	但是			再、挺
	日少用	【在】、太、也	的、太、让、【因为】	【了】、很、【不】、【在】、【没】有、跟、太、吧、【给】、【挺】、让、因为、吗	的、在、没有

从本章研究结果及表 4.27 可以观察到以下值得注意的甲级虚词运用特征：

(1) 与汉语母语者相比，英语母语者和日语母语者在超用或少用虚词方面共性更多。英语、日语母语者在两类及以上语料中均超用的虚词有"很、跟、没、还、所以"，其中"很、没、所以"差异显著；均少用的虚词有"就、了、都、不、没有、把、给、得、地、着、也"，其中"就、了、把、得、地、也、着"差异显著。部分虚词在英语母语者和日语母语者之间也存在一定的差异，如英语母语者超用的"因为、太、在、的"，日语母语者则表现为少用；英语母语者少用的"但是、再、挺"，日语母语者则表现为多用。

(2) 与汉语母语者相比，总体上英语母语者超用和少用的虚词比例大致相当，日语母语者虚词少用的情况更多。同样超用或少用的虚词，相比之下，英语母语者比日语母语者往往使用频率更高，如"很"，英语、日语母语者均比汉语母语者超用，同时英语母语者使用频率又显著高于日语母语者。再如"就"，英语、日语母语者均比汉语母语者少用，同时英语母语者使用频率也显著高于日语母语者。这说明日语母语者对虚词的敏感度不如英语母语者。英语母语者使用频率显著高于日语母语者的虚词有"很、可是、因为、的、太、让、在、更、都、得、就、了、不、给、也、地"。

(3)汉语学习者超用或少用甲级虚词的特征在语段层面比在单句层面更为突出。个别虚词如"了、吧"在重复句子中学习者均超用,但在短文重述和看图说话这样的成段自主表述中呈现少用特征。

(4)部分超用和少用的虚词总体上呈互补分布,比如超用"很",少用"挺";超用"没",少用"没有";超用"常常",少用"常"。但是也有虚词如"然后",在英语、日语母语者短文重述语料中均超用,但在看图说话语料中均少用。因为超用与少用是与汉语母语者语料比较而言的,汉语母语者在内容半限制性的短文重述时口头表述的"然后"频数与原题中"然后"频数没有显著差异,但汉语学习者均显著多于原题,而在看图说话和写话语料中,汉语母语者口语产出的"然后"显著多于笔语,尽管汉语学习者看图说话的口语中"然后"也显著多于笔语,但差异度没有汉语母语者大,这是导致学习者两种口语语料中"然后"的频率相比汉语母语者呈现一个超用、一个少用的原因之一。另外,在看图说话自主表达中,承担了口语中话语标记功能的虚词如"然后、就"在汉语母语者口语中的频率大大高于英语母语者,而英语母语者口语中则超用"所以"来承担相同的话语功能。

此外,汉语学习者对部分虚词的语体特征还缺乏认识。部分甲级虚词在汉语母语者的口语和笔语中出现频率有差异,呈现程度不一的语体特征。汉语学习者口语和笔语中虚词运用也呈现出与汉语母语者一致的语体属性,但程度有所不同,有少部分虚词在运用中出现与汉语母语者相反的语体特征,汉语学习者对虚词的语体特征掌握还存在较大的问题。

第五章

汉语学习者甲级虚词运用正确率及偏误分析

在第四章对各类语料中甲级虚词运用频率统计的基础上，本章对母语为英语、日语的汉语学习者在各类语料中运用频率较高的甲级虚词正确率和偏误情况进行考察和分析，进一步了解他们对甲级虚词的习得情况。

5.1 汉语学习者甲级虚词运用正确率

5.1.1 重复句子语料中甲级虚词正确率

SCT 要求考生在重复句子时要完整准确地重复听到的句子，但汉语学习者输出的句子常常并不完整。本研究在统计虚词重复正确率时，只要被试在正确的位置比较清晰地说出了原句中的虚词，就记作正确重复。对原句中的虚词遗漏、语序错误、用原句中没有的其他虚词代替等都作为偏误情况处理。我们用每个分数段被试对某个虚词的正确重复数量除以该分数段试题原句中的虚词数量，得到该分数段被试对某个虚词的重复正确率。

（一）英语母语者重复句子语料中甲级虚词正确率

英语母语者重复句子原题中出现的 82 个[①]甲级虚词在不同水平被试语料中的重复正确率详见表 5.1。

---

① 兼类词按照词类分别计算。

表 5.1 英语母语者重复句子语料中 82 个甲级虚词正确率

虚词	A1 原句	A1 正确重复数	A1 正确率	A2 原句	A2 正确重复数	A2 正确率	B1 原句	B1 正确重复数	B1 正确率	B2 原句	B2 正确重复数	B2 正确率	C 原句	C 正确重复数	C 正确率
比较	29	10	0.34	23	8	0.35	18	12	0.67	8	6	0.75	5	4	0.80
必须	3	0	0.00	1	0	0.00	2	0	0.00	1	0	0.00			
别	23	10	0.43	13	9	0.69	8	6	0.75	4	3	0.75	5	4	0.80
不	421	219	0.52	403	285	0.71	278	235	0.85	134	120	0.90	75	74	0.99
不要	11	4	0.36												
不用	7	3	0.43	2	1	0.50	4	3	0.75	4	2	0.50	2	2	1.00
才	15	1	0.07	17	4	0.24	13	2	0.15	7	6	0.86	4	2	0.50
常	3	2	0.67	2	2	1.00	1	1	1.00						
常常	4	4	1.00	3	3	1.00	1	1	1.00						
都	144	37	0.26	129	73	0.57	98	62	0.63	42	28	0.67	27	25	0.93
多	2	2	1.00	1	1	1.00	1	1	1.00	1	1	1.00	2	2	1.00
非常	22	4	0.18	28	19	0.68	16	7	0.44	8	8	1.00	1	1	1.00
刚	17	7	0.41	16	13	0.81	8	6	0.75	6	6	1.00	8	8	1.00
更	18	4	0.22	20	4	0.20	13	10	0.77	7	6	0.86	3	3	1.00
好	7	2	0.29	8	2	0.25	1	1	1.00						
很	190	94	0.49	172	112	0.65	108	84	0.78	59	54	0.92	33	30	0.91
还	107	38	0.36	104	57	0.55	60	43	0.72	23	22	0.96	19	18	0.95

续表

虚词	A1 原句	A1 正确重复数	A1 正确率	A2 原句	A2 正确重复数	A2 正确率	B1 原句	B1 正确重复数	B1 正确率	B2 原句	B2 正确重复数	B2 正确率	C 原句	C 正确重复数	C 正确率
还是	18	8	0.44	10	5	0.50	7	3	0.43	4	3	0.75	6	5	0.83
就	272	52	0.19	215	57	0.27	143	81	0.57	70	46	0.66	46	41	0.89
马上	14	9	0.64	10	8	0.80	8	8	1.00	1	1	1.00	1	1	1.00
没	90	43	0.48	98	61	0.62	59	49	0.83	27	25	0.93	21	20	0.95
没有	88	41	0.47	65	43	0.66	48	38	0.79	15	10	0.67	20	19	0.95
十分	2	0	0.00	1	1	1.00				1	1	1.00			
太	59	29	0.49	55	39	0.71	32	28	0.88	19	15	0.79	14	13	0.93
挺	73	25	0.34	78	36	0.46	51	30	0.59	15	11	0.73	16	14	0.88
先	14	8	0.57	15	9	0.60	8	5	0.63	3	2	0.67	4	4	1.00
也	118	36	0.31	87	35	0.40	60	34	0.57	41	28	0.68	14	13	0.93
也许	4	4	1.00	2	1	0.50	1	1	1.00	2	1	0.50			
一共	1	0	0.00	5	3	0.60	1	1	1.00						
一块儿	3	2	0.67	4	4	1.00									
一起	20	8	0.40	11	6	0.55	10	10	1.00	6	4	0.67	4	4	1.00
一直	28	6	0.21	21	10	0.48	14	10	0.71	2	2	1.00	5	4	0.80
已经	34	12	0.35	28	13	0.46	30	24	0.80	12	9	0.75	8	8	1.00
尤其	1	0	0.00	3	0	0.00	1	0	0.00						

第五章 汉语学习者甲级虚词运用正确率及偏误分析

续表

虚词	A1 原句	A1 正确重复数	A1 正确率	A2 原句	A2 正确重复数	A2 正确率	B1 原句	B1 正确重复数	B1 正确率	B2 原句	B2 正确重复数	B2 正确率	C 原句	C 正确重复数	C 正确率
又	16	7	0.44	20	11	0.55	12	7	0.58	5	4	0.80	2	2	1.00
再	86	23	0.27	59	27	0.46	38	25	0.66	15	11	0.73	15	15	1.00
在	28	11	0.39	19	14	0.74	18	15	0.83	4	4	1.00	6	5	0.83
真	49	29	0.59	38	25	0.66	18	15	0.83	11	11	1.00	9	9	1.00
正	1	1	1.00	5	3	0.60	1	1	1.00						
正在	3	3	1.00	5	4	0.80				2	2	1.00	1	1	1.00
只	16	5	0.31	14	4	0.29	14	8	0.57	8	7	0.88	3	3	1.00
总是	1	0	0.00	1	0	0.00	1	0	0.00				1	1	1.00
最	30	5	0.17	20	7	0.35	17	8	0.47	7	5	0.71	2	2	1.00
把	35	8	0.23	31	11	0.35	17	8	0.47	12	11	0.92	6	5	0.83
比	25	11	0.44	21	14	0.67	19	17	0.89	11	9	0.82	4	4	1.00
除了	6	1	0.17	3	3	1.00	1	0	0.00						
从	24	5	0.21	26	7	0.27	12	7	0.58	8	7	0.88	3	2	0.67
对	76	17	0.22	59	17	0.29	38	20	0.53	10	7	0.70	11	11	1.00
给	101	34	0.34	67	36	0.54	62	47	0.76	32	30	0.94	10	10	1.00
跟	46	5	0.11	41	23	0.56	32	24	0.75	8	8	1.00	11	11	1.00
和	2	0	0.00	1	0	0.00	3	0	0.00	2	0	0.00			

续表

虚词	A1 原句	A1 正确重复数	A1 正确率	A2 原句	A2 正确重复数	A2 正确率	B1 原句	B1 正确重复数	B1 正确率	B2 原句	B2 正确重复数	B2 正确率	C 原句	C 正确重复数	C 正确率
叫	3	0	0.00	3	0	0.00	1	0	0.00				1	1	1.00
就	5	0	0.00	3	0	0.00	1	1	1.00				1	1	1.00
离	6	1	0.17	8	2	0.25	3	2	0.67	2	2	1.00	2	1	0.50
让	23	3	0.13	24	11	0.46	16	6	0.38	5	4	0.80	1	1	1.00
通过	2	0	0.00	4	2	0.50	6	3	0.50						
任	1	0	0.00	2	1	0.50	2	1	0.50						
为	10	7	0.70	4	2	0.50	1	1	1.00	1	1	1.00	1	1	1.00
为了	2	1	0.50	4	1	0.25	1	0	0.00	1	0	0.00	2	1	0.50
在	139	50	0.36	107	57	0.53	63	45	0.71	24	20	0.83	23	22	0.96
不如	2	0	0.00	4	2	0.50	3	2	0.67	1	1	1.00	1	1	1.00
但是	3	1	0.33	3	0	0.00	6	3	0.50	3	3	1.00	2	1	0.50
跟	36	12	0.33	33	16	0.48	16	13	0.81	11	10	0.91	6	6	1.00
和	28	6	0.21	16	9	0.56	9	6	0.67	6	5	0.83	4	4	1.00
或者	3	0	0.00	4	1	0.25	2	2	1.00	3	2	0.67			
虽然	3	1	0.33	2	0	0.00	2	1	0.50	1	0	0.00	2	1	0.50
所以	18	2	0.11	8	5	0.63	4	4	1.00	4	4	1.00			
要是	7	0	0.00	8	6	0.75	3	1	0.33	2	2	1.00	1	1	1.00

第五章　汉语学习者甲级虚词运用正确率及偏误分析　121

续表

虚词	A1 原句	A1 正确重复数	A1 正确率	A2 原句	A2 正确重复数	A2 正确率	B1 原句	B1 正确重复数	B1 正确率	B2 原句	B2 正确重复数	B2 正确率	C 原句	C 正确重复数	C 正确率
因为	9	3	0.33	6	4	0.67	2	2	1.00	2	1	0.50			
啊	48	14	0.29	53	23	0.43	21	13	0.62	8	6	0.75	17	15	0.88
吧	103	63	0.61	100	72	0.72	47	42	0.89	26	24	0.92	15	14	0.93
得	45	14	0.31	39	23	0.59	24	17	0.71	14	11	0.79	6	6	1.00
的	687	197	0.29	577	306	0.53	343	228	0.66	180	147	0.82	133	122	0.92
地	3	2	0.67	1	0	0.00	5	1	0.20	1	0	0.00			
过	35	7	0.20	24	12	0.50	14	6	0.43	5	3	0.60	5	5	1.00
啦	3	2	0.67	7	7	1.00	6	5	0.83	3	3	1.00	3	3	1.00
了	669	303	0.45	507	340	0.67	328	267	0.81	198	176	0.89	106	96	0.91
吗	108	61	0.56	79	63	0.80	43	38	0.88	15	14	0.93	19	19	1.00
嘛	1	1	1.00	1	0	0.00	1	1	1.00						
哪	5	2	0.40	2	1	0.50	2	2	1.00	2	2	1.00			
呢	50	16	0.32	43	15	0.35	30	21	0.70	21	16	0.76	16	12	0.75
着	14	2	0.14	9	3	0.33	8	4	0.50	5	5	1.00	4	4	1.00

从表 5.1 中正确重复虚词的数据分布情况可见,绝大多数甲级虚词在 5 个水平级别的英语母语者语料中的重复正确率呈现递增的趋势,说明这些虚词在口语中介语中的发展逐渐向汉语母语者靠近。但也有些虚词到了更高一级阶段反而出现了重复正确率下降的现象,这一方面与该阶段样本少有关,另一方面也说明英语母语者在习得某个虚词时可能会止步不前或反复回生,在高级水平被试的口语表达中一些虚词的偏误出现了化石化现象,如"才、没有、太、把、从、让"等。

在表 5.1 中有些甲级虚词并没有全部出现在每个水平阶段的测试中,这是因为 SCT 每份试卷中的试题是由电脑随机选择的,有些阶段的被试没有考到包含该虚词的句子,那么就无法考察这个阶段被试对该虚词的重复表现。为了更好地了解不同水平的英语母语者虚词习得状况,下面选取表 5.1 中 56 个在每个阶段都出现的虚词①及其重复正确率数据,运用 SPSS13.0 通过单向方差分析法验证 5 个不同水平级别的英语母语者对这 56 个虚词的重复正确率是否存在显著差异。统计结果如表 5.2 所示。

表 5.2　英语母语者重复句子语料中虚词正确率描述性统计②

Descriptives

X

	N	Mean	Std. Deviation	Std. Error	95% Confidence Interval for Mean		Minimum	Maximum
					Lower Bound	Upper Bound		
1	56	.3408	.16763	.02240	.2959	.3857	.00	.70
2	56	.5137	.20215	.02701	.4596	.5678	.00	1.14
3	56	.6622	.19749	.02639	.6093	.7151	.00	1.00
4	55	.8117	.20353	.02744	.7567	.8667	.00	1.00
5	56	.9055	.14904	.01992	.8656	.9454	.50	1.00
Total	279	.6462	.27411	.01641	.6139	.6785	.00	1.14

表 5.2 是对重复正确率的描述性统计结果,左边第一列中 1—5 表示 A1、A2、B1、B2、C 5 个级别,从左边第三列的均值来看,1 组到 5 组的重

---

① 副词:比较、别、不、不用、才、都、多、非常、刚、更、很、还、还是、就、马上、没、没有、太、挺、先、也、一起、一直、已经、又、再、在、真、只、最;介词:把、比、从、对、给、跟、让、为、为了、在;连词:不如、但是、跟、和、虽然、要是;助词:啊、吧、得、的、过、啦、了、吗、呢、着。

② 本章涉及虚词正确率"描述性统计""方差齐性检验""组间方差分析""组内方差分析事后多重比较"及"方差分析相似性子集 Scheffe 检验"的表格,均为 SPSS 软件直接输出的数据分析结果,本书保留其原始表格形式。

复正确率有渐增的趋势。图 5.1 直观地显示了组间平均数的变化。

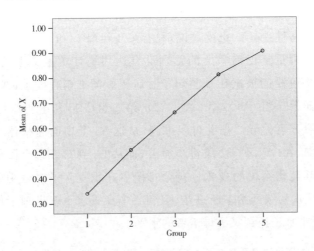

图 5.1　英语母语者重复句子语料中虚词正确率组间平均数变化曲线

表 5.3 报告了方差齐性检验的结果,Levene 统计量为 1.203,概率值 $p=0.310>0.05$,表明各组方差齐性,符合参数检验的要求,事后检验适合用 Scheffe 法。

表 5.3　英语母语者重复句子语料中虚词正确率方差齐性检验

Levene Statistic	df1	df2	Sig.
1.203	4	274	.310

表 5.4 报告了方差分析结果。表中显示 F 统计量为 83.765,达到统计学意义上的显著性($p=0.000<0.01$),说明至少有两个组之间的平均数存在显著性差异。

表 5.4　英语母语者重复句子语料中虚词正确率组间方差分析

ANOVA

X

	Sum of Squares	df	Mean Square	F	Sig.
Between Groups	11.491	4	2.873	83.765	.000
Within Groups	9.397	274	.034		
Total	20.888	278			

表 5.5 报告了各组配对事后多重比较 Scheffe 检验的结果。结果表明，除 4、5 两组之间没有显著性差异（$p=0.133>0.01$）外，其他各组之间均具有显著性差异。也就是说，只有第 4 组（B2）和第 5 组（C）这两个样本组在虚词重复正确率上的差别没有达到统计学意义上的显著性，这两个水平阶段的被试在重复句子时运用虚词准确程度上的表现具有相似性。而第 1 组（A1）、第 2 组（A2）、第 3 组（B1）和第 4 组（B2）之间的表现具有显著差异。据此可以推测，从这 56 个虚词的整体运用状况来看，从 A1、A2、B1 到 B2 级进步显著，而从 B2 到 C 级这个阶段出现了进步缓慢甚至化石化的现象。英语母语者在重复句子时运用甲级虚词的表现虽然从初级开始不断进步，但到了中高级水平就出现了停滞不前的现象，很难真正达到汉语母语者的水平。

表 5.5 英语母语者重复句子语料中虚词正确率组间方差分析事后多重比较

Multiple Comparisons

Dependent Variable: X
Scheffe

(I) Group	(J) Group	Mean Difference (I-J)	Std. Error	Sig.	95% Confidence Interval Lower Bound	Upper Bound
1	2	-.17290*	.03500	.000	-.2814	-.0644
	3	-.32139*	.03500	.000	-.4299	-.2128
	4	-.47087*	.03516	.000	-.5799	-.3618
	5	-.56467*	.03500	.000	-.6732	-.4561
2	1	.17290*	.03500	.000	.0644	.2814
	3	-.14849*	.03500	.002	-.2570	-.0399
	4	-.29797*	.03516	.000	-.4070	-.1889
	5	-.39177*	.03500	.000	-.5003	-.2832
3	1	.32139*	.03500	.000	.2128	.4299
	2	.14849*	.03500	.002	.0399	.2570
	4	-.14949*	.03516	.001	-.2585	-.0405
	5	-.24328*	.03500	.000	-.3518	-.1347
4	1	.47087*	.03516	.000	.3618	.5799
	2	.29797*	.03516	.000	.1889	.4070
	3	.14949*	.03516	.001	.0405	.2585
	5	-.09380	.03516	.133	-.2028	.0152
5	1	.56467*	.03500	.000	.4561	.6732
	2	.39177*	.03500	.000	.2832	.5003
	3	.24328*	.03500	.000	.1347	.3518
	4	.09380	.03516	.133	-.0152	.2028

*. The mean difference is significant at the .05 level.

学习者的中介语是一个独立的系统,也是一个逐步向目的语靠拢的发展过程,以往的二语习得研究往往是用正确率标准(accuracy criterion)和初现率标准(emergence criterion)来判断某个语言项目是否习得,前者比后者更为常用。对此,高顺全(2012)曾有专门的讨论,认为对习得情况的评价不能简单地根据是否达到一个百分比值来判断"已经习得"或者"尚未习得",对习得的评价标准或评价描述应该是有弹性的、分等级的,如果某个语言项目的正确率达到0.9,可以认为是习得情况良好或已经习得,如果正确率达到0.8,可以认为习得情况较好或基本习得,如果正确率低于0.8,就说明习得情况较差或尚未较好地习得。

如果分别把重复正确率在0.8和0.9以上这两个标准作为衡量英语母语者对该虚词基本习得和习得较好的达标线的话,那么可以根据表5.1中虚词的重复正确率对各水平阶段被试的虚词习得状况进一步归纳总结,结果如表5.6所示。表5.6中共有73个虚词,占108个甲级虚词(兼类词分别计数)的68%。一般来说,虚词正确率达标的学习者级别越低,说明该虚词越容易习得。

表5.6 英语母语者重复句子语料中正确率显示的甲级虚词习得状况

级别	习得较好(正确率>0.9)	基本习得(正确率>0.8)
A1	常常、多、也许、正、正在;嘛	
A2	常常、多、常、一块儿、十分;啦;除了	刚、正在、马上
B1	常常、多、常、马上、正、一共、一起、也许、好;为、就;或者、因为、所以;哪、嘛	太、不、真、没、已经、在;比;跟;吧、吗、啦、了
B2	多、马上、在、真、刚、一直、非常、十分、正在、还、没、很;为、离、给、把、跟;所以、不如、但是、要是、跟;哪、啦、着、吗、吧	不、只、更、才、又;从、在、比、让;和;了、的
C	多、马上、真、刚、非常、正在、只、更、又、已经、再、最、一起、先、不用、总是、不、没、没有、还、太、也、都、很;为、跟、给、比、对、就、通过、叫、在;不如、要是、跟、和;啦、着、吗、得、过、吧、的、了	就、挺、在、还是、一直、别、比较、把;啊

按照表 5.6 中的虚词习得状况,70 个[①]甲级虚词习得由易到难大致可以排序如下:

多、常常、正在、[正][②]＞马上、常、一块儿、除了、啦、[刚]＞没、真、不、好、一共、比、为、就(介)、跟(连)、所以、吧、了、吗、哪、[太]、[已经]、[一起]、[或者]、[因为]＞很、还、非常、更、一直、又、在(副)、只、给、把、离、跟(介)、在(介)、不如、要是、和(连)、的、着、[但是]、[才]、[从]、[让]＞不用、都、没有、先、也、再、总是、最、比较、别、还是、就(副)、挺、对、叫、通过、得、过、啊

除了表 5.6 中的 73 个虚词外,表 5.1 所列的 82 个甲级虚词中还有 9 个虚词即使到了高级阶段重复正确率都在 0.8 以下,这些虚词是:必须、不要、尤其、和(介)、往、为了、虽然、地、呢。这 9 个虚词大多数出现次数较少,除了"呢"以外,其他的都不超过 11 次,所出现的句子也比较单一,习得表现带有一定的偶然性,还需要统计其他几类语料进一步观察。

(二)日语母语者重复句子语料中甲级虚词正确率

因为日语母语者的语料比英语母语者少,很多虚词的出现频率较低,重复正确或者出现偏误的偶然性较大,不具有统计学意义,所以本节在统计分析时重点考察了 4.1.2 节表 4.6 中日语母语者在重复句子语料中出现频率较高的 18 个甲级虚词。这 18 个虚词在各水平级别日语母语者重复句子语料中的正确率详见表 5.7。

[①] 另外 3 个未排序的虚词是"十分、也许、嘛",未排序的原因是"十分、嘛"的样本量过少,只在两个级别中各有 1 例,而"也许"所出现的句子"也许吧"过于简单单一,在不同级别的重复正确率缺乏规律。

[②] [ ]中的虚词表示各级别的重复正确率并非递增趋势,而是表现为在低水平阶段习得较好,但到了高水平阶段却出现重复正确率有所降低的情况,可以推测这部分虚词的习得状况尚未稳固。

表 5.7 日语母语者重复句子语料中 18 个甲级虚词正确率

虚词	A1	A2	B1	B2	C
了	0.54	0.65	0.78	0.73	0.90
的	0.33	0.57	0.75	0.92	0.88
不	0.59	0.98	0.96	0.92	1.00
很	0.56	0.64	0.69	1.00	0.91
就	0.23	0.38	0.40	0.67	0.88
在	0.38	0.49	0.66	0.92	0.88
都	0.38	0.50	0.74	0.57	0.71
吗	0.67	0.70	0.78	1.00	1.00
吧	0.65	0.84	0.93	0.67	1.00
没	0.74	0.91	0.96	0.75	1.00
还	0.45	0.60	0.72	1.00	0.75
也	0.24	0.40	0.45	0.38	0.60
没有	0.40	0.51	0.44	0.67	0.80
给	0.25	0.53	0.56	0.71	0.75
跟	0.28	0.36	0.60	0.86	1.00
太	0.64	0.77	0.79	1.00	0.75
再	0.48	0.50	0.63	0.60	1.00
挺	0.42	0.00	0.78	1.00	1.00

表 5.7 显示，和英语母语者的表现相似，大多数虚词随着日语母语者汉语水平的提高，正确率也在提高，也有部分虚词到了更高一级反而出现正确率下降的现象，如"的、在、都、吧、没、还、太"。

表 5.8 是对日语母语者虚词重复正确率的描述性统计数据，左边第一列中 1—5 表示 A1、A2、B1、B2、C 5 个级别，从左边第三列的均值来看，1 组到 5 组的重复正确率也与英语母语者一样呈渐增趋势。图 5.2 直观地显示了组间平均数的变化。

表 5.8　日语母语者重复句子语料中虚词正确率描述性统计

Descriptives

X

	N	Mean	Std. Deviation	Std. Error	95% Confidence Interval for Mean		Minimum	Maximum
					Lower Bound	Upper Bound		
1	18	.4557	.16008	.03773	.3761	.5353	.23	.74
2	18	.5743	.22769	.05367	.4611	.6876	.00	.98
3	18	.7004	.16796	.03959	.6169	.7839	.40	.96
4	18	.7969	.18567	.04376	.7046	.8893	.38	1.00
5	18	.8782	.12491	.02944	.8161	.9403	.60	1.00
Total	90	.6811	.23017	.02426	.6329	.7293	.00	1.00

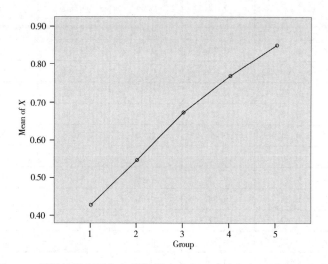

图 5.2　日语母语者重复句子语料中虚词正确率组间平均数变化曲线

表 5.9 报告了方差齐性检验的结果,Levene 统计量为 1.202,概率值 $p=0.316>0.05$,表明各组方差齐性,符合参数检验的要求,事后检验适合用 Scheffe 法。

表 5.9　日语母语者重复句子语料中虚词正确率方差齐性检验

Levene Statistic	df1	df2	Sig.
1.202	4	85	.316

表 5.10 报告了方差分析结果。表中显示 F 统计量为 16.590,达到统计学意义上的显著性($p=0.000<0.01$),说明至少有两个组之间的平均数存在显著性差异。

表 5.10　日语母语者重复句子语料中虚词正确率组间方差分析

ANOVA

X

	Sum of Squares	df	Mean Square	F	Sig.
Between Groups	2.067	4	.517	16.590	.000
Within Groups	2.648	85	.031		
Total	4.715	89			

表 5.11 报告了各组配对事后多重比较 Scheffe 检验的结果。结果表明，尽管随着级别提高，重复句子语料中高频出现的 18 个虚词正确率总体上逐步提高，但日语母语者相邻两个级别之间均没有显著性差异（$p>0.01$），A1 和 A2 级两级别之间重复正确率差异不显著，只是和 B1 级以上各组差异显著；A2 和 B1 级两级别之间差异不显著，和 B2、C 级有显著差异；B1、B2 和 C 级之间差异均不显著。这与英语母语者的表现有所不同，英语母语者只有 B2 和 C 级两级别之间没有达到显著性差异，说明各水平级别日语母语者的虚词运用表现没有英语母语者那么层级分明。

表 5.11　日语母语者重复句子语料中虚词正确率组间方差分析事后多重比较

Multiple Comparisons

Dependent Variable: X
Scheffe

(I) Group	(J) Group	Mean Difference (I-J)	Std. Error	Sig.	95% Confidence Interval	
					Lower Bound	Upper Bound
1	2	-.11861	.05883	.404	-.3039	.0666
	3	-.24467*	.05883	.003	-.4299	-.0594
	4	-.34122*	.05883	.000	-.5265	-.1560
	5	-.42250*	.05883	.000	-.6078	-.2372
2	1	.11861	.05883	.404	-.0666	.3039
	3	-.12606	.05883	.340	-.3113	.0592
	4	-.22261*	.05883	.010	-.4079	-.0374
	5	-.30389*	.05883	.000	-.4891	-.1186
3	1	.24467*	.05883	.003	.0594	.4299
	2	.12606	.05883	.340	-.0592	.3113
	4	-.09656	.05883	.612	-.2818	.0887
	5	-.17783	.05883	.067	-.3631	.0074
4	1	.34122*	.05883	.000	.1560	.5265
	2	.22261*	.05883	.010	.0374	.4079
	3	.09656	.05883	.612	-.0887	.2818
	5	-.08128	.05883	.752	-.2665	.1040
5	1	.42250*	.05883	.000	.2372	.6078
	2	.30389*	.05883	.000	.1186	.4891
	3	.17783	.05883	.067	-.0074	.3631
	4	.08128	.05883	.752	-.1040	.2665

*. The mean difference is significant at the .05 level.

同样按照正确率 0.8 和 0.9 两个标准将各级别日语母语者重复句子语料中虚词的习得状况整理如表 5.12 所示。

表 5.12　日语母语者重复句子语料中正确率显示的甲级虚词习得状况

级别	习得较好(正确率＞0.9)	基本习得(正确率＞0.8)
A1		
A2	不、没	吧
B1	不、没；吧	
B2	不、太、挺、还、很、在；的；吗	跟
C	挺、不、没、很、再；跟；吗、吧、了	没有、就；在；的

按照表 5.12 中虚词的习得正确率分布,日语母语者习得这些虚词由易到难大致可以排序如下:

不、没＞[吧]＞[太]、挺、[还]、很、[在]、吗、[的]＞[跟]、[没有]、就、了、再

除了表 5.12 中所列的虚词外,还有"都、也、给"三个词在各级别日语母语者重复句子语料中正确率均未达到 0.8。

对比英语母语者在重复句子时对这些虚词的运用正确率情况可知,这 18 个虚词英语母语者重复正确率均在 0.8 以上,且相对习得情况比较稳定,正确率逐步提高,而日语母语者在部分虚词上的表现不够稳定,出现反复的情况较多,低一水平级别正确率在 0.9 以上,但到了高一水平级别却降低到 0.8 甚至更低,如"的、在、还、太",还有"吧、没"在 B1 和 C 级正确率在 0.8 或 0.9 以上,但 B2 级正确率却在 0.8 以下。

5.1.2　组句语料中甲级虚词正确率

(一)英语母语者组句语料中甲级虚词正确率

被试在 SCT 组句测试时重组的句子中使用了原题中的虚词且语序无误即为正确,重组正确数除以原题中该虚词频数计为重组正确率。本节对于第四章 4.2.1 节表 4.11 中英语母语者在组句语料中出现频率较高的 40 个甲级虚词的重组正确率进行了统计。结果见表 5.13。

第五章 汉语学习者甲级虚词运用正确率及偏误分析

表 5.13 英语母语者组句语料中 40 个甲级虚词频数及正确率

虚词	A1		A2		B1		B2		C		频数总计	原题频数总计
	频数	正确率	频数	正确率	频数	正确率	频数	正确率	频数	正确率		
了	182	0.51	182	0.80	117	0.82	63	0.84	49	0.92	593	752
的	74	0.40	97	0.69	59	0.71	24	0.82	31	0.84	285	387
很	47	0.39	72	0.92	46	0.95	23	0.84	23	1.00	211	244
不	50	0.51	53	0.64	43	0.90	15	0.93	20	1.00	181	212
都	29	0.37	46	0.76	29	0.66	5	0.71	14	1.00	123	163
在	33	0.43	36	0.70	30	0.84	14	0.80	8	1.00	121	150
给	24	0.42	35	0.83	28	0.93	7	1.00	9	0.90	103	121
就	15	0.23	22	0.54	21	0.58	10	0.82	13	0.71	81	138
没有	17	0.35	26	0.72	13	0.83	8	0.60	8	0.70	72	88
没	16	0.47	19	0.67	12	0.73	11	0.75	9	1.00	67	90
得	18	0.29	21	0.58	18	0.74	8	0.70	2	0.50	67	98
把	18	0.29	13	0.24	15	0.44	9	0.89	6	1.00	61	96
还	13	0.41	14	0.48	13	0.85	6	0.83	5	1.00	51	67
过	8	0.32	16	0.84	7	1.00	6	1.00	3	0.50	40	54
也	9	0.28	15	0.59	7	0.41	4	0.57	4	0.75	39	79
对	10	0.38	11	0.85	12	0.79	5	1.00			38	53
真	9	0.55	8	0.73	10	0.82	4	1.00	2	1.00	33	38
被	6	0.09	11	0.17	8	0.75	5	0.50	2	1.00	32	58
太	12	0.85	6	0.63	8	0.88	2	1.00	3	0.75	31	33
非常	6	0.33	9	0.54	9	0.90	5	1.00	1	1.00	30	43
吗	12	0.62	7	0.55	7	0.86	3	0.67			29	32
吧	5	0.29	11	0.56	5	0.56	4	0.80	3	0.75	28	53
还是	3	0.27	9	0.80	10	0.82	4	1.00	1	1.00	27	37
跟	10	0.70	9	1.00	4	0.75	3	1.00	1	1.00	27	26
已经	6	0.35	9	0.64	5	0.83	5	1.00	1	1.00	26	40

续表

虚词	A1		A2		B1		B2		C		频数总计	原题频数总计
	频数	正确率	频数	正确率	频数	正确率	频数	正确率	频数	正确率		
比	3	0.10	10	0.39	10	0.71			3	1.00	26	40
别	7	0.39	8	0.56	7	0.50	2	1.00	1	1.00	25	37
从	2	0.22	9	0.62	6	0.67	2	1.00	3	1.00	22	33
和	2	0.18	8	0.55	6	0.75	1	0.50	5	1.00	22	36
一起	6	0.67	5	0.83	6	1.00			3	1.00	20	25
再	5	0.16	5	0.42	6	0.86	2	1.00			18	41
挺	6	0.44	1	1.00	10	0.89					17	19
刚	3	0.60	8	0.73	1	0.50	1	1.00	1	1.00	14	20
只	2	0.17	4	0.20	5	0.29	2	1.00	1	1.00	14	21
正在	3	0.60	5	0.50	2	0.67	2	1.00	1	1.00	13	17
让	3	0.23	3	0.40	2	0.67	3	1.00	2	1.00	13	25
因为	6	0.75	4	0.75	2	1.00					12	13
要是	1	0.50	4	0.57	1	1.00	2	1.00	3	1.00	11	15
才	2	0.20	3	0.60	2	0.67	2	1.00	1	0.00	10	21
离	1	0.25	3	0.33	2	0.33	3	1.00	1	1.00	10	17

我们同样使用 SPSS13.0 对表 5.13 中各个水平级别英语母语者的虚词重组正确率进行了单向方差分析。结果如表 5.14 和图 5.3 所示,各水平级别英语母语者对这 40 个虚词的重组正确率与重复句子的正确率基本相似,随级别提高呈总体上逐渐上升的趋势。

表 5.14 英语母语者组句语料中虚词正确率描述性统计

Descriptives

X

	N	Mean	Std. Deviation	Std. Error	95% Confidence Interval for Mean		Minimum	Maximum
					Lower Bound	Upper Bound		
1	40	.3879	.17927	.02834	.3305	.4452	.09	.85
2	40	.6214	.19870	.03142	.5579	.6849	.17	1.00
3	40	.7460	.18252	.02886	.6877	.8044	.29	1.00
4	36	.8768	.15925	.02654	.8229	.9307	.50	1.00
5	35	.8949	.21111	.03568	.8224	.9674	.00	1.00
Total	191	.6968	.26336	.01906	.6593	.7344	.00	1.00

第五章 汉语学习者甲级虚词运用正确率及偏误分析 133

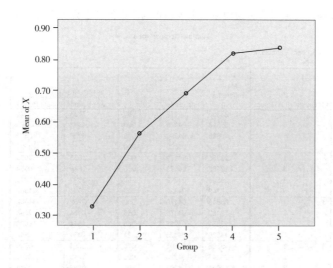

图 5.3 英语母语者组句语料中虚词正确率组间平均数变化曲线

如表 5.15 所示,各水平级别英语母语者在组句时的虚词正确率单向方差分析结果显示 F 统计量为 47.841,达到统计学意义上的显著性($p=0.000<0.01$),表明至少有两个组之间平均数具有显著性差异。

表 5.15 英语母语者组句语料中虚词正确率方差分析

ANOVA

X

	Sum of Squares	df	Mean Square	F	Sig.
Between Groups	6.682	4	1.671	47.841	.000
Within Groups	6.495	186	.035		
Total	13.178	190			

表 5.16 和表 5.17 分别报告了各组配对事后多重比较和相似性子集的 Scheffe 检验结果。结果表明 A1 和其他级之间,A2 和 B2、C 级之间存在显著性差异($p<0.01$)。第 2 组(A2)和第 3 组(B1)形成相似性子集,第 3 组(B1)、第 4 组(B2)和第 5 组(C)形成相似性子集,相互之间没有显著性差异。这与重复句子只有第 4 和第 5 组之间无显著性差异的情况略有不同,这可能是由于组句在语法方面的难度较大导致对各水平级别的区分度不足。

表 5.16　英语母语者组句语料中虚词正确率组间方差分析事后多重比较

Multiple Comparisons

Dependent Variable: X
Scheffe

(I) Group	(J) Group	Mean Difference (I-J)	Std. Error	Sig.	95% Confidence Interval Lower Bound	Upper Bound
1	2	-.23355*	.04179	.000	-.3636	-.1035
	3	-.35818*	.04179	.000	-.4882	-.2282
	4	-.48898*	.04293	.000	-.6226	-.3554
	5	-.50704*	.04325	.000	-.6416	-.3725
2	1	.23355*	.04179	.000	.1035	.3636
	3	-.12463	.04179	.068	-.2546	.0054
	4	-.25543*	.04293	.000	-.3890	-.1219
	5	-.27349*	.04325	.000	-.4081	-.1389
3	1	.35818*	.04179	.000	.2282	.4882
	2	.12463	.04179	.068	-.0054	.2546
	4	-.13081	.04293	.058	-.2644	.0028
	5	-.14886*	.04325	.021	-.2834	-.0143
4	1	.48898*	.04293	.000	.3554	.6226
	2	.25543*	.04293	.000	.1219	.3890
	3	.13081	.04293	.058	-.0028	.2644
	5	-.01805	.04436	.997	-.1561	.1200
5	1	.50704*	.04325	.000	.3725	.6416
	2	.27349*	.04325	.000	.1389	.4081
	3	.14886*	.04325	.021	.0143	.2834
	4	.01805	.04436	.997	-.1200	.1561

*. The mean difference is significant at the .05 level.

表 5.17　英语母语者组句语料中虚词正确率方差分析相似性子集 Scheffe 检验

X

Scheffe[a,b]

Group	N	Subset for alpha = .05 1	2	3	4
1	40	.3879			
2	40		.6214		
3	40		.7460	.7460	
4	36			.8768	.8768
5	35				.8949
Sig.		1.000	.080	.057	.996

Means for groups in homogeneous subsets are displayed.
a. Uses Harmonic Mean Sample Size = 38.066.
b. The group sizes are unequal. The harmonic mean of the group sizes is used. Type I error levels are not guaranteed.

　　我们仍然以重组正确率为 0.8 和 0.9 两个标准进一步观察英语母语者在组句过程中对甲级虚词的掌握情况。结果如表 5.18 所示。

表 5.18 英语母语者组句语料中正确率显示的甲级虚词习得状况

级别	习得较好(正确率＞0.9)	基本习得(正确率＞0.8)
A1		太
A2	很、挺；跟	一起、还是；给、对；过
B1	很、不、非常、一起；给；因为、要是；过	没有、还、真、太、已经、再、挺；在；还是；了、吗
B2	不、真、太、非常、已经、别、再、刚、只、正在；给、对、跟、从、让、才、离；还是、要是；过	很、还、就；在、给、把；了、的、吧
C	很、不、都、没、还、真、非常、已经、别、一起、刚、只、正在；在、给、把、被、跟、比、从、离、让；还是、和、要是；了	的

除了表 5.18 中列出的虚词外,在英语母语者组句语料中"得"和"也"两个虚词的重组正确率在 5 个级别中均未达到 0.8。按照表 5.18 中所列的虚词重组正确率情况,英语母语者习得这些虚词由易到难大致排序如下:

[太]＞很、[挺]、跟、一起、还是、给、对、过＞不、非常、因为、要是、没有、还、真、已经、再、在、了、吗＞别、刚、只、正在、从、让、才、离、把、的、吧、就＞都、没、被、比、和

把上面的排序与重复句子的情况相比较,可以发现习得阶段基本相同的虚词有 B1"真、不、了、吗、已经、因为",B2"只、把、离、的、才、从、让",C"都"等 14 个虚词。其他一些虚词的习得状况也和重复句子中类似,但有的在低水平阶段正确率比较高,但到了高级阶段反而有所降低,原因可能与高级阶段样本量少有关。

(二)日语母语者组句语料中甲级虚词正确率

本节同样对表 5.13 中 40 个虚词在日语母语者组句语料中的重组正确率进行了统计,结果如表 5.19 所示。

表 5.19　日语母语者组句语料中 40 个甲级虚词频数及正确率

虚词	A1 频数	A1 正确率	A2 频数	A2 正确率	B1 频数	B1 正确率	B2 频数	B2 正确率	C 频数	C 正确率	频数总计	原题频数总计
了	182	0.53	96	0.68	72	0.79	14	0.75	15	1.00	379	504
的	69	0.39	56	0.64	35	0.74	9	0.88	12	0.83	181	256
很	53	0.69	29	0.87	15	1.00	4	1.00	2	1.00	103	116
不	42	0.49	25	0.61	19	0.64	3	1.00	6	1.00	95	140
都	44	0.35	17	0.46	15	0.78	2	0.67	2	0.67	80	113
在	40	0.50	26	0.61	20	0.86	2	1.00	6	1.00	94	124
给	20	0.47	7	0.70	11	0.73	2	0.25	2	1.00	42	67
就	24	0.36	10	0.33	10	0.62	2	0.67	2	1.00	48	91
没有	32	0.44	14	0.47	10	0.64	5	1.00	2	0.67	63	84
没	26	0.53	16	0.75	7	0.75	2	0.50	1	1.00	52	67
得	9	0.32	13	0.71	12	0.92	3	1.00			37	53
把	14	0.24	13	0.50	7	0.27	2	1.00	5	1.00	41	65
还	13	0.28	10	0.62	7	0.75	3	0.67			33	49
过	5	0.21	6	1.00	6	0.86	2	1.00	2	1.00	21	36
也	8	0.32	8	0.50	2	0.22	1	1.00	4	1.00	23	49
对	2	0.53	8	1.00	3	0.75			3	1.00	16	33
真	6	0.63	6	1.00	2	0.50	1	1.00	2	1.00	17	18
被	7	0.22	2	0.22	3	0.60	1	1.00			13	38
太	8	0.44	8	1.00	3	1.00	2	1.00	1	1.00	22	29
非常	8	0.54	14	0.85	5	1.00			1	1.00	28	32
吗	7	1.00	1	0.33	4	0.75					12	10
吧	6	0.22	6	0.29	5	0.56	1	1.00	1	1.00	19	36
还是	6	0.36	2	0.67	3	0.75					11	21
跟	3	0.50	4	0.40	3	1.00					10	13
已经	10	0.50	7	0.60	6	1.00			1	0.00	24	35
比	5	0.50	4	0.33							9	17
别	9	0.45	7	0.20	3	0.50	1	0.50	3	1.00	23	32

续表

虚词	A1		A2		B1		B2		C		频数总计	原题频数总计
	频数	正确率	频数	正确率	频数	正确率	频数	正确率	频数	正确率		
从	2	0.29	4	0.50	2	1.00					8	13
和	1	0.13			2	0.50	2	1.00	1	1.00	6	13
一起	6	0.46	2	1.00	1	1.00	1	1.00			10	17
再	6	0.33	6	0.75	3	0.75			2	1.00	17	30
挺	2	0.40	2	1.00	1	0.50					5	9
刚	9	0.45	4	0.60	1	0.00			2	1.00	16	22
只	6	0.50	3	0.20	2	1.00					11	15
正在									1	1.00	1	6
让	3	0.25			1	1.00	1	1.00			5	15
因为	10	0.67	3	0.60							14	18
要是	5	0.56	1	1.00			1	1.00			7	11
才	1	0.33	2	0.25	2	1.00					5	10
离	1	0.00	1	0.50	3	1.00					5	12

由于高级汉语水平的日语母语者组句语料较少,表 5.19 中 B2 和 C 级不少虚词没有出现,也有一些虚词在高级阶段正确率很低,也与样本量少有一定的关系。尽管如此,从表 5.20 描述性统计结果和图 5.4 虚词重组正确率组间平均数变化曲线可见,这 40 个虚词正确率总体上仍呈现随着汉语水平的提高而逐渐提高的特征。

表 5.20　日语母语者组句语料中虚词正确率描述性统计

Descriptives

X	N	Mean	Std. Deviation	Std. Error	95% Confidence Interval for Mean		Minimum	Maximum
					Lower Bound	Upper Bound		
1	40	.4095	.18493	.02924	.3504	.4686	.00	1.00
2	39	.5985	.26725	.04279	.5118	.6851	.00	1.00
3	39	.7067	.29133	.04665	.6122	.8011	.00	1.00
4	28	.7461	.36821	.06959	.6033	.8888	.00	1.00
5	24	.8821	.28840	.05887	.7603	1.0039	.00	1.00
Total	170	.6432	.31653	.02428	.5953	.6911	.00	1.00

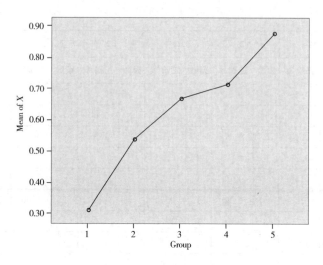

图 5.4　日语母语者组句语料中虚词正确率组间平均数变化曲线

如表 5.21 所示，各水平级别日语母语者在组句时的虚词正确率单向方差分析结果显示 F 统计量为 13.119，达到统计学意义上的显著性（$p=0.000<0.01$），表明至少有两个组之间平均数具有显著性差异。

表 5.21　日语母语者组句语料中虚词正确率组间方差分析

ANOVA

X

	Sum of Squares	df	Mean Square	F	Sig.
Between Groups	4.086	4	1.021	13.119	.000
Within Groups	12.847	165	.078		
Total	16.932	169			

表 5.22 和表 5.23 分别报告了各组配对事后多重比较和相似性子集的 Scheffe 检验结果。结果表明 A1 和 B1、B2、C 级之间存在显著性差异（$p<0.01$），但其他各组之间均没有显著性差异。第 1 组（A1）和第 2 组（A2），第 2 组（A2）、第 3 组（B1）和第 4 组（B2）以及第 3 组（B1）、第 4 组（B2）和第 5 组（C）形成相似性子集。与英语母语者相比，各水平级别之间的差异不明显。

表 5.22　日语母语者组句语料中虚词正确率组间方差分析事后多重比较

Multiple Comparisons

Dependent Variable: X
Scheffe

(I) Group	(J) Group	Mean Difference (I-J)	Std. Error	Sig.	95% Confidence Interval	
					Lower Bound	Upper Bound
1	2	-.18896	.06279	.064	-.3846	.0067
	3	-.29717*	.06279	.000	-.4928	-.1015
	4	-.33657*	.06875	.000	-.5508	-.1224
	5	-.47258*	.07205	.000	-.6970	-.2481
2	1	.18896	.06279	.064	-.0067	.3846
	3	-.10821	.06319	.571	-.3051	.0887
	4	-.14761	.06912	.339	-.3629	.0677
	5	-.28362*	.07239	.005	-.5092	-.0581
3	1	.29717*	.06279	.000	.1015	.4928
	2	.10821	.06319	.571	-.0887	.3051
	4	-.03940	.06912	.988	-.2547	.1759
	5	-.17542	.07239	.214	-.4009	.0501
4	1	.33657*	.06875	.000	.1224	.5508
	2	.14761	.06912	.339	-.0677	.3629
	3	.03940	.06912	.988	-.1759	.2547
	5	-.13601	.07762	.548	-.3778	.1058
5	1	.47258*	.07205	.000	.2481	.6970
	2	.28362*	.07239	.005	.0581	.5092
	3	.17542	.07239	.214	-.0501	.4009
	4	.13601	.07762	.548	-.1058	.3778

*. The mean difference is significant at the .05 level.

表 5.23　日语母语者组句语料中虚词正确率方差分析相似性子集 Scheffe 检验

X

Scheffe[a,b]

Group	N	Subset for alpha = .05		
		1	2	3
1	40	.4095		
2	39	.5985	.5985	
3	39		.7067	.7067
4	28		.7461	.7461
5	24			.8821
Sig.		.119	.340	.175

Means for groups in homogeneous subsets are displayed.
a. Uses Harmonic Mean Sample Size = 32.539.
b. The group sizes are unequal. The harmonic mean of the group sizes is used. Type I error levels are not guaranteed.

我们仍然以重组正确率为 0.8 和 0.9 两个标准进一步观察日语母语者在组句时对甲级虚词的运用情况。结果如表 5.24 所示。

表 5.24　日语母语者组句语料中正确率显示的甲级虚词习得状况

级别	习得较好(正确率＞0.9)	基本习得(正确率＞0.8)
A1	吗	
A2	真、太、一起、挺；对；要是；过	很、非常
B1	很、太、非常、已经、一起、只、才；跟、从、让、离；得	在、比；过
B2	很、不、没有、也、真、太、一起；在、把、被、让；和、要是；得、过、吧	的
C	很、不、也、真、太、非常、别、再、刚、正在；在、给、把、对；和；了、过、吧、就	的

按照表 5.24 中虚词的习得正确率分布，日语母语者习得这些虚词由易到难大致可以排序如下：

　　［吗］＞真、太、一起、［挺］、［对］、［要是］、过、很、［非常］＞［已经］、［只］、［才］、［跟］、［从］、让、［离］、得、在、［比］＞不、没有、也、把、被、和、吧、的＞别、再、刚、正在、给、了、就

对比图 5.3 英语母语者和图 5.4 日语母语者的曲线，总体上 A1 级日语母语者在组句测试中虚词正确率略高于英语母语者，但其他级别上正确率都略低于英语母语者，尤其是在 B1 和 B2 阶段，日语母语者的表现较弱。

英语母语者重组正确率均未达到 0.8 的"得、也"，日语母语者表现较好。5 个级别日语母语者重组正确率均未达到 0.8 的虚词是"都、没、还、还是、因为"，其中"没、还、还是、因为"在中高级没有出现或出现数量很少。英语和日语母语者在中高级阶段"的"基本习得，但正确率均未能达到 0.9。

5.1.3　短文重述语料中甲级虚词正确率

（一）英语母语者短文重述语料中甲级虚词正确率

本节对 85 个在英语母语者短文重述中出现的虚词运用正确率进行分析。和重复句子、组句不同的是，对短文重述中虚词正确率的计算不是把英语母语者虚词运用的正确数与原题中的虚词数相比，因为短文重述并不要求被试完全重复原题，而是将听到的一段话用自己的语言重述，所以这里是把英语母语者正确运用的虚词数与其实际说出来的虚词数相

比。结果发现,英语母语者短文重述语料中虚词正确率大多比重复句子和组句中高一些。这个结果也很容易理解,即英语母语者在口语表达时说出来的词句一般是他们自己感觉比较有把握的,而且口头即时表达与书面写作也有所不同,口头表达不可能像书面写作那样有时间遣词造句,需要第一反应说出自己平时相对比较熟悉的词句,因此正确率相对更高。

本节仍然运用 SPSS13.0 对在短文重述 5 个水平级别英语母语者语料中都出现的 28 个虚词的正确率进行了单向方差分析,结果如表 5.25 所示,5 个级别之间并没有呈现显著性差异($p=0.267>0.01$)。

表 5.25 英语母语者短文重述语料中虚词正确率方差分析

ANOVA

X

	Sum of Squares	df	Mean Square	F	Sig.
Between Groups	.216	4	.054	1.317	.267
Within Groups	5.524	135	.041		
Total	5.740	139			

虽然 5 个级别的虚词运用正确率没有统计学意义上的显著差异,且出现 B2 级正确率反而低于 B1 级的情况,但图 5.5 的组间平均数变化曲线显示 C 级的学习者相比其他几个级别学习者的正确率大幅提高。

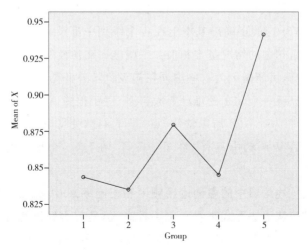

图 5.5 英语母语者短文重述语料中虚词正确率组间平均数变化曲线

本节同样根据这 28 个虚词在各水平级别的正确率对英语母语者的虚词习得情况进行整理。结果如表 5.26 所示。

表 5.26 英语母语者短文重述语料中正确率显示的甲级虚词习得状况

级别	习得较好（正确率＞0.9）	基本习得（正确率＞0.8）
A1	比较、太、就、没有、又、一起；跟、给、让、对；所以、因为、可是、然后、还是；的、了	很、不、也、还、非常
A2	很、也、还、就、又、没有、一起；对；所以、因为、可是、但是、然后、还是	不、太；跟；的、了
B1	很、也、太、还、非常、又；给、跟；因为、可是、所以、然后、还是；的、了	不、都、就、没有；在、对；但是
B2	很、也、太、都、又、只；跟、让；所以、因为、可是、还是、然后；的、了	不、还、非常、就、没有；在、对；但是
C	很、不、也、太、还、都、非常、就、又、没有、比较、一起；跟、让、对；所以、因为、可是、但是、然后、还是；的、了	在

从表 5.26 可以看出，大多数所考察的甲级虚词在英语母语者短文重述语料中的正确率都比较高，28 个虚词中只有"在、都、但是"到 B1 级及以上正确率才达到 0.8，另外"和"和"把"（只在 A1 级语料中出现一例且正确，正确率为 1）的正确率基本上在各个级别中都没有达到 0.8。这与重复句子和组句中的情况基本相似。一些虚词在初级阶段短文重述语料中的正确率高，可能是因为这些虚词在初级阶段的出现频数较低，因为听一段短文比只听一个句子的难度要大得多，对于很多 A1 和 A2 级的英语母语者来说，因为听不懂，所以常常无法进行重述，使得虚词的出现频数比较低，比如 A1 级语料中只有"的、很、了、不、在"这 5 个虚词的频数多于 10 次。

从短文重述语料中的虚词运用频率和正确率来看，虽然一些虚词如"的、了、很"等从语法形式来看正确率较高，但是英语母语者有超量使用或者使用不足的现象。运用频率的差异显示英语母语者对虚词的运用情况并不像正确率显示的那样理想。因此如果单从正确率或偏误的角度来考察中介语的话,也许并不能完全反映出学习者中介语中存在的问题和特征,把两方面结合起来进行观察才能得到更加全面可靠的认识。

(二)日语母语者短文重述语料中甲级虚词正确率

本节对 4.3.2 节表 4.21 日语母语者短文重述语料中 22 个虚词的运用正确率进行了统计。结果见表 5.27。

表 5.27　日语母语者短文重述语料中 22 个甲级虚词运用频数及正确率

虚词	A1		A2		B1		B2		C	
	频数	正确率	频数	正确率	频数	正确率	频数	正确率	频数	正确率
很	60	0.92	86	0.98	80	1.00	28	1.00	17	1.00
所以	15	1.00	23	1.00	20	1.00	15	1.00	3	1.00
的	77	0.92	178	0.92	169	0.93	74	0.89	38	0.95
但是	7	1.00	31	0.97	19	1.00	4	1.00	6	1.00
因为	3	1.00	6	1.00	1	1.00	2	1.00	2	1.00
太	3	1.00	1	1.00	7	1.00	3	1.00	1	0.00
然后	3	1.00	13	1.00	15	0.80	3	0.67		
比较	2	1.00	2	1.00	5	0.60			2	1.00
跟	4	1.00			7	1.00	3	1.00		
让			4	0.75	3	1.00	3	1.00	1	1.00
可是	4	1.00	7	1.00	7	1.00	5	1.00	1	1.00
更	1	1.00	2	0.50			2	1.00		
不	27	0.96	40	0.98	18	0.94	4	0.75	9	1.00
常			2	1.00			3	1.00	1	1.00
在	4	1.00	27	0.96	8	0.75	14	0.93	10	1.00
都	3	1.00	12	1.00	15	0.87	3	1.00	3	1.00
没有	5	1.00	15	1.00	11	1.00	5	1.00	3	0.67
地					2	1.00	1	1.00		
把			3	0.67	3	1.00	5	0.60	3	0.67
着	2	0.50	3	1.00	4	0.75	3	1.00	2	1.00
就	2	1.00	6	1.00	6	1.00	9	0.56	4	1.00
了	28	0.71	82	0.89	36	0.94	27	0.93	7	0.71

通过SPSS13.0对这22个虚词的正确率进行了单向方差分析,结果如表5.28所示,和英语母语者短文重述情况一样,5个级别之间并没有显著性差异($p=0.865>0.01$)。

表5.28　日语母语者短文重述语料中虚词正确率方差分析

ANOVA

X

	Sum of Squares	df	Mean Square	F	Sig.
Between Groups	.033	4	.008	.319	.865
Within Groups	2.396	93	.026		
Total	2.429	97			

5个级别日语母语者虚词运用正确率整体上并没有随着级别的提高而提高,相反却出现了下降的情况,如图5.6所示,A1级正确率最高,C级最低。出现这种情况的原因,一方面是很多虚词频数较低,正确率的偶然性增大;另一方面也反映出在自主表达过程中,随着表述内容的复杂度提高,高级水平的日语母语者在虚词运用上不仅没有明显提高,反而在降低。

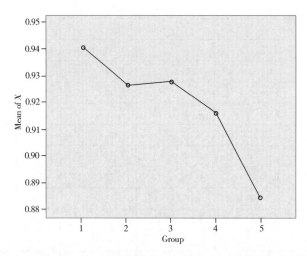

图5.6　日语母语者短文重述语料中虚词正确率组间平均数变化曲线

从表5.27可见,和英语母语者一样,大多数虚词在日语母语者短文重述语料中的正确率都比较高,部分虚词在某一个级别的正确率低于

0.8,如"然后、比较、让、更、不、在、没有、就",在多个级别正确率低于 0.8 的虚词有"把、着、了"。

5.1.4 看图说话语料中甲级虚词正确率

(一)英语母语者看图说话语料中甲级虚词正确率

本节对各个水平级别的英语母语者看图说话语料中均出现的 29 个甲级虚词正确率进行了统计。结果见表 5.29。

表 5.29 英语母语者看图说话语料中 29 个甲级虚词运用频数及正确率

虚词	A1		A2		B1		B2		C	
	频数	正确率	频数	正确率	频数	正确率	频数	正确率	频数	正确率
不	47	0.83	92	0.82	110	0.89	79	0.96	53	1.00
都	5	0.40	16	0.56	20	0.75	7	0.86	12	0.83
非常	5	1.00	9	1.00	9	0.78	11	0.82	9	1.00
更	1	1.00	8	1.00	10	1.00	7	1.00	5	1.00
很	86	0.95	206	0.97	169	0.95	100	0.99	81	0.95
还	11	0.91	41	0.71	21	0.90	12	0.92	18	0.89
没	5	0.20	9	0.56	12	0.67	8	0.75	8	1.00
没有	11	0.91	30	0.50	29	0.59	22	0.73	11	0.73
然后	17	1.00	49	1.00	67	1.00	65	1.00	76	1.00
太	7	0.71	11	1.00	9	1.00	15	1.00	9	1.00
也	7	0.86	40	0.80	41	0.88	25	0.88	19	0.79
一起	4	1.00	15	0.87	14	1.00	6	1.00	11	1.00
再	2	0.00	3	1.00	8	0.50	8	0.88	2	0.50
在	25	0.44	70	0.51	114	0.77	84	0.83	90	0.82
就	1	1.00	8	1.00	40	1.00	23	1.00	114	1.00
把	5	0.80	25	0.56	46	0.76	25	0.80	40	0.90
对	3	0.33	4	1.00	6	0.83	3	0.67	4	1.00
给	1	0.00	6	0.50	4	0.50	6	0.83	5	0.60
让	2	0.50	16	0.94	40	0.95	33	0.97	21	0.95
跟	8	0.75	27	0.85	19	0.89	22	0.82	6	1.00

续表

虚词	A1		A2		B1		B2		C	
	频数	正确率	频数	正确率	频数	正确率	频数	正确率	频数	正确率
但是	9	1.00	28	0.82	30	0.97	25	0.96	41	0.95
可是	21	1.00	61	1.00	59	1.00	51	1.00	12	1.00
所以	64	1.00	141	1.00	151	1.00	90	1.00	59	1.00
因为	17	1.00	36	1.00	42	1.00	30	1.00	10	1.00
和	19	0.79	44	0.73	45	0.64	23	0.61	14	0.86
得	1	1.00	9	0.78	6	1.00	10	0.80	6	1.00
的	96	0.99	327	0.99	311	0.98	242	1.00	166	1.00
了	16	0.88	61	0.87	83	0.87	50	0.94	69	0.97
着	4	1.00	8	0.63	18	0.56	10	0.60	12	0.58

通过 SPSS13.0 对表 5.29 中 5 个级别的正确率数据进行了单向方差检验，结果如图 5.7 所示，随着汉语水平的提高，英语母语者对高频甲级虚词的运用正确率也呈逐步增高趋势，但表 5.30 的方差分析结果也显示各组正确率之间尚未达到统计学意义上的显著差异（$p=0.073>0.05$）。

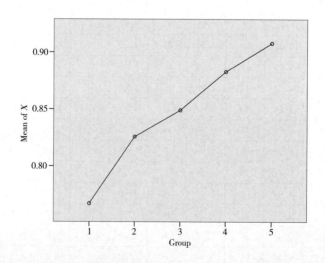

图 5.7　英语母语者看图说话语料中虚词正确率组间平均数变化曲线

表 5.30　英语母语者看图说话语料中虚词正确率方差分析

ANOVA

X

	Sum of Squares	df	Mean Square	F	Sig.
Between Groups	.342	4	.086	2.189	.073
Within Groups	5.468	140	.039		
Total	5.810	144			

根据表 5.29 中的正确率分布，各级别英语母语者看图说话时所表现出的部分甲级虚词的习得状况如表 5.31 所示。

表 5.31　英语母语者看图说话语料中正确率显示的甲级虚词习得状况

级别	习得较好（正确率＞0.9）	基本习得（正确率＞0.8）
A1	非常、更、很、还、没有、一起、就；然后、但是、可是、所以、因为；得、的、着	不、也；把；了
A2	非常、更、很、太、再、就；对、让；可是、所以、因为、然后；的	不、也、一起、跟；但是；了
B1	更、很、还、太、一起、就；让；但是、可是、所以、因为、然后；得、的	不、也；对、跟；了
B2	不、更、很、还、太、一起、就；让；但是、可是、所以、因为、然后；的、了	都、非常、也、再；在、把、给、跟；得
C1	不、非常、更、很、没、太、一起、就；把、对、让、跟；但是、可是、所以、因为、然后；得、的、了	都、还；在、和

根据表 5.31 的虚词使用正确率，英语母语者在看图说话语料中常用虚词习得由易到难大致可以排序如下：

［非常］、更、很、还、［没有］、然后、一起、就、［但是］、可是、所以、因为、［得］、的、［着］＞太、让、［对］、［再］＞ 不、了、［把］、也＞ 跟＞ 没＞ 都、在、给＞和

表 5.29 和表 5.31 显示，"都、也、在、给、和"在各个级别的正确率均未达到 0.9，而有些虚词如"没有、着"则是在初级阶段正确率较高，但到了中高级反而出现正确率下降幅度较大的情况。仔细观察可以发现，虽然初级水平的英语母语者运用正确率较高，但是所运用的形式和前后的搭配语境一般比较单一，比如在 A1 阶段的英语母语者看图画 1 所说的 9

个用"没有"的句子中,有 8 个都是"没有石头"或者"没有东西",而在 A1 阶段的 4 个"着"用例中,两例是"穿着(衣服)",另外两例是"拿着(石头)",到了中高级以后,虚词出现的语境开始多样化,英语母语者开始在多种语境中尝试运用虚词,也就出现了更多的偏误用例,这应该是造成正确率到了水平更高的阶段反而下降的主要原因之一。当然,一些水平阶段的语料数量少也是使得统计结果偶然性加大的一个重要因素。

(二)日语母语者看图说话语料中甲级虚词正确率

上一节考察的 29 个虚词在日语母语者看图说话语料中的使用正确率情况见表 5.32。由于日语母语者看图说话语料相对较少,一些虚词出现的频数较少甚至没有出现,频数少的虚词正确率比较高,这使得图 5.8 所示的正确率组间平均数变化曲线出现起伏的状态,且组间差异均不显著。但如果去掉总频数低于 20 次的虚词,其余的 18 个虚词的正确率平均数变化曲线就呈现了随着水平级别提高而不断提高的趋势。这 29 个虚词运用正确率相对较高,其中只有"在"是各级别日语母语者运用正确率均未达到 0.8 的。

表 5.32　日语母语者看图说话语料中 29 个甲级虚词运用频数及正确率

虚词	A1		A2		B1		B2		C	
	频数	正确率	频数	正确率	频数	正确率	频数	正确率	频数	正确率
不	12	0.75	21	0.90	29	0.90	54	0.96	15	1.00
都			1	1.00	2	1.00	8	0.88	1	1.00
非常			1	1.00			9	1.00	17	0.94
更	1	1.00			4	0.75	9	0.89	1	1.00
很	15	0.93	38	0.95	33	0.94	46	1.00	19	1.00
还	1	1.00	2	1.00	19	0.95	11	0.82	4	1.00
没	1	1.00	3	1.00	8	1.00	25	1.00	3	1.00
没有	1	1.00	4	1.00	11	1.00	22	1.00	5	1.00
然后	4	1.00	21	0.95	25	1.00	47	1.00	34	1.00
太					5	1.00	9	1.00		
也	2	0.50	4	0.75	10	1.00	20	0.90	5	1.00
一起										
再			3	0.00	3	0.33	10	0.20	1	1.00
在			11	0.55	15	0.60	37	0.70	9	0.78

续表

虚词	A1		A2		B1		B2		C	
	频数	正确率	频数	正确率	频数	正确率	频数	正确率	频数	正确率
就	1	1.00	1	0.00	20	0.65	23	0.83	35	1.00
把	1	0.00	2	1.00	8	0.88	22	0.95	7	0.86
对	1	1.00			1	1.00	4	0.75		
给					1	1.00			3	1.00
让			3	1.00	13	1.00	19	1.00	8	1.00
跟	1	1.00	2	1.00			14	0.93	4	0.75
但是	7	1.00	11	1.00	22	1.00	39	1.00	8	1.00
可是			6	1.00	12	1.00	14	1.00		
所以	8	1.00	19	1.00	32	1.00	73	1.00	11	1.00
因为	2	1.00	3	1.00	7	1.00	10	1.00	4	1.00
和	3	0.67	3	1.00	8	0.88	16	0.94	4	1.00
得			1	0.00	4	0.75	4	1.00	3	1.00
的	18	0.94	59	0.90	71	0.93	169	0.90	85	0.85
了	9	0.89	14	0.71	55	0.82	72	0.92	24	0.96
着	1	0.00	1	1.00			5	0.20	4	0.25

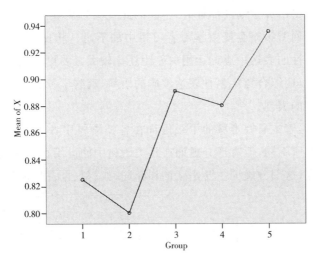

图 5.8 日语母语者看图说话语料中虚词正确率组间平均数变化曲线

5.1.5 汉语学习者甲级虚词正确率小结

综合以上各类型语料中虚词运用正确率统计结果,虽然由于语料性质和数量的差异,各类语料中英语、日语母语者的虚词运用正确率有所不同,但总体上仍可以得到以下一些认识。

首先,在重复句子和组句这两种单句层面且内容和语句限制性较强的测试中,英语母语者和日语母语者的表现比较接近,英语母语者虽然在A1初级阶段虚词重复和重组正确率不如日语母语者,但进步较快,不同水平级别之间的差异也比较显著。日语母语者虽然在A1初级阶段表现较好,但中高级阶段提高幅度较缓,各水平级别之间差异不显著。而在短文重述这种半限制性的成段表达语料中,英语、日语母语者虚词运用正确率的表现较不稳定,水平级别高的日语母语者,其虚词正确率反而低于水平级别低的被试。短文重述和看图说话这两种语料中学习者的虚词运用正确率整体上均高于重复和重组正确率。可见,在主动性强的表达中,学习者会选择比较有把握的虚词,回避把握不大的虚词,因此运用正确率相对较高,但在这种情况下即使正确率在0.8或0.9以上,其习得状况也并非如一般习得研究预期的那样好,不能因此就认为学习者已经习得了,主动表达时的回避策略会掩盖学习者习得中的不足。相比汉语母语者,学习者在限制性的表达中虚词运用的差距还比较大。要更好地了解学习者的习得状况,应综合考察多种表达性质的语料,观察学习者在主动表达和被动表达中的表现。

其次,尽管本研究考察的甲级虚词在各类语料中各级别学习者的运用正确率有所不同,但有部分虚词在几类语料中的运用正确率均比较低,是习得难点,这部分虚词主要是副词和介词,如"都、也、把、在"。

5.2 汉语学习者甲级虚词运用偏误分析

前文主要是通过量化数据了解常用虚词的习得概况,本节将进一步考察英语、日语母语者在各类语料中甲级虚词运用的具体偏误情况。

5.2.1 重复句子语料中的虚词偏误

一般基于学习者自主表达语料如谈话或作文的习得研究,在探讨学习者某个词语或句式的偏误情况时,主要是考察偏误率和偏误类型,偏误率＝偏误次数/总输出次数,常见的偏误类型有遗漏、错序、误代、误加等。

本研究的重复句子语料并非被试自主表达,而是被动输出的诱发式模仿语料,SCT明确要求被试在完成重复句子测试时把听到的词句完整说出来,尽量不要丢失信息和改换词语,所以被试如果能够正确重复整个句子,其语言表现即虚词前后的搭配词语和语法格式与原题是一致的,如果被试不能正确重复,那么重复出来的句子也往往支离破碎,并不完整,而且虚词前后的实词有时也难以辨识。在这种情况下要判断虚词运用的正误,与其考察虚词的语境特征,不如将被试重复出的句子与试题原句相对照,符合原句的即为正确,否则为偏误。这种对重复句子中虚词运用判断对错的标准相对于自主表达来说更加明确,也可以比较好地观察到学习者虚词错漏等问题。

因此,本节在考察分析重复句子语料中的虚词运用偏误时,与一般基于自主表达语料分析的偏误略有不同,包括两种情况:一是既与原句不符又不符合汉语语法;二是虽与原句不符但符合汉语语法。把第二种情况也作为偏误,是因为被试重复出的虚词与原句不符反映出他们不能完全掌握原句的虚词和结构,只能按照自己的理解或中介语表达习惯组织语句,所表达的句义和句法可能在一定程度上偏离了原句的意义。与此相对照的是所有汉语母语者被试都能够完整准确地重复,而学习者做不到完整准确正反映出其语言能力的不足。

由于偏误率与正确率是相对的,前文已经统计了虚词的重复正确率,这里就不再分析偏误率,而只对出现频率较高的虚词在各级别学习者重复句子语料中的主要偏误类型进行分析。由于偏误产生的一个主要原因是母语负迁移,为了更好地了解母语对于习得的影响,本节分别考察英语母语者和日语母语者的偏误情况,并进行有针对性的对比分析。

学习者在重复句子过程中的虚词运用偏误类型主要表现在遗漏、错序、误代和误加这几个方面。不同水平的学习者在这几个方面的表现有所不同。各级别被试重复句子时甲级虚词的遗漏偏误最多,随着汉语口语水平的提高,遗漏偏误在所有偏误中的比例基本上呈逐渐下降的趋势。另外,一些副词如"还、没、没有、挺"和一些助词如"吧、吗、呢"在误代方面的偏误所占比例较大,在中高级阶段仍出现部分虚词互相替代的现象。下面分别对这几类偏误的具体情况进行分析说明。

(一)虚词遗漏

重复句子测试中的虚词遗漏指被试没有说出试题原句中的虚词,具体有三种情况:一是整个句子都没有重复出来;二是只重复了句子的某一小部分,多为前几个字或者后几个字;三是重复了句子的基本语义和绝大部分词语,但是遗漏了部分虚词。前两种情况在初中级阶段比较多,原因是被试听说能力较差,没有听懂句子或者迫于认知压力只能凭记忆重复小片段。这里重点考察第三种情况。

我们从英语母语者7534条重复句子语料中搜检出只遗漏了甲级虚词的句子200个,从日语母语者4597条重复句子语料中搜检出只遗漏了甲级虚词的句子197个。这些句子中多数是遗漏了某个虚词,也有一部分是遗漏了多个虚词,如下面句子中括号里的虚词为英语母语者重复句子时遗漏的词,句子后括号中标注了重复该句子的被试级别。

(1)他还(真)找对了。(A1)
(2)你们那里(的)天气(真)好。(A1)
(3)时间长了(就)熟悉(了)。(A2)
(4)丈夫(对)她挺关心。(B1)
(5)我看一周的时间(也)就够了。(B2)
(6)他到现在工作还没有(呢)。(C)
(7)当时你对大家说(的)话,(很)让人感动。(C)

在 200 个英语母语者重复的句子中遗漏的甲级虚词共 26 个,其中副词"不(2)①、都(16)、很(6)、还(10)、就(23)、没(1)、没有(1)、太(4)、挺(5)、也(23)、已经(2)、再(6)、真(2)",介词"把(2)、对(6)、给(6)、跟(3)、在(5)",连词"跟(3)",助词"啊(9)、吧(3)、得(8)、的(12)、了(30)、吗(13)、呢(5)"。其中遗漏比较多的是"了、就、也、都、的、还、啊"。大部分遗漏发生在初中级阶段,而从 A1 到 C 级都出现遗漏的虚词有"了、就、啊、很、也、的、吗、呢"。

在 197 个日语母语者重复的句子中遗漏的甲级虚词共 30 个,其中遗漏比较多的有副词"就(34)、也(18)、很(14)、都(13)、还(11)、才(10)",介词"对(8)、在(8)",连词"但(3)、跟(3)",助词"了(24)、的(20)、得(4)、啊(4)",从 A1 到 C 级都出现遗漏的虚词有"就、了、的、也、很、都"。这些虚词也多是各级别英语母语者会遗漏的。

这部分虚词到了高级阶段仍会被遗漏,说明汉语学习者掌握得还不够牢固熟练。被试由于语言能力有限,认知上无法快速处理所听到的全部言语信息,在即时的表达中往往就会表现为遗漏意义较虚的虚词。具体观察这些被遗漏的常用虚词,可以发现不管是英语母语者还是日语母语者都有以下一些共同特征:

一是表达语气功能的虚词超过一半。除了介词、连词及"不、没、没有、再、得"以外,大多数助词和副词都有表达语气的功能,其中包括"真、还"这样的语气副词和"吗、呢、啊、吧"这样的语气助词,另外,"很、太、挺、就、也、了、的"等虚词在一些具体的语境中也具有表达语气的功能。杨德峰(2008)在谈副词的功能时首先就谈到了副词的语气功能,如"太"可表达感叹、夸张语气,"就"除了表达关联、时间、限定数量等功能外,也可以表达加强判断或确认的语气。从遗漏的情况可以看出学习者对表语气功能的虚词掌握得不够好,遗漏这些表达语气功能的虚词会使整个句子的语义表达出现缺陷,对于口语交际来说有很大的影响,如:

(8)你会帮妈妈做饭(吗)?(A1)

---

① 括号中数字表示该虚词被遗漏的次数。

(9)他要是有时间的话,(就)会来(的)。(A2)

另外一些表达语气的虚词虽然遗漏无碍基本句义,但因为语气功能表达不到位,也给人不自然或者生硬的感觉,影响口语交际的得体性,如:

(10)我看一周的时间(也)就够了。(B2)

(11)他到现在工作还没有(呢)。(C)

(12)她收到我的传真没有(啊)?(C)

二是固定结构或需前后照应的虚词出现遗漏。主要表现为"太……了"缺"太"或"了","挺……的"缺"挺"或"的","连……都"缺"连"或"都","即使……也""就算……也"缺"也","一……就""如果……就"缺"就","对……感兴趣""对……来讲"缺"对","是……的"缺"的",等等。如:

(13)他太幽默(了)。(A2)

(14)这首歌(挺)好听的。(A2)

(15)就算在家,他(也)不太爱说话。(B1)

(16)他(对)国际贸易感兴趣。(B1)

(17)大多数人还是理解(的)。(A1)

遗漏一些固定结构中的虚词,说明在汉语学习者的中介语中对虚词语块结构的习得还存在不足,掌握还不够熟练,常用的虚词语块结构在中介语中尚未完全形成,所以学习者还做不到在即时的口语表达中进行快速提取和自动加工。这些固定结构大多是在初级阶段就学习过的,如果做语法练习或写作,有充足的时间,应该不会出现这种遗漏现象。这提醒我们在口语教学中要提高汉语学习者运用常用虚词语块结构的熟练度。

三是有的虚词如"就"在被试的母语中没有相对应的功能词,可以看作是目标语有标记性设置而母语无标记性设置,这种情况下母语迁移的可能性较大,也最容易出现遗漏。

相比较而言,日语母语者比英语母语者更容易遗漏的虚词是"就、的、很、才、不",英语母语者比日语母语者更容易遗漏"啊、了"。

(二)虚词错序

重复句子的偏误中错序的情况相对较少。英语和日语母语者出现虚词错序的句子分别只有 50 个和 19 个。有的虚词只有一两例此类偏误句。英语母语者出现错序较多的虚词有"不、都、也、再、还、给、得、的、了"等,日语母语者错序较多的虚词有"给、的、还、不、没、也、再、太、了"。主要的错序问题有以下几类。

一是否定词"不、没"位置偏误。

根据王建勤(1997)对学习者否定结构习得过程的研究,"不"直接否定动词和形容词,不涉及其他成分和结构时,最容易习得。由于英语系动词系统与汉语不完全对应,对系动词的否定表面看起来结构并不复杂,但英语母语者的问题却不少。如:

(18)原句:跑得那么快是不容易的。

重复为:跑得那么快不是容易的。(A2)

(19)原句:他认为孩子是不需要手机的。

重复为:他认(为)一认为孩子不是需要手机的。(C)

(20)原句:目前他离不开这里。

重复为:目前他不离开这里。(B1)

(21)原句:好久没跟他见面了。

重复为:好久跟他没见了。(A2)

从例(18)和例(19)可以看出,学习者对否定词与形容词和动词直接相连的结构进行了拆分,把否定词"不"移到"是……的"结构的前面,使句子否定的焦点出现了转移。其中的原因可能是英语母语者已经将"不是"作为一个整体习得,当句子出现"是……的"这样较复杂的结构时,考虑不到句子的语义焦点,使否定词的位置出现了偏误。例(20)和例(21)也是否定词与其他较复杂的语法结构如补语、介词短语一起出现时,英语母语者也同样是倾向于把否定词简单处理为直接放在动词前面,把否定副词直接放在动词前的结构是英语母语者最早习得的,在中介语中占有强势的地位,从而影响到对其他结构类型的习得。

日语中最常用的否定词"ない"一般都在句末,在动词未然形后面,位置不像汉语否定词那么灵活,也不像英语否定词那样放在 be 动词后面或者其他助动词后面。日语母语者的否定词错序偏误中没有出现英语母语者例(18)和例(19)的情况,但和英语母语者一样会把补语中的否定词及介词短语前的否定词直接放在动词前面,出现了与例(20)和例(21)相同的偏误,如:

(22)原句:即使去了可能也看不到。
重复为:即使去了可能也不看到。(A2)
(23)原句:我好久没跟姐姐见面了。
重复为:我好久跟姐姐还没见面呢。(B1)

英语、日语母语者在否定词错序方面的异同反映出汉语习得既受到母语负迁移的影响,同时也会受到学习者先习得的语言知识的影响,语言迁移会随着学习者语言水平的提高呈现出动态变化的特征。

二是多个虚词尤其是副词连用时出现错序。

英语、日语母语者在重复有多个虚词的句子时容易出现错序问题,如:

(24)原句:他的情况你不都了解吗?
重复为:他的情况你都不了解吗?(B1)
(25)原句:我明天晚上就不再给他们送吃的了。
重复为:我明天晚上再不会跟他们给他们送一送吃的了。(B2)
(26)原句:小王真是个特别耐心的人。
重复为:什么特别真耐心的人。(A2)

虚词的意义较虚,又承担着比较复杂的语法功能,句子中出现多个虚词时对于学习者来说认知压力较大,在处理时往往更容易出现偏误。同时,从上面的例句还可以看到,除了语法层面的问题如例(26)中"特别真"外,连用副词的顺序差异还常会反映所表达的语义重心和语气的不同,如例(24)反问语气的表达,学习者对此缺乏一定的熟悉度和语感,因此容易产生重复偏误。

三是介词"给"的位置偏误。

英语母语者多把原句中"给+N+VP"或"VP+给+N"重复为"V+给+N_1+N_2",如:

(27)原句:我可以给你送过去,就是慢点。
重复为:我可以送给你什么。(A2)
(28)原句:大前天他给我寄了一张明信片。
重复为:大前天他寄给我一个明信片。(B1)
(29)原句:不管怎么样,他也应该回个电话给人家。
重复为:不管怎么样他应该回给他一个电话。(B2)

崔希亮(2005)在考察欧美学生习得汉语介词的偏误时也谈到,像"在、给"等组成的介词结构既能出现在主要动词前,又能出现在主要动词之后,这种现象常常困扰着学习者。因此在重复句子时被试出现介词结构位置不当的问题较多。崔文认为,"从总体上看,印欧语背景的学生在初级阶段喜欢把介词结构放在主要动词的后边,这大概是由于受了母语的影响"。在重复句子测试中,不只是初级阶段,到了中高级阶段学习者仍会倾向于把"给"放在动词后面,这说明母语负迁移的影响不只是在初学阶段,而是贯串整个二语习得过程的,或者说这类偏误到了中高级阶段已经化石化。对此应该在二语教学中给予更多的关注。

日语母语者重复句子时出现介词"给"错序的情况也比较多,主要集中出现在 B1 阶段,其中只有一例是与英语母语者相同的错序问题,把介词结构放在了动词后,如:

(30)原句:他把东西给我送过来了。
重复为:他把东西送给我来了。(B1)

其他错序均为相反的情况,将介词结构放在动词前面,如:

(31)原句:家里要是发生什么事情就打电话给我。
重复为:家里要是发生什么事情就给我打电话。(B1)
(32)原句:不管怎么样,他也应该回个电话给人家。
重复为:不管怎么样,他应该给我打电话。(B1)

日语中没有像汉语"给"这样的介词,与介词语法功能类似的是"に"等格助词,在句子中是把"动作对象+に"放在动词的前面。日语母语者和英语母语者在重复句子时介词"给"的不同错序情况体现了母语的负迁移。

除了上述几种数量相对多一些的错序偏误外,其他还有"了""的"等的位置偏误,如:

(33)原句:他该带五本书,但他只带了三本。
重复为:他该带了五本书,但是他只带三个。(B2)
(34)原句:我一直很喜欢听她唱的歌。
重复为:我一直很喜欢听她的歌听她的歌唱歌。(B1)

副词和主语的位置错序,如:

(35)原句:我跟他走,他怎么走我也怎么走。
重复为:他怎么走也我怎么走。(A1)

(三)虚词误代

误代指学习者在重复句子时用另外一个虚词替代了原句中相同位置的虚词。替代之后也有两种情况:一是替代的虚词是错误的;二是替代之后的句子语法也是正确的。第二种情况在一般的偏误分析中可能不作为偏误来看待,但在重复句子这个任务中,学习者用一个虚词替代了另一个,即使句子是正确的,往往也会与原句语义产生偏差,如把"放心吧"重复为"放心了",虽然两个句子都对,但表达的语义和语气不同,这可以反映出学习者中介语中使用虚词的倾向和特点,因为汉语母语者在重复这些句子时都可以一字不错地重复,不会出现虚词替代的情况。因此,本研究将对这两种情况都进行考察,为行文方便,统称为误代。

误代的数量仅次于遗漏,本研究从英语母语者重复句子语料中搜检出 182 个出现虚词误代的句子,其中被替代的虚词有 30 个,被替代次数较多的有"的、呢、了、挺、就、吧、吗"等。具体情况见表 5.33。

表 5.33　英语母语者重复句子语料中部分虚词的误代情况

原词	替代词																								
	了	的	吗	呢	啊	吧	啦	呀	着	很	都	就	还	太	又	也	不	再	还是	只	更	最	已经	给	在
的(29)	17		3	3	2	2	1	1																	
呢(24)	9	4	5		4	2																			
了(16)		8	3		2	2	1																		
吧(9)	1	2		6																					
吗(8)	1	2		3	1	1																			
啊(7)	6			1																					
着(4)	1	3																							
挺(14)										9				1						2	1	1			
就(10)											4				1	3	1	1							
还(7)											3	1		1				2							
再(5)											4														1
才(5)											1	2								1	1				
都(4)		1										1	1												1
真(4)											3	1													
对(3)																								3	

注：列1是重复句子原题中的虚词，虚词后括号中的数字是该虚词被误代的次数。行1是被试说出的替代虚词，该虚词下面对应的数字是该词替代原句中某虚词的次数。如第二行"的(29)"表示原句中"的"被替代的次数是29，其中有17个被替代为"了"，有3个被替代为"呢"，另外被替代为"啊、吧、啦、呀、着"的次数分别是3、2、2、1、1。

从表5.33中可以发现误代偏误中一个明显的规律，那就是在英语母语者的中介语中相互替代的虚词词性大都相同，表5.33中助词[行2(的)—行8(着)]的替代词基本上仍是助词，副词[行9(挺)—行15(真)]的替代词也基本上在副词的范围内，介词"对"出现的3例误代全部替代为介词"给"。这个现象反映出在中介语的发展过程中，英语母语者对每类虚词的基本语法功能是有一定认知的，只是对具体某类虚词中意义相近的词在使用上存在混淆。

另外从表5.33还可以发现，出现误代偏误较多的是助词，尤其集中在"的、呢、了"上，而且这几个词还出现了相互替代的现象。副词出现误代偏误较多的是"挺、就"。下面重点对这5个虚词在各水平级别误代的具体情况进行分析,结果详见表5.34。

表5.34 英语母语者重复句子语料中部分虚词的误代分布

虚词	A1	A2	B1	B2	C
的(29)	了3、吧1、啦1、啊1、呀1	了9、啊1、呢1、啦1	了3、啊1	了2、呢1、着1	吧1、呢1
呢(24)	了2、啊2、吗2	了4、啊1、的4、吗2	了1、啊1、吗1	了1	了1、吗1、吧1
了(16)	的3	的2、啊1、呀1	的2、吗1、吧1	的1、吗1	吗1、吧1、啊1
挺(14)	很1、只1	很5、只1	很3、更1、最1	太1	
就(10)		都3、不1、又1	也2	也1、都1	再1

从表5.34中这5个虚词在各阶段中介语中的误代情况可以发现以下一些值得注意的现象。

一是一些虚词比较集中地被另外一个虚词所替代,如"的"误代为"了","呢"误代为"了","了"误代为"的","挺"误代为"很",并且这些比较突出的误代现象分布在多个水平阶段,反映出这些虚词容易被英语母语者误代为另外一个虚词,两个虚词之间的语法功能在中介语中的混用现象存在一定的规律,两个在英语母语者中介语中相互误代率比较高的虚词就好像是某种语言中两个语音变体一样,虽然本身有着区别特征,但对于英语母语者来说尚无法完全分辨其区别特征,在某些语境中可以分辨,但在另一些语境中则会相互替代。那么这些可以互代的语境是什么呢?

在初级阶段(A1、A2)19例"的"误代偏误中,有8例是"挺……的"中的"的"误代为"了(5例)、啊(2例)、啦(1例)",如"这个东西挺好玩的"重复为"这个东西挺好玩了(A2)";有7例是"是……的"中的"的"误代为"了(6例)、啦(1例)",如"这对于我来说是十分轻松的"重复为"这对于我来说是十分轻松了(A2)";另外4例主要是短句句末语气误代,如"不要紧的"重复为"不要紧呀(A1)、不要紧呢(A2)、不要紧了(A2)","怪吓人的"重复为"怪吓人吧"。中高级阶段的误代情况也与初级阶段类似,只是数量上相应减少了一些。这说明英语母语者在这些语境中似乎是把"的"和"了"当作可以互代的变体,对于"挺……的""是……的"这样的结构习得尚未形成语块意识。

二是英语母语者对于口语表达中甲级虚词的语体色彩不敏感甚至没有感觉。比如表 5.34 中"挺"多被替换为"很",占误代数量的近 65%,"挺"比"很"更具有口语体色彩,学习者最早学习了"很",在书面语表达或者自主口语输出的语料中,一般也多使用"很"而不是"挺",虽然用"很"还是"挺"在语法上大多数不存在偏误,但从重复句子的误代用例中可以发现英语母语者能够基本理解"挺"的意义,但自己在组织语言时还是倾向于用"很",这反映出他们对于带有语体特征尤其是口语体特征的虚词掌握情况不理想,与汉语母语者相比还存在一定的差异。

三是对虚词所表达的语气感知不足。如语气助词"呢"常被误代为"吗、吧、啊"等,如"谁知道呢"重复为"谁知道吗(A2)","小王一会儿还得去上班呢"重复为"小王一会儿还得去上班吗(B1)","以后还不知道会怎么样呢"重复为"以后还不知道会怎么样啊(B1)","他还欠我一顿饭呢"重复为"他还欠我一顿饭吧(C)"。这几个助词在语气上的差异是很明显的,但英语母语者混用的情况比较突出。由此可见,要让英语母语者更好地了解并熟悉常用虚词语气上的差异,只通过教材呈现这些口语语句是远远不够的,必须进行大量自然的语音输入。

另外替代"就"的词相对比较分散,且误代数量较少,目前还看不出其中的规律。副词"就"的意义和用法较多,高顺全(2012)将"就"分为 5 大类 15 小类,因此副词"就"一直是学习难点,"就"的误代词较分散也从一个侧面说明学习者对于"就"的意义和用法还很不清晰。

日语母语者重复句子语料中共有 96 个句子中出现虚词误代问题,如表 5.35 所示,被替代的虚词有 23 个,被替代次数较多的有"了、的、吧、呢、着、啊、也、挺"等。

表 5.35　日语母语者重复句子语料中部分虚词的误代情况

原词	替代词																		
	的	啊	了	吗	哇	呢	吧	啦	很	没	也	都	还	挺	只	还是	跟	给	或者
了(27)	15	4		5		1	2												
的(12)		2	6	2		1		1											
吧(10)	2	1	1	5				1											
呢(9)	1		1	6	1														
着(7)	5		2																
啊(5)	1		3			1													
吗(1)					1														
也(4)												1	2			1			
挺(3)									3										
好(3)									3										
太(2)									2										
不(2)										2									
还(2)									1	1									
更(2)									1			1							
才(2)												2							
又(1)												1							
很(1)														1					
就(1)															1				
特别(1)									1										
在(1)	1																		
跟(1)																		1	
给(1)																	1		
还是(2)																			2

日语母语者和英语母语者在虚词误代问题上具有共性，替代的虚词词性相同，而且也主要集中在助词"了、的、吗、呢"和副词"挺"等词上，一些虚词也出现相互替代以及语体和语气的问题。略有不同的是，英语母语者更多将"的"误代为"了"，而日语母语者则更多将"了"误代为"的"。

(四)虚词误加

误加指的是试题原句中没有但被试在重复句子时添加上了虚词。目前搜检到英语、日语母语者误加虚词的例子分别只有60个和48个。这里讨论的误加也包括两种情况,一是所加虚词用法有误,二是所加虚词用法无误。第一种情况约占82%,第二种情况约占18%,虽然第二种情况增加的虚词在句子中本身语法正确,但与原句相比语义还是有所不同,如"他认识小李吗"重复为"他认识小李了吗"(A1)。因此本研究把这两种情况都作为误加用例进行考察。

英语母语者误加次数较多的虚词是"的(12例)、了(12例)、吗(6例)",都是助词,占全部误加数量的50%。此外还有"跟(连)、就、很"等17个虚词。日语母语者误加次数较多的虚词是"的(13例)、了(7例)、很(6例)",占全部误加数量的54%。因其他虚词被误加的数量较少,因此这里重点考察误加"的、了、吗、很"的情况。

先看误加"的"的情况。初中级阶段英语母语者有"的"使用泛化的现象,所加的"的"用法也大多不正确,到了高级阶段,误加"的"的情况相应减少,往往是对原句的语法结构进行改造时加上了"的",所加的"的"就该句子来说有的是正确的,如:

(36)原句:我不知道他们现在怎么安排的。
　　　重复为:我不知道他的现在的安排的。(A1)
(37)原句:这件衣服看起来很贵。
　　　重复为:这件衣服看起来的很贵。(A2)
(38)原句:我原来一直以为他是大学老师。
　　　重复为:我原来一直以为他是大学老师的。(B1)
(39)原句:这件事从现在的状况来看,几乎没有可能。
　　　重复为:这件事从@①的情况来看是不能解决的。(B2)
(40)原句:你回来的话,实际上对你的事业特别有帮助。
　　　重复为:你回来的话,对你的事业上有特别的帮助。(C)

---

① @在SCT语料转写中表示说话人无法听辨的话语,下同。

日语母语者误加"的"的情况在各级别均有分布,情况也类似,多是副词、代词、形容词后冗余使用"的",这与英语母语者的表现略有不同,如:

(41)原句:这是非常简单的事情。
重复为:这是非常的简单的事情。(A1)

(42)原句:要达到他这个水平的话可能不太容易。
重复为:要达到他的水平的话不容易。(B1、C)

(43)原句:很高兴能够再次见到你。
重复为:很高兴的再见到你。(B2)

英语母语者"了"的误加情况也与"的"类似,初中级阶段用例和偏误较多,高级阶段用例少,用法也基本正确,如:

(44)原句:我给妈妈打电话,说我想去上海玩儿。
重复为:我给妈妈打电话说我上海玩儿了吗?(A2)

(45)原句:什么时候还想去吗?
重复为:什么时候还想去了吗?(B1)

(46)原句:钱我已经给他了。
重复为:钱我已经给了他了。(B2)

(47)原句:如果没记错的话,这话他至少说了三次。
重复为:如果没记错的话,他这句话已经说了三次了。(C)

日语母语者"了"的误加情况也与"的"类似,各级别差别不大,如:

(48)原句:小明隔一周给妈妈打一个电话。
重复为:小明妈妈一周末打电话了。(A1)

(49)原句:他另外要开一家商店。
重复为:他另外要开了商店。(B1)

(50)原句:老王在这家公司工作十年了。
重复为:老王在这家公司做了工作十年了。(C)

英语母语者误加"吗"的情况只有 6 例,偏误主要集中在初级阶段,中高级阶段较少,如:

(51)原句:他特别想要一辆自行车。
　　重复为:他特别想要用特别车吗?(A1)
(52)原句:这个柜子你看放哪里最好?
　　重复为:这个柜子去哪里放在@吗?(A2)
(53)原句:目前的情况,跟你们预测的是不是一样?
　　重复为:目前的情况跟你预测的不一样吗?(C)

在目前看到的例子中,初级学习者会给陈述句加"吗"变为疑问句,给特殊疑问句加"吗"变为一般疑问句,高级学习者也会把是非问句通过加"吗"变为一般疑问句。因此可以推测学习者中介语中也存在"吗"的超用泛化现象,学习者在疑问句系统中更倾向于使用带"吗"的一般疑问句。情况是否如此还需要更多语料进一步验证。

日语母语者误加"很"的情况有 6 例,如:

(54)原句:她人长得漂亮,性格又好。
　　重复为:她这么漂亮,性格很好。(A1)
(55)原句:这里真的比较安静。
　　重复为:这里比较很安静。(B1)
(56)原句:他吃饭吃得少,所以人也长得瘦。
　　重复为:他吃得很少,所以很瘦长得很瘦。(B2)

虽然误加"很"之后句子本身多是正确的,但反映出被试超用"很"的倾向。

5.2.2 组句语料中的虚词偏误

为了更清楚地了解汉语学习者组句测试语料中的虚词偏误情况,本研究搜检了英语、日语母语者组句语料中的全部偏误用例,总数分别为 486 个和 295 个,分别包括副词 179 例和 140 例,介词 104 例和 44 例,连词 14 例和 5 例,助词 189 例和 106 例。前文谈到,SCT 组句测试要求被试将打乱顺序的三个语言片段重组为一句结构语序正确的话,主要目的是考察被试对句子结构的掌握情况。虽然组句语料中虚词的偏误也有遗漏以及误代、误加等问题,但主要表现为语序错误。本节主要分词类对这些虚词的偏误情况进行分析。

(一)副词偏误

英语母语者组句语料中的 179 例副词偏误共涉及 22 个副词,按照偏误实例由多到少的顺序,这些副词是:很(40 例)、都(22 例)、没有(21 例)、就(18 例)、还(16 例)、太(9 例)、没(7 例)、只(7 例)、别(6 例)、真(5 例)、在(5 例)、挺(4 例)、也(4 例)、非常(3 例)、还是(2 例)、已经(2 例)、再(2 例)、正在(2 例)、才(1 例)、又(1 例)、总是(1 例)、最(1 例)。

日语母语者组句语料中的 140 例副词偏误共涉及 21 个副词,其中偏误用例较多的副词有:没有(24 例)、都(17 例)、就(16 例)、很(13 例)、别(12 例)、不(10 例)、刚(6 例)、太(5 例)。

归纳总结英语、日语母语者组句语料中的这些副词的偏误,主要有以下一些共性特征。

一是把副词放在了动词或形容词的后面,如:

(57)原题:都/完了/卖

组句:卖都完了。(B1)

(58)原题:忙/他/太

组句:他忙太。(B1)

二是出现副词和其他词语的搭配错误,尤其是一些惯用结构和句式,如:

(59)原题:不/惯/吃

组句:不吃惯。(A1)

(60)原题:一个人/没有/想走

组句:一个人没有想走。(A1、A2)

(61)原题:这个计划/没有/变了

组句:这个计划没有变了。(A1、A2、B1、B2、C)

在例(61)中,正确的重组句应该是"这个计划变了没有",这是口语中常见的一种疑问句式,可是对于英语、日语母语者来说,即使到了高级水平对"没有"的用法也仍然只知其一,不知其二,而且对"没有"后面一般不用"了"缺乏认知和语感。

英语、日语母语者组句语料中副词错序的问题也有不同的特征。英语母语者常把副词结构做谓语的句子说成副词结构做定语的偏正结构,但日语母语者没有出现此类错序问题。这类问题集中在"很"等程度副词的使用方面。从 A1 到 C 级英语母语者都有此类偏误用例,如:

(62) 原题:能力/他/很强
组句:他很强能力。(A2)
(63) 原题:这个城市/很美/风景
组句:这个城市很美风景。(B1)

主谓谓语句在汉语和日语中都是常见句式,"这个城市风景很美"翻译为日语是"この町は景色が美しい",这里的"は"和"が"分别是大主语和小主语。但英语中没有主谓谓语句这种句式,也没有大小主语之分。如果把汉语的主谓谓语句翻译为英语,往往需要转换句式,比如对于汉语中大小主语是领属关系的主谓谓语句,英译方案一是将其转换为谓语动词表示领有(如 own/have/enjoy 等)的主谓宾结构:"This city has very beautiful scenery";二是将大小主语的关系处理成表示领有的形容词性物主代词、所有格、of 介词结构:"The scenery of this city is very beautiful"(袁辉、赵明月 2020)。因此,对于英语母语者来说,在组句时容易将做谓语的副词结构像英译方案一那样错放到小主语的前面变成修饰语。

总之,副词的种类较多,与英语和日语中副词的范围和性质也各不相同。英语、日语母语者虽然对副词的语法功能有一定的了解,但熟练度和敏感度还有很大的不足,对一些口语常用的格式也还缺乏足够的认知。

(二)介词偏误

英语母语者组句语料中的 104 例介词偏误,涉及 11 个介词,按照偏误用例由多到少的顺序分别是:把(23 例)、在(19 例)、给(16 例)、被(15 例)、比(8 例)、跟(8 例)、从(5 例)、对(3 例)、往(3 例)、离(2 例)、让(2 例)。

日语母语者组句语料中的44例介词偏误,涉及11个介词,错序较多的是:把(14例)、在(12例)、给(5例)、被(3例)、跟(2例)。

英语、日语母语者的介词偏误用例归纳起来有以下一些比较突出的特征。

一是介词短语后移。这类问题集中表现为"把、被、给、从"的运用偏误,如:

(64)原题:一下/把冰箱/修理
　　　组句:修理把冰箱一下。(A1、A2)
(65)原题:给手机/忘了/充电
　　　组句:充电忘了给手机。(A2)
(66)原题:被他/打碎了/花瓶
　　　组句:打碎了花瓶被他。(B1)
(67)原题:把消息/告诉他/没人
　　　组句:没人告诉他把消息。(B1)

二是对介词前的主语和介词后引出的对象往往缺乏准确的语义判断,出现把对象提前为主语,或把主语放在介词后做宾语的现象,如:

(68)原题:我/高/比
　　　组句:我比高。(A1、A2)
(69)原题:传开了/被/消息
　　　组句:被消息传开了。(B1)

在像例(68)这样的偏误中,被提前为主语的大多数是"我、你"这样的词语,可见在汉语学习者的中介语中,有把人称代词固定为主语的倾向,在听到人称代词后的第一反应就是做主语,对于虚词运用的不同结构形式敏感度不足。

另外还有一道题是"好像/在家/没有人",汉语母语者无一例外都会重组为"好像没有人在家",而8个英语母语者的用例都是"在家好像没有人"或"好像在家没有人",日语母语者也有多个同样的错例。被试的这个组句错例如果是汉语母语者来表达的话,往往是"家里好像没有人",一般不会用"在"。这说明学习者可能是将介词"在"的语法形式简单地等同于表示处所,不了解介词短语的语用意义。

(三)连词偏误

因为组句主要是单句层面的测试,所以出现的连词不多,英语、日语母语者的相关偏误用例也只有 19 例,主要是"和;先……然后;因为……所以;虽然……可是"等虚词,说出偏误句的也主要是 A1、A2 和少数 B1 级的被试。这些试题比其他试题长,因此对初中级阶段的被试来说往往很难在听了一遍之后重组说出完整的句子,连词所表达的逻辑关系也不清楚,显得比较混乱,如"他虽然很忙,所以他来超市的时候他还(原题:抽时间来了/可还是/他虽然很忙)"(B1)。在这些偏误句中有一类问题值得注意,那就是"是因为"的用法,例如原题是"路上太堵了/他迟到/是因为",正确的重组是"他迟到是因为路上太堵了",但 A1、A2、B1 级的日语、英语母语者都有多例重组为"因为路上堵车,他迟到了"。被试完全听懂了原题的意思,但却没能按要求正确重组,而是习惯性地把"因为"放在句子开头,这反映出学习者对一些虚词句式的运用还比较单一。

(四)助词偏误

在英语母语者 189 例助词的组句偏误中,错误较多的有:的(77 例)、了(74 例)、得(19 例)、吗(15 例)。日语母语者 106 例助词的组句偏误中,错例较多的有:了(61 例)、的(22 例)、吧(8 例)、得(5 例)。

这部分偏误与重复句子语料中的误代和误加有相似之处,主要表现为"的"和"了"、"吗"和"吧"互相代替,其他偏误包括遗漏和错序。

多个水平等级(A1—B2)英语、日语母语者都有超用结构助词"的"而遗漏语气助词"的"的现象。比如在原题中只有"爸爸、妈妈、弟弟、朋友、电话、护照"等名词,而英语母语者在重组句子时往往会加上结构助词"的",说成"我的爸爸""你的护照",像"他儿子""他动作真快"等也一般都会说成"他的儿子""他的动作真快"。另外像"(是)……的、挺……的、够……的"在英语、日语母语者重组句子时往往会遗漏"的"或把"的"变成"了",以及出现错序现象,如"他去的开车""够的热"。

初级日语母语者对于"动词+的+名词"结构进行重组时多改为"名

词/代词+的"的形式或遗漏"的"等,如"你的帮助/他取得的成绩/离不开"被重组为"他取得成绩离不开你"(A1),"好像被/昨天发的信/退回来了"被重组为"昨天发了信退回来了"(A1),"大部分是/她写的书/关于爱情的"被重组为"大部分的书是关于爱情"(A1),"很漂亮/刚买的新车/张先生"被重组为"张先生这个新车很漂亮"(B1)。

在与"了"有关的偏误中,一个比较突出的现象是,英语母语者有一多半(近50例)的"了$_2$"并没有放在句末,如把"散步/他/去了"重组为"他去了散步"而不是"他散步去了",把"V去了"说成"去了V"的偏误句英语母语者有16例,日语母语者有15例,而且从初级到高级的学习者都出现了此类问题。另外,日语母语者还多把句中动词后的"了$_1$"放在句末,如把"捡到了/他/一部手机"重组为"他一部手机捡到了"(A1),"一场/下了/雨"重组为"一场雨下了"(A1),"他忍不住/起来/笑了"重组为"他忍不住笑起来了"(B1)。这一方面是受到日语"OV"结构影响把动词宾语放到了动词前面,另一方面也可以看出,学习者对于"了$_1$"和"了$_2$"的用法还不够清楚,特别是对于一些如"V去了"这样的语块类的结构掌握不足。

在英语母语者19例"得"的偏误中有18例都没有理解"得"后接补语的语法功能,而都是把"得"放在了句子末尾,如"今天很早起得(原题:很早/他今天/起得)"。可以推测英语母语者在听到"de"时,第一反应就是"的",两个"de"虽然语音相同,但语法功能不同,在书面形式中因字形不同容易区别,但在口语中就只能通过"de"前后的词语性质来判断,而英语母语者对此显然敏感度和熟练度不够。日语母语者5例"得"的偏误也都是同样的问题,把"得"字补语结构重组为"的"字结构,如把"写得/他的字/比我好"重组为"比我好他的字写得"(A2)或者"他写的字比我好"(B1)。

5.2.3 短文重述语料中的虚词偏误

本研究从短文重述的英语母语者语料中搜检出409个甲级虚词的偏误用例,涉及45个虚词;从日语母语者语料中搜检出126个甲级虚词的偏误用例,涉及25个虚词。这些虚词基本上包括了5.1.3节考察短文重述语料中虚词正确率时所统计的词,只有"因为、所以"这两个词没有出现偏误用例。此外,有些虚词的偏误用例只有 1 个或几个,无法提供足够的信息,因此本节主要对短文重述语料中偏误用例较多且问题较突出的虚词进行分析,如"很、比较、就、都、不要、不、没(有)、把、在、给、和、但是、因为、的、了"等。

(一)副词偏误

一是程度副词的问题。英语母语者往往会出现多个程度副词连用的问题,如"鸡蛋很多吃法非常很好吃"(A2)、"(汽车)比较很方便"(B2)、"他们还了他很太多钱"(A2)。这种偏误用例无一例外都是"很"和其他程度副词连用,反映出英语母语者有滥用"很"的现象。另外,关于副词"很",前文在组句部分的偏误分析中曾谈到,英语母语者常常把主谓谓语句结构的"他能力很强"重组为"他很强能力"这样的偏正结构,在短文重述语料中也有不少像"爬山是很好运动"这样的用例,还有像"过去的老师是很好"这样的句子,这说明英语母语者尤其是初中级被试不仅对主谓谓语句掌握不好,而且可能是把"很+形容词"结构作为一个形容词来使用,不能像汉语母语者那样会运用"挺、非常、可"等语气强弱不同的副词来使表达更准确自然。这也是导致前文谈到的英语母语者在短文重述时"很"的使用频率大大高于汉语母语者的一个原因。

日语母语者 6 例有关程度副词"很、比较"的错例中,有 2 例是连用问题,如"拼图它很比较难"(A1),但并没有像英语母语者那样把"很+形容词"结构固定来用。日语母语者还有将"很"放在一般动词前的问题,如"那个书店(店员)很笑了"(A2)、"路上很堵车"(B2)。原题中并没有对"笑"和"堵车"进行程度上的表达,被试在重述时均误加了"很"。

二是英语母语者混用副词"就"和"都"的问题。比如"(健身房)不管天气就[都]可以做(运动)"(C)、"今天天气很好,所以小明和他的全家,他们都[就]决定去公园吃野餐"(C)、"鸡蛋煮几分钟以后都[就]可以吃饭"(A2)。这种现象在前文对重复句子语料的分析中也谈到过。此外,"就"和"都"的偏误还表现为超用"就",有时候是不需要用而用了,显得多余,如"裤子大减价,所以买了两条,她就觉得很满意"(B2);有时候一些中高级英语、日语母语者有把"就"作为话语标记运用的倾向,如英语母语者"一天,他去逛街,就看到他很喜欢的电影光盘,他就买了,回到家以后,他就看到,他已经有这个电影光盘"(B2),日语母语者"水是我们的生活中最常见的一个一种物质,然后我们的地球百分之七十就海水,我们常喝的那种淡水就不到百分之一"(B2)。

关于"都",英语母语者有多个用例是把副词"都"用作定语,表示"所有的、全部",具体表现形式为把"都"直接放在名词或主语前,如"有两种电话,有一个叫固定电话,都的电话有自己的号码"(A2)、"城市里的人都时间很少"(C)。日语母语者对"都"的1个错例是将"都"直接放在了名词前,没有用动词,即"他们都尺子,尺子是生活中很有用的,有短的,有长的"(B1)。不仅是"都",日语母语者运用"才、最、先"等副词时也有同样的直接接名词的问题。

可见,英语、日语母语者对"就"和"都"等副词的语义和语法功能的掌握还有很大的不足。

三是副词"不要"的问题。很多英语母语者还不了解"不要"是作为一个副词用来表示"禁止和劝阻"的意义,而是把"不要"等同于"不需要、不用、不希望、不想"等,如"健身房是一个好的锻炼的地方,人们可以来,不要[不用]关注外面的天气"(B1)、"你看前面的车,因为你不要[不希望/不想]有一个车祸"(B2)等,还有像"住在郊区,要去城市不要花很多时间(原题:去城里一般花不了很多时间)"(B1)这样回避补语形式而改说非补语的形式。

另外,关于否定副词的偏误,一是有很多"不"和"没(有)"混用的现象,二是如"他们还没下班了"这样"没(有)+了"的偏误。有关学习者否定副词的运用问题将在第六章和第七章中进一步讨论。

(二)介词偏误

英语、日语母语者介词运用的问题均主要表现在"把、在、给"这几个词的偏误上。

一是介词"把"和"在"冗余。有些句子并不需要使用介词"把"或"在",如"她把小狗带它去散步(原题:她带着小狗去散步)"(A2)、"爸爸妈妈还没下班,小王把菜把饭要做给爸爸妈妈"(B2)、"星期五早上他在五点钟起床"(B1)、"在地球百分之七十是水"(B2)、"冬天的时候飞往在南方"(C)、"小红在超市买东西,买好的时候想走,但是那时候在外边看到下大雨"(B2)。

二是在运用介词时往往形式不完整。"把"的语用和语法形式问题在各个水平级别语料中都存在。英语母语者常缺失"把"字句后的宾语或动词,如"不同种做饭的方法,一种是把[ ]在开水里"(B1)、"你可以把蜂蜜[ ]在开水里"(A2)。日语母语者则对"把"后的补语形式掌握不足,如原题是"网络把世界各地的人们联系在一起了",日语母语者表述为"(网络)是把世界朋友一起联系"(A2)、"(网络)还能把全世界的人都可以联系"(C)。另外,"在"后往往缺失方位词,如"我们在网络可以看了很多东西"(B1)、"在房间没有人"(A2)。

三是介词错序问题。主要是"给"的问题,如"他就打给书店电话"(A2)、"筷子也是礼品,我们送给筷子,送朋友给筷子(原题:筷子还常被设计成礼品,用来送给朋友)"(A2)。这种偏误和前文重复句子和组句语料中的问题相同。

(三)连词偏误

连词的问题是短文重述中最值得关注的问题。因为重复句子和组句限于单句层面,连词的用例不多。短文重述是语段表达,为考察汉语学习者运用连词的情况提供了丰富的信息。综合来看,主要有以下几个方面的问题,涉及"但是、或者、和"以及"因为、可是"等虚词。

一是英语、日语母语者多把"和"用于连接句子和谓词词组以及用两个"和"来连接三个并列成分,如"他不喜欢他的工作,可是,然后他越来越舒服和他越来越棒"(B1)、"散步是一种很好的运动和为了身体好"(B1)、"咖啡和茶叶和可可"(A2)。"和"的偏误应该是两类被试分别受到英语中"and"和日语中"と"的影响,"and"和"と"都比"和"的用法广泛,既可以连接词语,也可以连接句子,还可以用于连接两个以上的并列词语。另外英语、日语母语者短文重述语料中还有把"或者"与"还是、和"混用的现象。

二是英语、日语母语者在没有转折意义的情况下过多运用"但是",似乎把"但是"用作一种话语标记,如"星期天小李在办公室加班,但是他想回家的时候外面下大雨,他有点紧张,因为没带伞,但是正好他的同事小张也回家"(C),这个例子中被试听到的原文只是一个单纯的叙述,并不需要表达很强的转折意义。再比如"唱歌是个很好的娱乐活动,但是你一定要好好学,练习,但是很多人觉得唱歌可以放松一点"(C)、"他们先做炒炒什么,但是做好了,她尝尝,但是这个很甜,原来她,她吃的糖"(A2)。相比之下,汉语母语者语料中所有的"但是"用例都具有转折意义,并非话语标记。

三是"因为"超用。单独来看,英语、日语母语者使用"因为"都谈不上错误,其正确率均为1。但通过对比英语、日语母语者语料与试题原文及汉语母语者语料可以发现,英语、日语母语者把原题中"……,原来他把手表调快了十分钟"全都复述为"……,因为(手表调快了十分钟)",而汉语母语者则全部复述为"原来"。从这个例子可以了解到,汉语学习者虽然听懂了原题的意思,但仍习惯于使用自己熟悉的更简单的虚词,这也是造成前文统计的"因为"在汉语学习者语料中频率过高的原因。

(四)助词偏误

英语、日语母语者短文重述语料中助词方面的问题主要是"的"和"了"的偏误。

一是"的"的问题。除了前文谈到的重复句子和组句时过多使用结构助词"的"(如"香蕉是人们的很喜欢的水果")以外,比较多见的搭配偏误还有在动词或形容词前误加结构助词"的",如"很大的吃惊、很大的打折、听我们的说话、人们的普遍喜欢的一种裤子、但是它的便宜";在数量结构后误加"的",如"这个的方法、很多种的伞、十分钟的以后、唱歌是一种的艺术"。汉语学习者不仅超用结构助词"的",还常有误加语气助词"的"的问题,如"小红去了理发店的,然后要剪头发"(C)。相比较而言,日语母语者在句尾误加"的"的情况更多,超过70%,各个水平级别的被试都有同样的问题,如"养花让人心情愉快的、他迟到的理由是堵车的"。在超用之外,日语母语者还同时存在遗漏"的"的问题,如"散步很好[ ]习惯"

(A1)、"回家[ ]时候外边下了大雨"(A2)、"咖啡厅除了有很好喝[ ]咖啡以外,环境也很重要"(B1),如果将这三个句子中的画线部分翻译为日语的话,分别为"散歩はいい習慣だ""家に帰るとき""おいしいコーヒー",可以看出,日语这些句子结构中的名词前并没有类似"的"的功能词"の",此类偏误应该是受到了母语负迁移影响。

二是"了"的问题。英语母语者主要表现为"没+了",如"小王想找到一套房子租,可在他的工作的附近找,可是一个月还没找到了……"(B1);"了"和"的"混用,如"小红在网上买了一本书,但来了时候这不是她想要的书"(B1);另外还有英语母语者在动词后误加"了$_1$"的问题,如"去了剪头发去了"(B2)、"发现买了错了"(B2)等。当然,除了这里重点谈到的误加"了"的问题外,还有不少偏误属于语法形式的问题,如语序有误、加在名词后等,这些问题与重复句子和组句中的情况类似。在4.3节短文重述中的虚词频率统计分析中曾谈到英语母语者相比汉语母语者有明显少用"了"的问题,如果再去掉这部分误加的"了",那么英语母语者在口头表达中少用"了"的现象就更为突出了。

日语母语者短文重述语料中"了"的偏误最多,共有72例,占比达57%,除了少量"没+了"以及"了"与"的"混用的问题外,主要表现为误加句尾语气助词"了$_2$"和遗漏表动作完成的"了$_1$",这两种偏误分别占约17%和50%。"了$_2$"在句末,主要用于肯定事态出现了变化或即将出现变化,有成句的作用,日语母语者表达的语句并没有这样的语义却在句尾多加了"了$_2$",这种问题一是在形容词谓语后多加"了",如"打乒乓球很有意思了"(A1)、"早上的闹钟没响了,他吃惊了"(A2);二是在动词或动宾结构后多加"了",如"今天天气很好,小明决定去了,如果刚到了,刚到的时候就下雨了,小明不高兴"(A2)、"电话是非常重要的发明了,如果没有电话的话,我们的距离就不能跟那么远的人一起联系"(B2)。遗漏"了"的情况更多,主要表现为遗漏表示动作完成的"了$_1$",如"奶奶家的小猫走丢了,奶奶找[ ]很多地方也没找到"(A2)、"小王想在公司附近找一套,租一套房子……刚好小王一个同志也在找房子,他们合租[ ]一套房子"(C)。

5.2.4 看图说话语料中的虚词偏误

英语母语者看图说话语料中的虚词偏误共有550例,包括副词247例、介词172例、连词66例、助词65例。涉及的虚词48个。有的虚词偏误只有少数几例,偏误用例较多的虚词有"不、没有、没、很、就、也、都、还、先、不要、再;在、把、给、让;和、跟、但是;的、了、着"等。

日语母语者看图说话语料中的虚词偏误共有246例,涉及32个虚词,包括副词72例、介词38例、连词8例、助词128例。偏误用例较多的虚词有"不、就、很、又、没、也、还;把、在、让;了、的、着"等。

看图说话语料中的虚词偏误与短文重述部分的虚词偏误情况有一些相同,如:多个程度副词连用,如"孩子非常很高兴"(B2);把"很好"当作一个形容词来使用,如"很好人、很好爸爸、很好主意、很好娃娃";把"不要"的意义等同于"不想、不希望"等。另外,基于比较清楚明确的图片故事内容,可以发现被试在表述中的虚词偏误类型以遗漏为主,尤其是"把""了",如"孩子放石头在水中"(A2)、"妻子交给丈夫孩子"(B1)、"爸爸放了孩子在椅子上"(A2)、"爸爸从别的地方带很多小石头"(B2)。日语母语者语料中"的"的偏误类型则多为误加,如"妈妈的存在就是非常的伟大的"(C)。

除了上述问题之外,还有以下一些值得关注的现象。

一是一些汉语学习者口语中的虚词偏误并没有出现在笔语中。比如,在短文重述和看图说话语料中英语母语者把"和"用来连接句子的偏误很多,日语母语者口语语料中也有用两个"和"连接三个名词及连接句子的偏误,但在英语、日语母语者的笔语中只有用于表达"名词和名词"的例子,如"爸爸和孩子",并没有出现像口语中的那种连接句子或连接三个名词的偏误情况。再比如,英语母语者"把"字句的偏误也全部出现在看图说话口语中,即使是同一名被试如B2级的031号英语母语者在口语中出现了多次"把"后遗漏方位词的问题,如"爸爸把孩子放在这个椅子",但在其笔语中却没有发生这样的偏误,写的是"一个孩子把小石头扔在海里""把很多大石头放在海的旁边"。同样对比同一名日语母语者在看图说话口语和笔语中"把"的偏误用例也发现,约70%的情况是被试在口语中遗漏了"把",但在笔语中表述同一内容时使用了"把",其中有70%使用正确。虽然本研究收集到的笔语语料相对于口语的要少,但仍可以看出多数虚词的偏误用例尤其是语言形式方面的问题口语中都比笔语中更多。这说明一些虚词的语法规则汉语学习者是掌握了的,如果有足够的考虑时间是可以写出正确句子的,但由于即时口语表达缺少思考时间,要表达得准确,对语言形式和规则必须形成习惯,达到较高的熟练度才能够做到。对于学习者来说,口头表达时虚词运用的熟练度还存在比较大的不足。

当然也有些虚词在口语和笔语中的运用情况比较复杂,在总体上笔语表现优于口语的同时,也存在较大比例相反的情况,如日语母语者语料中22个"了"的偏误用例中有12个是口语中遗漏了"了",但笔语中正确使用了"了";也有5个用例是口语中没有用"了"且表达正确,但被试在同一内容的笔语中误加了"了";另有5例是口语中正确使用了"了",但笔语中却遗漏了。这说明学习者对一些难度较大的虚词的运用处于不稳定状态。

另外,汉语学习者在口语中还往往会反复在一个信息点上使用多种表达方式,不断修正自己的语言,比如"他们找不到,嗯,不找到,丢完了,找不到石头"。到了B1、B2级,这种自我修正的现象更多,如先说"没",然后马上更正为"不",再如"把这石到,把这个石,扔,嗯,拿到,拿到海,海边"等。这也反映出即使到了中高级阶段,学习者的口语表达仍不够熟练自如,不断修正对于口语表达的流利度和效果有很大的影响。因此,口语教学应更重视提高学习者口语常用词语和语法的熟练度,而不是过多地把精力花在学习更多更难的词语和语法上。

二是英语母语者在独白叙述中常使用对话的表述方式,表现在虚词上,如"他们找不到别的石子,他们走吧"(B1)、"这个小娃娃可能也别[不会]大哭"(A2)等。可以看出,英语母语者把常在对话中表达特定语气的"吧"和"别"等虚词用在叙述独白中,一方面说明他们对于虚词的语气功能使用有误,不了解对话和独白两种语言功能变体中虚词运用的特点,另一方面也说明他们独白叙述的表达能力不足。在语料调查过程中，常常有留学生以图画中人物身份做对话的方式代替第三者的叙述。相比较而言，日语母语者在这方面的问题虽然没有英语母语者明显，只有两名日语被试在看图说话时使用了对话方式，但在独白叙述时往往会遗漏"了""就"等表示动作、事件的状态及标志前后文关联的虚词，使得叙述不够连贯，如"小孩子扔石头，他的爸爸也扔石头，他们找石头，可是他们找不到石头，所以晚上他的爸爸把石头拿起来，明天早上，他们找石头，石头的山"(B1)。第四章关于虚词运用频率的研究数据也显示，与汉语母语者相比，英语、日语母语者在看图说话语料中均显著少用"了"和"就"等虚词。因此，口语教学在语言输入时不仅要控制好非正式的语体特征，而且要注意给学习者呈现的口语语境和表达方式要更多样化，即使在初级阶段也不能只教对话体口语。

三是汉语学习者不光在"没"后常误加"了"，而且在"还、一直"等虚词后也常误加"了"。英语母语者语料中一共有18例"还"的偏误，其中有一半是在"还"后误加了"了"，如"但是做了这种奇怪的动作，孩子还哭了"(C)。"一直"后误加"了"的例子是"在椅子上小便了，所以一直哭了"(C)。日语母语者语料中有14例误加"了"的偏误，也多是这种情况，如"可是宝宝继续哭了"(B1)、"宝宝还哭了"(B1)、"可是孙子一直哭泣了"(B2)、"丈夫没注意了他的孩子的情况"(B2)。推测其原因，我们认为汉语学习者运用多个虚词时，往往只是单纯地把"了"与动词相连接，考虑不到句中动词之外其他的虚词"没、还、一直"等与"了"在语义上的冲突。

四是汉语学习者在特定语境中表述某个信息点时选择使用的语言形式与汉语母语者呈现有规律性的差异。英语、日语母语者会不约而同地使用一些相同或相似的词句，与汉语母语者常用的表达形式不同，其中虚词的使用也有很大不同。例如在描述第二幅图画内容时，几乎所有的汉语母语者都用了"把"，表述为"把孩子交给爸爸""爸爸把孩子放在椅子上""妈妈把孩子抱了起来"，但英语、日语母语者在表述同样内容时多未使用"把"，而是表述为"爸爸放了孩子在椅子上"(A2)、"妻子交给丈夫孩子"(B1)、"妈妈抱上来小孩子"(A2)。在描述第一幅图画内容时，多数汉语母语者都用了"往",表述为"在河边捡石头往水里扔",没有用"往"的人则多表述为"在河边捡石头玩儿""捡起石头扔到河里""捡石头朝河里扔",很少用"把",而英语、日语母语者只有3人用了"往",其中还有2人在"往"后遗漏了方位词;分别有约40%和33%的英语、日语母语者尤其是中高级水平的被试用了"把",表述为"把石头扔在水里""把一个石头投在海里"等。从单句层面来看,英语、日语母语者的表述在句法形式上有的是错误的,也有很多并没有错,但如果对比汉语母语者的惯常表述形式,就会发现在特定语境中汉语学习者在虚词和句式选用方面的不足和问题。分析其中原因,一是学习者受到母语表达方式的影响,二是在汉语教学过程中,对于虚词及句式使用的语用条件关注不够。

再比如,英语母语者常说的形式是"哭很多""哭很大声""很大哭",日语母语者常说"孩子哭""突然哭了""开始哭泣了",汉语母语者则常用"得"字补语结构,如"哭得很厉害",以及其他常用的虚词,如"孩子还是在哭"。汉语母语者几乎每个人都会说"孩子还在哭""一直在哭""越哭越厉害",而很多英语母语者说的则是"孩子一直哭着""不知道为什么他哭着",这里"着"的偏误明显受到母语负迁移的影响,因为几乎所有英语母语者在英语表述中说的都是"the baby keeps crying"。汉语中"在"和"着"两个虚词都可以表达动作正在进行,对于英语母语者来说,他们更多地把"在"用于表示方位的介词,而把"着"与英语中的"-ing"相对应。换言之,在英语母语者中介语中,可能是介词"在"挤占了副词"在"的功能,而把副词"在"的功能合并到了"着"上。

日语母语者也有少数"还是哭着"这样的偏误,如"那位男士一直努力照顾她的孩子,但是孩子一直哭着,怎么哄也哄没用,孩子一直哭着,最后一位女士回来,她把孩子抱起来,然后突然孩子停止哭着"(B2)。使用"着"的这些日语母语者应该是受到了英语的迁移影响,因为日语母语者在学习汉语之前基本上都学过英语,汉语是其第三语言,在看图说话测试中,有一位初级水平日语母语者在汉语表达时就夹杂了英语"爸爸做anything,什么什么,因为他想孩子 stop crying,不过他,他的孩子不能停哭"。更多的日语母语者表述为"孩子不停哭""没有停哭""不能停哭",观察被试在用其母语日语叙述图画时几乎都表述为"この子供は泣き止みません",这里的动词是"泣き止む",可以看出日语母语者在看图说话时受到了其母语的影响。此外,日语母语者还有多例表述为"还哭了""一直哭泣了""还哭起来""一直哭""继续哭了""更哭了""还是哭了""也哭""仍然哭泣""总是哭",看得出被试在努力使用目的语汉语的表达形式。由此可见,汉语学习者不仅会受到其母语的影响,而且会受到先学习的其他语言以及先习得的目的语知识的影响,语言迁移会随着学习者语言水平的提高呈现出动态变化的特征。

五是汉语学习者在口语表述中存在多个意义相近虚词的混用问题。英语母语者错例较多的有"也"和"还"的混用,如"可是孩子也哭,继续哭"(B1)、"跳和蹦,他也穿了不同的衣服"(B1);"对、让、给"混用,如"他们试试给[让]他们笑一点"(B1)、"爸爸对[让]婴儿坐"(A1);"把"和"被"混用,如"他被[把]宝贝放在椅子上"(B1)。日语母语者错例较多的有"又"和"再"的混用,且多在应用"又"的地方错用了"再",如"爸爸再[又]带孩子来昨天的地方"(B2);"把、对、让"混用,如"妈妈会对[让]孩子安心"(B2)、"他做了各种的动作,就不能把[让]这个孩子停止哭"(C)、"想把[让]孩子高兴"(B2)。

5.3 本章小结

本章通过对比试题原文及汉语母语者的表现,对英语、日语母语者各类语料中运用频率较高的虚词运用正确率和偏误情况进行了分析。

首先,虚词运用正确率反映出各水平级别的汉语学习者对于常用虚词的总体习得状况。在四类语料中,重复句子、组句、看图说话语料中虚词运用正确率均随着被试的汉语口语水平级别的提高总体上呈现出增高的趋势,但不同类型的语料中,各水平级别虚词运用正确率的差异显著程度不同。英语母语者重复句子语料中 A1、A2、B1 级和 B2 级之间进步显著,而 B2 和 C 级之间虚词运用进步情况差异不显著,一些虚词的习得出现了化石化现象。组句语料中 A2 和 B1 两组,B1、B2 和 C 三组之间形成相似性子集。组句和看图说话语料中各级别虚词正确率之间差异并不显著。相比较而言,各级别日语母语者在这三类语料中的虚词运用正确率都没有英语母语者那么层级分明,水平级别之间差异性不够显著。

各级别英语、日语母语者在短文重述语料中的虚词运用正确率趋势与另外三类语料有所不同,整体上并没有随着级别的提高而提高,而是在更高级别出现了下降的情况,各级别之间虚词正确率也没有统计学意义上的显著差异。相比限制性较强的重复句子、组句测试,相比内容明确可自主表述的看图说话,短文重述是半限制性表述,对被试来说,听懂短文内容并进行即时重述的这一任务难度大大增加,这是导致被试在短文重述时虚词正确率表现不稳定的主要原因。

本章还根据正确率对各类语料中出现频率较高的常用虚词习得情况进行了考察。

尽管各类语料中常用虚词的运用正确率情况不尽相同,英语母语者和日语母语者的表现也有同有异,但综合来看,习得难度较大的虚词主要有"都、也、就、没、在、给、把、和、的、了、着、得、还"。这些最常用虚词应在口语教学和研究中给予更多的关注。

其次,本章通过对各类语料中常用虚词偏误情况的考察,发现英语、日语母语者口语中常用虚词运用方面有以下一些特征值得注意。

一是表达语气功能的虚词包括语气副词和助词容易出现遗漏和相互误代问题,如副词"很、挺、太、就、也"和助词"了、的、吗、呢",这反映出英语、日语母语者对常用虚词丰富多变的语气表达缺乏敏感度。

二是相互误代的虚词词性大都相同,反映出在中介语虚词的发展过程中,汉语学习者对每类虚词的基本语法特征有了一定的认知,但对意义和语法特征相近的常用虚词的差异了解还不够充分,在口头表达时容易混淆。

三是对一些虚词的语体差异认知不足,如多用"很"替代口语色彩更浓的"挺"。

四是对一些虚词结构如"挺……的""是……的""太……了""要是……就"等缺乏语块意识,容易出现遗漏或误代的问题,在口头表述时还做不到自动提取。

五是对一些虚词运用的熟练度和灵活度还有很大不足。在看图说话口语中的一些虚词运用偏误在笔语中没有出现或者出现较少、在口语中的一些偏误表达如不分对话体和叙述体、常用虚词搭配错误等,说明汉语学习者在即时口语表达时虚词运用的熟练度不足。另外,被试还对一些常用虚词语法功能的认识存在单一化和固化现象,如"没有""在""给"的错序问题,可以看出汉语学习者对常用虚词在多种句式中的功能和用法尤其是在口语中运用的灵活性的认识还比较欠缺。

六是汉语学习者选择的表述方式与汉语母语者有所不同,使得虚词运用也呈现规律性的差异,如用作话语标记的连词,英语、日语母语者在没有转折意义的情况下过多运用"但是",似乎把"但是"用作一种话语标记,而汉语母语者语料中所有的"但是"用例都具有转折意义,并非话语标记。再比如看图说话时汉语母语者和英语、日语母语者对于同一个信息点的表述会有倾向性地选用不同的虚词"把""往""在""着",反映出汉语学习者的虚词运用问题除了受到母语负迁移影响外,对常用虚词的语用条件还缺乏足够的认识。

英语、日语母语者的虚词运用偏误既有一些共性,也有一些差异,反映出汉语习得既受到母语负迁移的影响,也同时会受到学习者先习得的语言知识的影响,语言迁移会随着学习者语言水平的提高呈现出动态变化的特征。

为了更深入地了解英语、日语母语者口语中甲级虚词的运用特征,本研究将在第六章基于语料库中 102 个甲级虚词的频率分布及运用正误方面的总体特征,选择其中出现频率较高,并且与汉语母语者表达存在显著差异即超用或少用,习得难度较大或习得情况比较复杂的虚词,通过语料库语言学对比研究方法,对其在英语、日语母语者和汉语母语者表达中的出现语境即左、右邻词语搭配及类联接进行深入研究;在第七章通过对比被试口语和笔语,进一步探讨部分高频虚词的语体特征。

第六章

甲级虚词运用类联接和搭配特征

前面第四章和第五章分别对 SCT 三种题型语料和看图说话语料中被试的甲级虚词运用频率及正误情况进行了统计分析,本章将在此基础上,对那些运用频率较高,并且与汉语母语者表达存在显著差异即超用或少用,习得难度较大,习得情况比较复杂的甲级虚词从类联接和搭配的角度探讨其运用特征。

第四章统计了英语、日语母语者和汉语母语者口语中甲级虚词在四类语料中的运用频率差异,发现了英语、日语母语者超用和少用的一些虚词,其中有些虚词值得进一步深入考察。

首先是英语、日语母语者在多种语料中均超用或少用的虚词。超用的主要有"很、所以",其中"很"在短文重述和看图说话语料中英语、日语母语者比汉语母语者均显著超用,同时英语母语者又比日语母语者显著超用;少用的主要有"就、地",其中"就"在四种语料中均使用不足,除看图说话外,其他三种语料中英语、日语母语者比汉语母语者均显著少用,同时英语母语者又比日语母语者显著少用。

其次是在几种类型语料中超用或少用的情况不完全一致的虚词。"了、吧"在重复句子语料中表现为超用,而在短文重述及看图说话语料中却表现为少用,"然后"在短文重述语料中表现为超用,而在看图说话语料中则表现为少用。"了、吧"的频率差异可以理解为单句层面和语段表达层面的运用差异,以及受不同测试任务要求的影响,被试在单句层面是被动强制表达,而在语段层面是自主表达,被动强制表达时被试努力从听到的句子中捕捉熟悉的虚词,并且"了"和"吧"往往用在句子的末尾,较容易重复,从而导致超用,而在自主表达时被试对这两个虚词的语用条件及语义、语法不够熟悉,容易回避、遗漏,造成使用不足。这两个虚词及"然后"的具体运用情况将在后文详细讨论。

最后是英语母语者和日语母语者超用或少用情况不一致的虚词。"因为"在短文重述和看图说话语料中英语母语者均显著超用,但日语母语者在短文重述语料中则显著少用;"的、太"在短文重述语料中英语母语者比日语母语者显著超用;"在"在短文重述和看图说话语料中日语母语者比英语母语者显著少用。

除了频率方面的差异之外,第五章还对甲级虚词在SCT三种题型及看图说话语料中的运用正确率和偏误情况进行了分析。不同题型中的各水平级别英语、日语母语者虚词运用正确率虽然总体上呈现不断上升的趋势,但具体分布并不完全一致。根据冯丽萍、孙红娟(2010),学界对于将多高的正确率作为习得标准的看法并不一致,研究者各自对习得标准的确定还比较主观。为了避免语言发展的不稳定对研究结果的影响,学者们还规定某语法结构的正确使用率在三次样本收集中均达到或超过90%时方可被视为习得。各级别英语、日语母语者在SCT三种题型和看图说话语料中的虚词运用正确率不一致既有题型的影响,也反映出被试语言发展的不稳定性。因此,梳理第五章四种语料中正确率达到或超过90%的虚词,其中至少在三种题型中英语、日语母语者运用正确率均达到或超过90%的虚词只有21个:很、所以、因为、跟、太、把、不、的、对、还、了、没、但是、非常、给、就、没有、让、一起、再、只。这21个虚词中只有"很"在三种题型中A2级别、"因为、所以"在三种题型中B1级别均达到了习得标准,其他的大多是到了B2或C级才能达到习得标准。"很、因为、所以"虽然正确率高,但是与汉语母语者相比出现频率却存在显著差异,可见在总体上汉语学习者对甲级虚词的习得情况并不十分理想。

上面所列出的这些超用或少用以及习得情况较复杂的虚词中,有些虚词在语料中的频数并不很多,与之搭配的词语和类联接形式相对较少,其中的运用规律和特征不够明显。要了解英语、日语母语者的虚词运用特征,单纯的频率数据和举例式的偏误分析尚有不足。本章选择那些与汉语母语者运用频率差异明显并且出现频数较高的虚词从类联接和词语搭配角度进行更加细致的考察,对一些出现频数虽然相对较低但能体现出汉语学习者习得特征的虚词也进行简略分析,同时将英语、日语母语者用其母语看图说话的英语、日语语料作为对比材料进一步考察可能存在的母语迁移问题。前文也曾谈到,汉语学习者超用或少用的虚词在总体上呈互补分布,如超用"很",少用"挺",虚词的运用偏误特征中也往往会出现意义用法相近、词性相同的虚词混淆误代的问题。因此,本章将要进一步深入考察的这些虚词归为以下几组分别进行分析:程度副词"很、太、挺",否定副词"不、没(有)、别",介词"把",连词"因为、所以、但是、可是、然后①",助词"了、的"。

6.1 程度副词:很、太、挺

在甲级虚词中共有 14 个程度副词,包括"比较、多、多么、非常、更、还、好、很、十分、太、挺、尤其、真、最",这些程度副词在 SCT 三种题型和看图说话语料中的出现频率各有不同,在至少一种题型中高频出现的程度副词有 10 个,出现频率较低的 4 个是"多、多么、十分、尤其"。而在 10 个高频出现的程度副词中,"比较、好、最、更"只在一种题型语料中有超用或少用现象,"非常、还、真"出现频率在学习者和母语者之间差异不显著,"很、太、挺"这 3 个虚词出现频率较高,超用或少用现象比较突出,且在总体上呈互补分布,因此本节分别对"很、太、挺"这 3 个程度副词在英语、日

---

① "然后"在《大纲》中列为副词,但《现代汉语词典》等均标注为连词。本章归入连词分析其功能。

语母语者和汉语母语者语料①中的运用类联接和搭配情况进行对比,并结合被试母语表达特点从母语迁移角度分析其运用特征产生的原因。

6.1.1 类联接和搭配分析

(一)副词"很"的类联接和搭配分析

通过对英语、日语母语者和汉语母语者在重复句子、短文重述及看图说话语料中所有带"很"的语句进行类联接归类分析,共得到14种"很"的类联接形式及其频数差异情况。具体见表6.1和表6.2。

表 6.1 英语、日语和汉语母语者副词"很"的类联接及频数

序号	类联接	用例	英语母语者频数	占比	日语母语者频数	占比	汉语母语者频数	占比
1	很+形容词/助动词/动词/动宾结构	很好;很可能;很有帮助	805	0.46	321	0.49	742	0.51
2	很+形容词/动词(+的)+名词	很多人;很喜欢的东西	458	0.26	113	0.17	271	0.19
3	动词+很+形容词(+的)(+名词)	学到了很多;需要很长的时间	252	0.14	122	0.19	179	0.12
4	动词+得+很+形容词/动词	卖得很好;玩儿得很开心	38	0.02	19	0.03	90	0.06
5	很+形容词(+地)+动词	很少下雨;很伤心地回家了	42	0.02	17	0.03	77	0.05
6	很不+形容词/动词(+名词)	很不好的味道;很不喜欢	17	0.01	2	0.00	39	0.03
7	不是+很+形容词/动词	不是很差;不是很确定	14	0.01	4	0.01	32	0.02

---

① 一般来说,本章仅考察有超用或少用现象的那部分语料,如"太"在重复句子和短文重述语料中有超用现象,在组句和看图说话语料中的超用现象未达到显著程度,在分析"太"的搭配和类联接时就只考察重复句子和短文重述语料。

续表

序号	类联接	用例	英语母语者频数	占比	日语母语者频数	占比	汉语母语者频数	占比
8	(是+)很+形容词/动词+的	很好玩儿的；是很重要的	45	0.03	23	0.04	15	0.01
9	很是+形容词/动词	很是奇怪；很是不喜欢					5	0.00
10	形容词+得+很	好得很	3	0.00	4	0.01	1	0.00
11	是+很+形容词	是很辛苦；是很可爱	32	0.02	12	0.02		
12	很+程度副词+形容词	很比较舒服；很太多	13	0.01	5	0.01		
13	很+名词/量词/代词/成语/一般动词	很环境的气氛；很大堆石头；很乐此不疲；很哭	12	0.01	10	0.02		
14	不很+形容词/动词	不很高兴；不很喜欢	3	0.00				

表6.2 英语、日语和汉语母语者副词"很"的类联接频数差异检验

序号	类联接	英、汉差异检验(p)			日、汉差异检验(p)			英、日差异检验(p)		
1	很+形容词/助动词/动词/动宾结构	0.000	***	—	0.419		—	0.221		—
2	很+形容词/动词(+的)+名词	0.000	***	+	0.460		—	0.000	***	+
3	动词+很+形容词(+的)(+名词)	0.198		+	0.000	***	+	0.012	*	
4	动词+得+很+形容词/动词	0.000	***	—	0.002	**	—	0.303		—
5	很+形容词(+地)+动词	0.000	***	—	0.006	**	—	0.795		—

续表

序号	类联接	英、汉 差异检验(p)		日、汉 差异检验(p)		英、日 差异检验(p)	
6	很不+形容词/动词（+名词）	0.000	*** —	0.000	*** —	0.099	+
7	不是+很+形容词/动词	0.001	*** —	0.009	** —	0.626	+
8	（是+）很+形容词/动词+的	0.002	** +	0.000	*** +	0.223	
9	很是+形容词/动词	0.012	*	0.133			
10	形容词+得+很	0.434	+	0.018	* +	0.076	—
11	是+很+形容词	0.000	*** +	0.000	*** +	0.994	+
12	很+程度副词+形容词	0.001	** +	0.001	*** +	0.966	—
13	很+名词/量词/代词/成语/一般动词	0.002	** +	0.000	*** +	0.055	—
14	不很+形容词/动词	0.121	+			0.288	+

从表6.1和表6.2可以看出，第一种类联接"很+形容词/助动词/动词/动宾结构"做谓语的形式是英语、日语和汉语母语者最常用的。尽管如此，从差异检验来看，英语母语者使用这种形式还是显著少于汉语母语者，日语母语者频数多于英语母语者，少于汉语母语者，但差异均不显著。

此外，英语、日语母语者相比汉语母语者均少用的还有第4、5、6、7、9这几种类联接，分别是"很"结构做补语、状语以及"很不""不是很""很是"。汉语的补语和状语结构一向是二语学习者的难点，回避使用这些结构的现象同样反映在"很"的类联接分布中。对于"很"与"不、不是"的连用，汉语母语者更多地使用"很不"和"不是很"的形式，而英语、日语母语者更多的是在重复句子语料中使用，在短文重述和看图说话语料中则比较少，说明他们可以理解和接受这种形式，但在自主表达中还不常使用，相反英语母语者会使用"不很"的形式，这种形式虽然不能说有语法错误，但并不是汉语母语者常用的表达形式,在汉语母语者语料中没有发现一例"不很"形式。而汉语母语者多次使用的"很是+形容词/动词"的形式对英语、日语母语者来说是比较陌生的,没有用例。这种形式是比较典型的口语表达方式,在目前的汉语教学中很少涉及。这些情况提醒我们对于汉语口语的虚词教学内容和形式都还需要加以改进。

表 6.1 和表 6.2 显示,相比汉语母语者,英语、日语母语者均超用的类联接是第 8、10、11、12、13 这几种形式,另外,英语母语者显著超用第 2 种形式,日语母语者显著超用第 3 种形式。这几种超用的形式大致可以分为三大类。

第一类是形式 2"很+形容词/动词(+的)+名词"和形式 3"动词+很+形容词(+的)(+名词)"。正如各种对外汉语教学语法著作所言,汉语母语者在使用不带"的"的这种形式时基本上集中在"很多人/石头""很长时间"这几种形容词相对固定的搭配上,其他的形容词一般必须要加"的",但英语母语者在这种类联接中所使用的形容词更多,比如"很好朋友、很大声音、很重要角度"等,这种现象在前文 5.2.2 节分析组句语料中的副词偏误时也曾谈到,后文还将结合"的"的运用情况进一步讨论其产生的原因。日语母语者使用形式 2 的情况与汉语母语者没有显著差异,显著少于英语母语者,但日语母语者使用形式 3 的情况却显著多于汉语和英语母语者,其中常用的一种表达是用动词"有"的形式,如"咖啡厅有很好喝咖啡""爸爸妈妈有很小的孩子",而同样的内容,汉语母语者则常用第一种类联接形式,即主谓结构,如"咖啡厅的咖啡很好喝""一对夫妇孩子很小"。再如看图说话语料中,多数日语母语者的表述是"爸爸带来很多的石头",多数汉语母语者却没有用"很",而是表述为"爸爸拉了一车石子""爷爷一车一车地运石子"。可见,学习者与母语者在虚词使用上的差异不仅在于虚词本身的意义和形式,而且更多地受到整体思维和表达方式的影响。

第二类是形式 8"(是+)很+形容词/动词+的"。汉语母语者使用这种形式基本上用的是表示强调确认语气的"是……的",比如"这件事是很重要的"。英语、日语母语者的用例有不少并不表示强调确认语气,而可能是作为省略了"的"后名词的结构使用的,比如"他们觉得这是很好玩儿的",被试想表达的应该是"他们觉得这是很好玩儿的事",反观汉语母语者在看图说话中对同样内容的表达,没有一例使用这种形式,多用的是"他们觉得很好玩儿"。

在超用的这三种类联接中,英语、日语母语者更喜欢把"很"结构用作定语,并且把更多的形容词放在这类结构中。结合之前英语、日语母语者少用"很"结构做谓语的情况来看,这可能反映出英语和汉语的语言类型差异,"很"结构是对某一事物的描述,汉语作为主题引导的语言,更倾向于使用主谓结构,而英语作为主语引导的语言,更倾向于使用SVO的形式,把描述性结构用于宾语前作为修饰,比如汉语母语者常说的"他声音很大",而英语母语者的表述更多的是"He has a loud voice""他有很大的声音"。日语中虽然也有相似的形容词谓语句,如"彼は声がとても大きいです",但学习者更习惯使用"动词+定语+宾语"的形式。因此,虽然两种形式在汉语中都可以说,但在具体语境中的表达倾向性有差异。在教学中不仅要教给学生汉语有哪些表达形式,更重要的是要从语言具体使用的概率角度告诉他们在什么情况下哪种形式更常用。

第三类超用的基本上是英语、日语母语者的一些偏误形式,即形式11、12、13,其中关于"很"和其他程度副词连用问题以及在做谓语的"很"结构前加"是"的问题在前文5.2.3节短文重述偏误分析中已经有所讨论。而形式13反映出英语、日语母语者对与"很"搭配的词语掌握不足,除了错误搭配名词性结构,还常在"很+动词"中搭配一些普通动词而不只是"喜欢、受欢迎"这类表示情绪态度的动词。实际上,不管是形容词还是助动词、动词,与"很"的搭配都有一定的限制,这方面的问题并不是单单学会了语法结构或者增加词汇量就可以解决的,还要借助语料库对语法结构的常用搭配进行更细致的描述。

本研究也统计了英语、日语母语者和汉语母语者语料中"很"后的所有搭配词,发现英语、日语母语者分别使用了228个和147个不同的搭配词,而汉语母语者只使用了143个不同的搭配词。虽然三类被试的数量不同,但总体来看,英语、日语母语者在"很"后使用的搭配词更分散,汉语母语者则更集中。这也说明对于汉语母语者来说,口语中的常用搭配是比较集中的,而汉语学习者对此认知不足。

(二)副词"太"的类联接和搭配分析

通过考察英语、日语母语者和汉语母语者在重复句子、短文重述和看图说话语料中所有使用副词"太"的用例,归纳得到6种类联接及其频数差异情况,详见表6.3和表6.4。

表 6.3 英语、日语和汉语母语者副词"太"的类联接及频数

序号	类联接	用例	英语母语者频数	占比	日语母语者频数	占比	汉语母语者频数	占比
1	太+形容词/动词+了	太好了;太难受了;太喜欢了	95	0.35	56	0.63	108	0.39
2	太+形容词	太小;太大	97	0.36	23	0.26	97	0.35
3	不太+形容词/动词/助动词	不太高兴;不太了解;不太会养孩子	67	0.25	16	0.18	47	0.17
4	不是+太+形容词	不是太贵;不是太方便	9	0.03	4	0.04	14	0.05
5	别太+动词+了	别太担心了	1	0.00	1	0.01	9	0.03
6	太不+形容词	太不理智			2	0.02	1	0.00

表 6.4 英语、日语和汉语母语者副词"太"的类联接频数差异检验

序号	类联接	英、汉差异检验(p)			日、汉差异检验(p)			英、日差异检验(p)		
1	太+形容词/动词+了	0.252		—	0.006	**	+	0.001	***	—
2	太+形容词				0.020	*		0.013	*	+
3	不太+形容词/动词/助动词	0.036	*	+	0.756			0.057		+
4	不是+太+形容词	0.287		—	0.641			0.788		
5	别太+动词+了	0.011	*		0.220			0.475		
6	太不+形容词	0.317			0.120		+	0.021	*	—

从表 6.3 和表 6.4 可以看到,"太"的 6 个类联接形式中,日语母语者比英语、汉语母语者显著多用形式 1"太+形容词/动词+了",显著少用形式 2"太+形容词";英语母语者比日语、汉语母语者更多使用"不太+形容词/动词/助动词"的形式,而更少使用"别太+动词+了"的形式,但差异并不十分显著。其中需要注意的是形式 2 和形式 3 后再加名词即"(不)太+形容词(+的)+名词"的情况,英语母语者有 39 例"太"结构加名词,而汉语母语者只有 17 例,并且这 17 例全部是出现在重复句子语料中,句子形式都是"不会有太大的变化""没什么太大问题"这样的否定形式,日语母语者只在短文重述和看图说话语料中各有 1 例"开车到城市也不要太多时间""父亲拿过来太多石头"。英语母语者包括初级到高级的被试在重复句子、短文重述和看图说话时都多次使用"太"结构做定语修饰名词,通过对比 SCT 相应的原题及汉语母语者的看图说话语料,发现英语母语者在多处把汉语母语者常用的"太"结构做谓语的句子或其他表达方式改说为做定语,如把"汽车太多""多找了钱""爸爸经验不太多"改说为"有太多汽车""还了太多钱""是一个经验不太多的爸爸"。英语母语者倾向于多用"太"结构做定语的现象也和前文所讨论过的"很"结构一样,应该是受到其母语的迁移影响。

据管志斌(2012),副词"太"分别可以表示"程度高(太$_1$)"和"度量过分(太$_2$)",在 CCL 语料库中,典型用法是"太$_2$",占全部用例的 82% 以上。刘元满(1999)指出,"太$_1$"用于表示程度高时,一定要有"了"相呼应,否则就会变成表达度量过分的"太$_2$"。"太$_2$"表示度量过分时,"了"可加可不加。对此,本研究进一步考察英语、日语母语者语料中类联接 1 和 2 用例所表达的意义,只发现了 9 个表示程度高但没有加"了"的偏误用例,所用的搭配词为"多、好、会、幽默",所占比例不高,且多出现在初中级被试的语料中,可以说英语、日语母语者对"太"的语义色彩及其形式的掌握情况相对较好。

与"太"搭配的词语情况也与"很"的情况类似,英语母语者使用了 60 个不同的搭配词,相对分散,而汉语母语者只用了 41 个,相对集中,日语母语者语料相对较少,但"太"的搭配词也有 37 个。

(三)副词"挺"的类联接和搭配分析

副词"挺"的口语色彩很浓,在前文 5.2.1 节讨论重复句子语料中的虚词偏误情况时已谈到,英语、日语母语者常把"挺"替代为"很",这是造成语料中"挺"少用而"很"超用的一个原因。"挺"在汉语学习者看图说话语料中显著少用,而且整体的出现数量也不多。31 名汉语母语者看图说话时运用"挺"达到 21 次,超过一半的被试都在口语中用了这个副词;而 100 多名英语母语者中只有 4 个被试用了 5 次,而且这 4 个被试全部是 C 级高水平被试,其中除了 3 例"挺好的"和 1 例"挺爱孩子"外,还有一位水平很高的英语母语者说出的句子是"他们一定会有挺好的关系";37 名日语母语者中只有 1 个被试使用了 1 次:"爷爷是挺溺爱的孙子"(B1)。而在汉语母语者的表述中,"挺"一般是用来评价已有事实,或者表将来肯定确认的语气。本研究搜检了 CCL 现代汉语语料库,没有找到一例"会有挺……的+名词"这样的结构。虽然这只是个别的例子,但对于汉语学习者来说,即使到了很高的水平,对一些虚词的使用语境仍会产生泛化,对近义虚词细微的语用差别还不完全清楚。

6.1.2 运用特征总结

综合上面有关程度副词"很、太、挺"的类联接和搭配情况,对这三个程度副词的运用特征可以得到以下几点认识。

一是作为语法性质相似的几个虚词在频率分布上存在互补的现象,如"很"和"太"的超用与"挺"的少用。由于"很"和"挺"的语义非常接近,不同的是结构和语体色彩,汉语学习者往往会超用自己最早习得的虚词,逐渐成为习惯,而少用另一个近义虚词。一些近义虚词在中介语系统中似乎存在着一种竞争关系,一个强势,另一个就会变得弱势。这种现象提示我们尽管每个虚词都有较强的个性,但虚词学习应该是系统的,应把虚词放在一个整体的系统中进行教学,而不是孤立地学习单个虚词。在教学中还需要加大那些像"挺"这样的弱势虚词在典型语境中的输入,以增强其竞争力。

二是程度副词的类联接在中介语中的分布与汉语母语者存在显著差

异。英语母语者更倾向于把"很""太"短语用作定语修饰名词宾语。这种现象应该是受到了母语迁移的影响,本研究比较了英语母语者用汉语和英语所做的看图说话语料,发现英语母语者的英语表述中,大量出现"They have a lot of fun""They saw much of stones""He is a really good dad""They didn't have many rocks""He does all sorts of silly jokes"等形式,使用这些形式的英语母语者在相应的汉语表述中多为"他们做很有意思的事""他们有很多的石头""他是很好的爸爸""他做很奇怪的事"等,而在汉语母语者的看图说话语料中这种句式很少出现。虽然英语母语者的表述也符合汉语句法,但与汉语母语者相比就显得不够自然地道。

三是汉语学习者用于搭配程度副词的词语相比汉语母语者更加分散。以往的研究中更多关注的是学习者为了回避某些难的结构而过度使用一些简单结构,这只是一个方面的问题,另外一个方面,本研究语料库中英语、日语母语者使用的程度副词类联接和搭配形式比汉语母语者还要丰富多样,其中当然有一些是因为有偏误形式,但汉语母语者所用的搭配词更集中,这从语言经济简便原则及语块角度来说,在日常口语中母语者所用的搭配词常常是有限的,约定俗成的,而对于学习者来说这种习惯搭配还没有形成,还处于调试阶段。

Sinclair 基于多年语言学及语料库研究经验,提出了解释语言运作的两个理论模型,一个是开放选择原则(open choice principle),将文本视为一连串的空位,根据语法限制填充必要的词汇;另一个是成语原则(idiom principle),将词组视为选择的主要单位。前者是将词汇和语法分隔开的原则,后者是将词汇和语法综合一体的原则。(杨惠中、卫乃兴 2005)从本研究被试在看图说话中的表现可知,汉语母语者更多地使用成语原则,而汉语学习者则更多地运用开放选择原则。如果过多运用开放选择原则,必然会花费更多的注意力,影响其口语表达的准确性和流利度,因此教学中应加强对语料库的应用,集中呈现那些汉语母语者的常用搭配,帮助学习者尽快缩短搭配调试期,加强成语原则在语言表达中的运用。

6.2 否定副词:不、没(有)、别

根据前文对各虚词出现频率的统计,英语、日语母语者在重复句子语料中"不"的频率显著多于原题,在短文重述语料中"没有"显著少于汉语母语者,在看图说话语料中"别"显著多于汉语母语者。日语母语者在重复句子和看图说话语料中均显著超用"没",在组句和短文重述语料中少用"不"和"没有"。因为"别"的用例很少,本节重点讨论"不"和"没(有)"。

在前文5.2.1节曾谈到重复句子语料中"不"和"没"的偏误主要表现为语序错误。由于重复句子并不完全是被试自主表达,句子的结构和词语都是试题给定的,并且只是单句层面的表现,因此,为了更好地了解英语、日语母语者否定副词的类联接和搭配情况,本节选择短文重述和看图说话语料进行考察。

以往有关"不"的研究文献很多,主要是探讨"不"的语义、语法和语用,大多数研究都将否定副词"不"和"没(有)"放在一起进行比较,认为"不"多用于主观意愿,既可以否定过去、现在,也可以对将来进行否定,"没(有)"主要用于客观叙述,可以对过去、现在否定,而不对未来进行否定。但是在实际语言运用中,"不"和"没(有)"的区别并没有这么简单。在不同的句式、语境中有时候二者的区别明确,有时候可以互用而差别比较细微(李晓琪 1981),何时用"不"、何时用"没(有)"的情况比较复杂。"不"和"没(有)"的词汇意义,比英语中常用的否定词"not"和"no"宽广得多(张孝忠 1984),日语中的否定形式主要用否定助动词"ない、ぬ",与汉语中的否定词也很难对应。因此,对于英语、日语母语者来说,运用汉语否定词时在语义、语法形式和语用选择方面都存在较多的问题。一些对汉语中介语否定词的研究结论也并不完全一致。王建勤(1997)通过抽取留学生书面语料考察了"不"和"没"否定结构的习得过程,并把这一过程分为四个时期:单一否定期、"不"和"没"混合期、以"没"泛化为主的偏执期和"不""没"分化整合期。李英(2004)通过语法测试认为学习者从初级到中高级都会混合使用"不"和"没",但并未出现"没"的泛化,相反"不"还

具有一定的强势地位。李英、徐霄鹰(2009)对两名初中级英语母语学习者在口语中使用"不"和"没"的情况进行了个案跟踪调查,发现否定词的偏误并未随着学习阶段的发展而明显减少,但学习者混用"不"和"没"并不完全是任意的,他们否定现在或将来做某事的意愿时,倾向于用"不",否定可能补语和能愿动词时能正确使用"不",只有否定跟过去有关的动作或情况时,才会较多地混用"不"和"没"。郑丽娜、常辉(2012)通过对两名中高级水平的母语为英语的汉语学习者的口语语料分析,认为典型汉语否定结构的句法特性非常容易习得,学习者能够正确将否定词置于题元动词、形容词和能愿动词左侧,也能正确地将否定词置于附加语和补语左侧并与之毗邻,几乎没有出现否定词混用现象,否定词与体貌标记"了"和"过"的连用也相当准确,因此没有发生母语负迁移。该文认为否定结构的教学重点不应是把汉语否定结构分为若干类型并解释和规定各类型中否定词的位置及其选择,而要将重点转到汉语词汇上,尤其是词汇与否定词的搭配问题上。

可见,已有对汉语否定词的习得研究因为研究对象汉语水平、语料性质及研究方法的不同,结论并不一致。本节将分别对英语、日语母语者和汉语母语者在短文重述和看图说话口语语料中"不""没(有)"的类联接及左、右邻搭配词进行考察和分析,以期更好地描写汉语学习者否定副词的运用特征。

6.2.1 类联接和搭配分析

(一)副词"不"的类联接和搭配分析

王建勤(1997)从语言习得的角度而非传统语法分类方法把带"不"的否定结构概括为十类,其中第1、2类又各分为两小类:(1a)不(太)+V;(1b)不(难;好)+V;(2a)不(太;很)+Adj;(2b)不(比;跟)N+Adj;(3)V不(完;了);(4)V 得不+Adj;(5)不(要;想;会)V/Adj;(6)不(要;让)N+V;(7)不是+N/V;(8)不 X 不+V/Adj;(9)"不"单说;(10)(跟;和)……不一样。

语料库语言学的类联接研究方法一般更强调结构中词的类别,如

"太"和"很"都属于副词,"比、跟"以及王建勤(1997)未列出的"把、被"都属于介词。上述有的类别在本研究语料库中数量较少,如"不"单说多出现在口语对话中,本研究语料为个人成段表达,单说的"不"仅有几例,主要是用于说话人对自己话语的修正,如"这个爷爷,不,是爸爸"。因此本研究对上述十类带"不"的否定结构重新进行了整合,具体如表 6.5 所示。

表 6.5 否定副词"不"的类联接

序号	类联接	用例
1	不+动词(+名词/动词)	不去;不吃饭;不喜欢睡觉
2	不+助动词(+动词/形容词)	不会;不可以;不应该去;不可能舒服
3	不+形容词(+动词)	不好;不舒服;不一样;不难决定
4	不+副词+动词/形容词	不太明白;不很热
5	可能补语否定式	去不了;找不到
6	动词+得+不+形容词	扔得不远
7	不+介词短语+动词	不让他来;不在家玩儿
8	不是	不是他;不是打球
9	动词/形容词+不+动词/形容词	去不去;好不好
10	带"不"表否定意义的词语	不同;不用;不便;必不可少

王建勤(1997)在考察学习者习得否定结构情况时不包括病例①中出现的否定结构,原因是病例中的问题比较复杂,难以按现有的语法框架分类。本研究因要全面考察英语、日语母语者的中介语虚词运用特征,被试虽然在运用某个结构时所用语境或结构形式有误,但从中可以反映出他们在运用否定结构时的倾向,所以在统计英语、日语母语者虚词类联接和词语搭配时也包括偏误形式,同时标记出偏误,比如被试说的是"他们不找到小石头",根据语境,应该是"找不到"的偏误形式,从汉语学习者的角度来看,他们用的是"不+动词"的形式,所以在统计时也标记为第 1 种类联接形式。

---

① 王建勤(1997)的分析数据来源于北京语言学院"汉语中介语语料库系统"的书面语料中的英语母语者含否定副词"不"和"没"的 1032 个例句,病例指其中的偏误句。

本节根据语料检索标注信息,首先得到英语、日语母语者和汉语母语者在短文重述语料中与否定副词"不"有关的各种类联接的出现频数及其在全部类联接形式中所占百分比。具体见表6.6和表6.7。

表6.6 英语、日语和汉语母语者短文重述语料中"不"的类联接及频数

序号	类联接	英语母语者频数	占比	日语母语者频数	占比	汉语母语者频数	占比
1	不+动词(+名词/动词)	51	0.23	24	0.29	131	0.30
2	不+助动词(+动词/形容词)	52	0.23	13	0.16	90	0.20
3	不+形容词(+动词)	54	0.24	26	0.32	103	0.23
4	不+副词+动词/形容词	9	0.04	1	0.01	2	0.00
5	可能补语否定式	13	0.06	9	0.11	78	0.18
6	动词+得+不+形容词	4	0.02				
7	不+介词短语+动词	1	0.00				
8	不是	14	0.06	4	0.05		
9	动词/形容词+不+动词/形容词	1	0.00				
10	带"不"表否定意义的词语	24	0.11	5	0.06	38	0.09

表6.7 英语、日语和汉语母语者短文重述语料中"不"的类联接频数差异检验

序号	类联接	英、汉差异检验(p)		日、汉差异检验(p)		英、日差异检验(p)	
1	不+动词(+名词/动词)	0.060	—	0.946	—	0.250	—
2	不+助动词(+动词/形容词)	0.620	+	0.345	—	0.158	+
3	不+形容词(+动词)	0.948	—	0.105	+	0.187	—
4	不+副词+动词/形容词	0.001	**	0.398	+	0.221	+
5	可能补语否定式	0.000	***	0.136	—	0.124	—
6	动词+得+不+形容词	0.006	**			0.222	+

续表

序号	类联接	英、汉 差异检验(p)		日、汉 差异检验(p)		英、日 差异检验(p)	
7	不+介词短语+动词	0.170	+			0.544	+
8	不是	0.000	***	0.000	***	0.646	+
9	动词/形容词+不+动词/形容词	0.170	+			0.544	+
10	带"不"表否定意义的词语	0.501	+	0.449	—	0.218	+

表6.6和表6.7显示,总体而言,英语、日语母语者对这10种类联接掌握程度均良好,大部分类联接所占比例与汉语母语者差别不大。从表6.7差异检验结果来看,英语母语者较汉语母语者显著过多运用第4、6、8类结构即"不+副词+动词/形容词、动词+得+不+形容词、不是",而过少运用第5类"可能补语否定式"。但第4类和第6类用例数量较少,带有一定的偶然性。日语母语者较汉语母语者显著多用第8类结构"不是",其余与汉语和英语母语者差异均不显著。下面重点讨论几点值得注意的现象。

首先,关于第2种类联接"不+助动词(+动词/形容词)",除了C级以外,各级别英语母语者运用助动词的用例都比汉语母语者更多,尤其是A1级被试使用的这一类联接占比近一半(0.47)。日语母语者使用的第2种类联接情况与英、汉语母语者差异均不显著且数量较少,一共只有13个,其中只有A2级被试使用了4例"不要",其他都只有1~2例。因此,下面主要对英语母语者该类联接形式中具体有哪些助动词进行搭配考察。具体搭配数据详见表6.8。

表6.8 英语、汉语母语者在类联接"不+助动词"中搭配助动词情况

类联接	A1 频数	A2 频数	B1 频数	B2 频数	C 频数	英语母语者总频数	汉语母语者频数	英、汉 差异检验(p)	
不会	2	5	3	3	7	20	52	0.221	—
不要	2	1	7	2	0	12	32	0.304	—

续表

类联接	A1频数	A2频数	B1频数	B2频数	C频数	英语母语者总频数	汉语母语者频数	英、汉差异检验(p)		
不可以	2	5	4	0	0	11	0	0.000	***	+
不能	2	3	1	1	1	8	6	0.077		+
不想	0	1	0	0	0	1	0	0.170		+

在表6.8英语母语者共计52个用例中,有"不会(20例,包括偏误1例)、不要(12例,包括偏误5例)、不可以(11例)、不能(8例,包括偏误1例)、不想(1例)",偏误用例多是把原题中如"(小狗)不见了""看不到"复述为"(小狗)不会看到",把"不用出门"复述为"不要出门",而汉语母语者所用的90例"不+助动词"中有"不会(52例)、不要(32例)、不能(6例)",没有一例是"不可以、不想",可见,英语母语者在"不"后有过度运用助动词尤其是"可以"的现象,这种现象在初中级表现比较突出,B2阶段以后与汉语母语者逐渐趋于一致。英语母语者在初中级阶段过多使用"不+助动词"的形式可能是受到其母语"cannot""couldn't"等形式的影响。另外,英语母语者语料中并未出现"没(有)+助动词"的形式,因此有理由推测他们对于"不"表示主观意愿的语义的认知是比较好的。

其次,关于第5种类联接"可能补语否定式",英语、日语母语者用例相对于汉语母语者来说均较少,尤其是英语母语者与汉语母语者相比差异显著。根据王建勤(1997)的研究,可能补语的否定是最难习得的,因此二语学习者回避运用从而使得用例较少是可以预见的。英语母语者在短文重述部分的13个用例中,A2级被试只有1例,其余全部是B1级以上水平被试的用例。具体分析这些用例,还可以发现汉语母语者用例较多的如"离不开、去不成"在英语母语者表达中并未出现,英语母语者"不"前的动词和后面的补语形式相对汉语母语者来说比较单一。

最后,关于第8种类联接"不是",统计显示的结果是汉语母语者没有用例,而英语、日语母语者用例较多,与汉语母语者差异显著。造成这种差异的一个主要原因是英语母语被试有一道短文重述原题没有出现在汉语母语者语料库中,这种情况比较少见,应该是偶然原因造成的。英语母语者的这一类用例有一半来自这道试题。但也有一半用例是"不是+形容词",如"不是容易""传统的汽车比较不是危险"这样的偏误用例。从表6.9显示的看图说话语料中"不"的类联接分布来看,英语母语者使用"不是"也略多于汉语母语者,汉语母语者用例中"不是"后搭配的词语主要有三种情况:一是名词或名词性词组如"不是那种感情上的";二是受副词修饰的形容词,如"不是很开心""不是不高兴";三是短句,如"不是因为饿了""不是需要你去做什么"。这三种情况中英语母语者所用的主要是第一种,第二种和第三种用得较少。其中的原因可能是英语母语者对于形容词谓语句认知不足,受英语影响,倾向在形容词前加上系动词再进行否定,而汉语母语者往往是把"不是"后描述的状态或情况作为事件性的内容整体加以否定,所以"不是"后直接加形容词的情况一般只能是"那不是漂亮""那是优雅"这样的语境。

上面主要关注的是"不"右侧的结构和词语,如果把目光转向"不"左邻搭配词,还可以发现在汉语母语者 445 个"不"的用例中,有接近一半(205 个)在"不"左侧或可能补语否定式的左侧用了副词,很多时候还连续使用了多个副词。而全部英语母语者的 241 个"不"的用例中,只有 32 个在左侧用了副词,日语母语者的 82 个"不"的用例中,只有 9 个在左侧用了副词,而且基本上是单个副词。英语母语者用得较多的副词是"很、也、都、还、就、便、非常、永远"等,日语母语者用得较多的副词是"很、也、都、就、并",而汉语母语者使用的副词范围较广,主要有"都、还、很、也、再也、就、没有、尽量、最好"等。缺少副词使得汉语学习者的很多表达显得生硬,如"他约会总是迟到,他的女朋友[就很]不高兴"。

各水平级别的英语、日语母语者和汉语母语者在看图说话语料中与否定副词"不"有关的各种类联接的出现频数及其差异情况,详见表 6.9 和表 6.10。

表6.9 英语、日语和汉语母语者看图说话语料中"不"的类联接及频数

序号	类联接	英语母语者频数	占比	日语母语者频数	占比	汉语母语者频数	占比
1	不+动词(+名词/动词)	206	0.47	58	0.49	79	0.51
2	不+助动词(+动词/形容词)	62	0.14	19	0.16	12	0.08
3	不+形容词(+动词)	50	0.11	18	0.15	17	0.11
4	不+副词+动词/形容词	38	0.09	7	0.06	14	0.09
5	可能补语否定式	32	0.07	5	0.04	7	0.05
6	动词+得+不+形容词	1	0.00				
7	不+介词短语+动词	5	0.01			2	0.01
8	不是	33	0.07	10	0.08	9	0.06
9	动词/形容词+不+动词/形容词	1	0.00	1	0.01	5	0.03
10	带"不"表否定意义的词语	13	0.03	1	0.01	9	0.06

表6.10 英语、日语和汉语母语者看图说话语料中"不"的类联接频数差异检验

序号	类联接	英、汉差异检验(p)			日、汉差异检验(p)			英、日差异检验(p)		
1	不+动词(+名词/动词)	0.327		—	0.675		—	0.694		—
2	不+助动词(+动词/形容词)	0.042	*	+	0.035	*	+	0.600		
3	不+形容词(+动词)	0.920		+	0.317		+	0.262		
4	不+副词+动词/形容词	0.858		—	0.324		—	0.330		+
5	可能补语否定式	0.242			0.891			0.234		+
6	动词+得+不+形容词	0.554		+				0.603		+
7	不+介词短语+动词	0.870			0.212			0.243		+
8	不是	0.494		+	0.410		+	0.738		
9	动词/形容词+不+动词/形容词	0.001	**	—	0.179		—	0.319		
10	带"不"表否定意义的词语	0.101		—	0.029	*	—	0.191		+

表 6.9 和表 6.10 显示的看图说话语料中的情况与短文重述基本相同。"不"的类联接在英语、日语母语者和汉语母语者看图说话语料中的频数分布大致相似。另外,第 2 种类联接"不+助动词(+动词/形容词)"的情况也与短文重述部分类似,就是英语、日语母语者运用这种类联接形式比汉语母语者占比更多,显著多用,而且从 A1 到 B2 阶段英语、日语母语者分别有 13 个和 2 个"不可以"用例,汉语母语者则一次也没有用过。

表 6.9 中第 1 种类联接"不+动词(+名词/动词)"在各水平英语、日语母语者和汉语母语者"不"用例中都占一半左右,看起来这种类联接数量最多,但实际上,因为图画内容"爸爸不知道该怎么办",每名被试都会一次或多次使用"不知道",这一搭配占"不+动词(+名词/动词)"用例的一半左右。为了更好地了解"不"在第 1 种类联接中的词语搭配情况,我们去除"不知道"用例之后,发现情况有了变化,汉语母语者明显高于学习者。除"不知道"外,其他频数较高的搭配词语数据见表 6.11。

表 6.11　副词"不"在"不+动词(+名词/动词)"中与动词的搭配情况

搭配词语	英、日语母语者		汉语母语者	
	频数	典型用例(频数)	频数	典型用例(频数)
停	14	不停哭(7);不停地哭(5);哭不停(1);哭个不停(1)	14	不停地 V(11);V 个不停(3)
哭	22	不哭(20);不哭了(2)	12	不哭了(10);让他不哭(2)
喜欢	14	不喜欢(11);不喜欢坐(3)	0	
其他词语	26	不找(4);不了解(3);不看(3);不够(3);不断(3);不哭泣(2);不明白(2);不停止(2);不习惯(2);不懂(1);不需要(1)	13	不懂(3);不了解(3);不够(2);不需要(1);不在(1);不负责(1);不理会(1);不满(1)

从表 6.11 可以看出,面对相同内容的图片,英语、日语母语者和汉语母语者在"不+动词(+名词/动词)"结构中各自选择搭配的动词却有很大的不同。和程度副词后的搭配词一样,英语、日语母语者在"不"后搭配的动词种类也多于汉语母语者,显得更加分散。

另外,汉语母语者用例最多的动词或在英语、日语母语者口语中很少使用,或使用的形式和语用有很大的差异,如"停",汉语母语者表达的"不停地 V"或"V 个不停"已经变成了一个固定语块,使用的一致性很高,而在英语、日语母语者中介语中"停"还只是一个单个的动词,相当于"stop",不仅用于否定形式"不停哭",而且还多用于肯定形式,用得最多的是"希望孩子停哭""妈妈回来,孩子停哭了",原因在于母语负迁移,英语表达中最常用的形式就是"stop crying",日语母语者在用日语描述图画 2 时的表述几乎全部是"赤ちゃんは泣き止みません"。

此外,和短文重述部分一样,在看图说话语料中,汉语母语者带"不"的否定句中有 35% 在"不"的左侧加上了副词,而英语、日语母语者则分别只有 11% 和 7%。

(二)副词"没(有)"的类联接和搭配分析

本研究第四、五章是将"没"和"没有"分别进行频率统计的,因为这两个词尽管语法功能基本相同,但在口语中的使用频率有一定的倾向性。这两个否定副词同时还常用作动词,在本研究语料中的词性分布情况如表 6.12 所示。

表 6.12 "没"和"没有"在汉语、英语、日语母语者语料中词性分布频数比较

语料类别	没				没有			
	动词	副词	总计	副词占比	动词	副词	总计	副词占比
汉语母语者	15	73	88	0.83	139	131	270	0.49
英语母语者	24	50	74	0.68	145	37	182	0.20
日语母语者	14	43	57	0.75	70	13	83	0.12

表 6.12 显示,在使用否定副词时,汉语母语者使用副词"没有(131 例)"多于"没(73 例)",而英语、日语母语者的情况则相反,副词"没(50 例、43 例)"多于"没有(37 例、13 例)"。再从副词占比来看,三类被试都是运用副词"没"多于动词"没",副词"没有"少于动词"没有",即副词更倾向用"没",而动词更多用"没有"。稍有不同的是,英语和日语母语者明显更多地把"没有"用作动词。

副词"没(有)"在短文重述和看图说话语料中各种类联接形式的频数

及其差异情况,如表 6.13 和表 6.14 所示。

表 6.13 英语、日语和汉语母语者副词"没(有)"的类联接及频数

序号	类联接	用例	英语母语者频数	占比	日语母语者频数	占比	汉语母语者频数	占比
1	没(有)+动词	没下班;没有成功	26	0.31	21	0.38	60	0.30
2	没(有)+动词+宾语	没带伞;没有回家;没有吃早饭	18	0.22	15	0.27	17	0.08
3	没(有)+动词+补语	没找到;没有搞清楚	22	0.27	14	0.25	110	0.54
4	没(有)+介词	没有把他的话听明白	3	0.04			2	0.01
5	没(有)+不+形容词	没有不开心			1	0.02	13	0.06
6	没(有)+动词+了	他没扔了;孩子没哭了	6	0.07	2	0.04		
7	没(有)+形容词	语言没有美丽;可能没有好玩	4	0.05	3	0.05		

表 6.14 英语、日语和汉语母语者副词"没(有)"的类联接频数差异检验

序号	类联接	英、汉差异检验(p)			日、汉差异检验(p)			英、日差异检验(p)	
1	没(有)+动词	0.786		+	0.266		+	0.581	—
2	没(有)+动词+宾语	0.002	**	+	0.000	***	+	0.594	
3	没(有)+动词+补语	0.000	***	—	0.000	***		0.712	+
4	没(有)+介词	0.125			0.455			0.140	+
5	没(有)+不+形容词	0.018	*		0.174			0.233	
6	没(有)+动词+了	0.000	***		0.007	**		0.329	+
7	没(有)+形容词	0.002	**	+	0.001	***		0.940	—

从表 6.13 和表 6.14 可以看到,英语、日语母语者比汉语母语者显著多用形式 2"没(有)+动词+宾语",更少使用形式 3"没(有)+动词+补

语"和形式5"没(有)+不+形容词"的结构,前者差异更加显著。

少用的"没(有)+动词+补语"形式与前文程度副词和"不"的情况相同,英语、日语母语者都是尽量回避使用补语结构。

对于"没(有)+不+形容词"少用的问题,本研究认为,汉语学习者没有真正理解"不"是对性质的否定,而"没(有)"是对事实的否定,同时也可能是把"没(有)"和"不"简单地对立起来,认为"没(有)"和"不"不能一起用,而没有认识到"不+形容词"是作为一个事实描述整体受"没(有)"的否定。在短文重述中有一道试题原题是"小王每次约会都迟到,他女朋友很不高兴。今天他又迟到了,可是他的女朋友没有不高兴",所有的汉语母语者都用的是"没有不高兴",但是英语母语者(A2—B2)说的是"他的女朋友不生气了""还不生气""不生气""不不太高兴""不是不高兴""不是生气",只有1例A2级日语母语者重述为"没有不高兴"。实际上"不是不高兴"与"没有不高兴"所表达的语义有很大的不同,通过适当的上下文语境不难理解。可能是因为教学中往往多强调"没(有)"与动词的搭配,对于其他的类联接形式关注不够,所以产生了这样的问题。

对于英语、日语母语者超用的"没(有)+动词+宾语"的形式,进一步考察发现,在英语母语者的18个用例中,有8个是不应该使用"没(有)+动词+宾语"的,其中有的是不应该用"没(有)",而应该用"不"的,如"晴天有很多好处,晴天没有下雨[不下雨]";有的是应该用动补结构或其他形式的却用了"没(有)+动词+宾语",如"理发师没听(清楚)她的话""很快没有扔石[石头扔完了/没有石头了],(孩子)很不高兴"。日语母语者的15个用例中,有6个也有同样的问题,如"爸爸没看孩子的时间很多",正确的表述应该是"爸爸看孩子的时间不多"。

英语、日语母语者显著超用的第6和第7种类联接形式都是中介语的偏误形式,一是误将"没(有)"与"了"连用,二是在形容词前误用"没(有)"。这两种形式在中介语中都比较常见,在A2到B2级英语、日语母语者语料中都有分布。此外,汉语母语者还出现少量口语固定形式如"没得玩儿了""没过多久"等,这些口头表达即使对于高级水平的英语、日语母语者来说也是比较陌生的。

本研究对"没(有)"的搭配词的统计结果也和程度副词的情况相似,英语、日语母语者搭配词更分散,不如汉语母语者用词集中。

(三)副词"别"的类联接和搭配分析

频率统计显示英语、日语母语者在看图说话时用副词"别"多于汉语母语者。三者的用例分别为13、2、0。"别"跟"不、没(有)"的区别非常明显,"别"表示劝阻或禁止性否定,一般只能修饰动词性词语,常用于祈使句。因为看图说话是独白叙述,缺乏使用"别"的语境,所以汉语母语者语料中一个用例也没有。那么英语、日语母语者具体的运用情况如何呢?这15个用例中,有2例是偏误:"他的妈妈给他的爸爸他们的孩子,和那个宝宝别停止哭[一直哭]""妈妈到了,所以宝贝别哭[不哭了],很高兴"。其他13个用例主要有两种情况,一是"让/要孩子别哭",有9例;二是模仿爸爸的口语,在叙述中插入对话,如"爸爸可能说:别着急""孩子,别哭""小娃娃,快别哭"。而与之相对比,几乎所有的汉语母语者在叙述该图画内容时用的都是"想逗/哄孩子开心,让他不要哭""不让他哭""让他不哭"。这种情况说明英语、日语母语者对于"别"常用的祈使语气不敏感。同时,因为词汇量不足,不能像汉语母语者那样一致地使用"逗"或"哄"这样的叙述性词语,所以就转换表达策略,通过自己口语表达中更熟悉更简单的对话方式来达到交流的目的。

6.2.2 英语、日语、汉语母语者在同一否定信息点上的表达对比分析

汉语学习者在运用汉语的否定副词时是否有母语负迁移的问题,在前人的研究中已有探讨,结论并不完全一致。前人的研究大多是通过二语学习者带否定结构的句子的正确率及偏误来判断。但根据本研究第四、五章对虚词运用频率、正确率和偏误的考察,单纯依靠正确率或偏误来判断并不能完全反映真实的中介语运用特征。因为二语学习者在表达中存在自觉或不自觉的回避问题,如果不了解其真正的表达意图就很难对中介语的正误和习得状况进行评判。另外,即使是要表达同样的信息,说话人也可以选择多种表达方式,有时候无关对错,因此,如果对比二语学习者和本族语者在表达同样信息时更倾向于用什么样的语言形式,就

可以更好地了解其中介语运用特征。

本节对三类被试在同一个带有否定意义的信息点上的语言运用情况进行两个方面的对比分析,一是汉语学习者和汉语母语者的汉语表述有何异同;二是汉语学习者的汉语及其母语表述有何异同。

首先从两幅图画中选出一个带有否定意义的信息点,即图画1中第3个小图"找不到石头了"。

然后考察分析英语母语者(29人)、日语母语者(12人)和汉语母语者(31人)在这一否定信息点上的汉语口语表达形式及英语、日语表达形式。既用汉语又用其母语进行看图说话的29名英语母语者中A1级3人,A2级13人,B1级7人,B2级2人,C级4人;12名日语母语者中A2级2人,B1级3人,B2级6人,C级1人。结果见表6.15。

表6.15 英语、日语和汉语母语者在同一否定信息点上的口语表达形式对比

说话人	表达形式(次数)	具体用例
汉语母语者	N+V+完(光)了(10);N+没(有)了(5);找不到(了)(6);没有+N+了(4);没有V到(3);N+都+被+V到水里了(2)	扔着扔着,石头就扔光了;把石子都扔完了;石头都被丢到水里了,怎么找也找不到
英语母语者(汉)	没有+N(15);没有+N+了(3);V不到+N(7);V+完了(3);不+V+到(2);不+助动词+V+N(3);都+N+V(2)	没有石头;没有石头了;找不到石头;扔完了;不找到石头;不会(可以/能)找到石头;都的石扔以后
英语母语者(英)		run out of rocks(12);couldn't/cannot find(6);no stones left(5);threw all stones(4);there aren't any(2)
日语母语者(汉)	没有+N(2);没(有)+(N)+了(6);没+V到+(N)(2);V+完了(1)	没有石头;没(有)石头了;没找到(石头);投完了
日语母语者(日)		石は無くなった(7);石を見つけることができなかった(2);石は数が限られていて(1);小石を投げ終わった(1)

从表6.15可以看到,英语、日语母语者和汉语母语者在同一否定信息点上所运用的否定形式有很大的不同。首先,大多数汉语母语者没有

使用否定副词,用的多是"石头(都被)扔完了"这样的补语形式,占三分之一以上,而英语母语者更多运用的是"没有石头"这样的否定式,占近二分之一,一半以上的日语母语者也是用"没有石头了""没有石头"。有趣的是,英语母语者在英语表达中用得最多的是"run out of rocks",和汉语母语者的表达一样,并未使用否定词。这可能有两个方面的原因,一是英语母语者说汉语时已经在努力摆脱英语的表达习惯,想要运用学到的汉语否定表达式,但却不清楚汉语的惯常表达方式;二是英语母语者没有掌握汉语的补语形式,无法把英语中的表达转换为相应的汉语表达形式。第二方面的原因应该是主要的。日语母语者的日语表述和汉语表述基本可以对应。

其次,英语、日语母语者和汉语母语者都多次使用否定动词"没有",不同的是,汉语母语者多是把名词放在"没有"的前面,并且在"没有"后加上了助词"了"即"N+没(有)了"形式;而英语母语者则多是把名词放在"没有"的后面,缺失"了"。这可能是由于英语母语者尚未掌握汉语主题突出的表达特点,受到其母语"no stones left"这种形式的影响,简单地把"no"与"没有"对应起来而产生的问题。英语母语者在使用副词"没(有)"时常会误加"了",而使用动词"没(有)"时又常会缺失"了",原因是前一个"了"往往被英语母语者当作是过去时的标记,习惯性地与动词联系在一起,考虑不到与副词"没(有)"的语义矛盾。而"没有石头了"中的"了"是表示情况发生变化的"了$_2$",与过去时关系不大,英语母语者表达中就容易被遗漏。日语母语者则有一半将"没(有)"放在名词前,一半放在名词后。

此外,英语母语者多次运用"不+助动词+V+N""都+N+V"这样的形式,也是比较明显地受到了其母语"couldn't/cannot find""threw all stones"的影响。日语母语者没有使用这样的形式。

汉语母语者在对同一个信息点的表达中运用了多种语言形式,并且结构更复杂,如使用了"把、被、扔着扔着、怎么找也找不到、都扔没有了",在动词或否定副词前常常使用"就、都"等,相比较而言,英语、日语母语者的表达形式比较简单单一,汉语口语表达特征不够明显。

6.2.3 运用特征总结

通过前面的分析,英语、日语母语者口语中否定副词"不、没(有)、别"的运用特征可以总结如下。

一是过多运用"不+副词+动词/形容词""不是""不+助动词(+动词/形容词)"以及"没(有)+动词+宾语""没(有)+不+形容词""没(有)+动词+了"等类联接形式,而对"可能补语否定式"以及"没(有)+动词+补语"的形式使用不足。在"不+助动词(+动词/形容词)"这一类联接形式中过多运用汉语母语者基本不用的"不可以"。

二是所运用的"不""没(有)"类联接形式简单单一,常因缺少左邻副词的搭配和右邻语气助词如"了"的搭配造成表述语气不自然或偏误。与汉语母语者口语中多用"没有"、少用"没"相反,英语、日语母语者口语中多把"没"用作副词,而把"没有"用作动词。所运用的否定副词搭配词选择相比汉语母语者更加分散,语块特征不明显。

三是对"不"表示主观意愿的语义有一定的认知,但是有把"没(有)"和"不"简单对立的倾向,对否定副词的否定范围缺乏足够的认识。在运用否定副词时明显受到了母语负迁移的影响。

本节的研究验证了李英(2004)认为二语学习者从初级到中高级都会混用"不"和"没",并且没有出现"没"泛化的现象,相反"不"还具有一定的强势地位。但是该文认为只有否定跟过去有关的动作或情况时,学习者才会较多地混用"不"和"没",本研究发现不仅如此,英语母语者在否定形容词时也常出现"不"和"没"混用的现象。寮菲(1998)在讨论母语迁移现象时通过母语为英语的学生把肯定句转换为否定句的练习材料,认为外国学生否定句中的错误并不常见,也未见英语否定句的痕迹,迁移并未发生。但通过本研究的语料对比分析,发现英语、日语母语者包括中高级被试在表达同一否定意义时有多处母语的痕迹,母语迁移并非未发生。

6.3 介词:把

介词"把"一向是汉语作为第二语言教学的重难点。前文甲级虚词运用频率统计显示,在短文重述和看图说话语料中英语、日语母语者均比汉语母语者少用"把",并且"把"的运用正确率直到 B2 阶段才超过 90%。根据以往的研究,"把"字句有多种语义类型,对于汉语学习者学习"把"字句的难点是什么的问题,学界也有不同的看法,李大忠(1996)认为最大的问题是不知道什么时候该用"把"字句,而刘颂浩(2003)认为所调查的留学生已经基本上知道了什么时候用"把",主要问题表现在使用"把"字句的质量上,而且主要困难都与动词有关,如缺少动词、使用单个动词等,同时提出"把"字句的核心用法(表位移和变化)并不难,外围用法(表致使和不如意)较难。不过,该文所调查的学生以高级水平的日韩学生为主,对于母语为英语的学习者来说,具体运用情况如何,他们所使用的"把"字句的结构类型与日语、汉语母语者有什么差异是本节希望回答的问题。

6.3.1 类联接和搭配分析

"把"字句的结构类型很多,崔希亮(1995)依据经典小说语料归纳出"把"字句典型结构形式为 VP 是述补结构或包含述补结构,包括"动词+结果补语""动词+趋向补语""动词+介词短语"构成的述补结构,包含述补结构的连谓结构,另外还有动词重叠形式、"动词+数量补语"等非典型形式。参考前人的研究,本节对语料中出现的"把"字句的类联接形式进行了统计。结果见表 6.16。

表 6.16 英语、日语和汉语母语者短文重述和看图说话语料中"把"的类联接及频数

序号	类联接	用例	英语母语者频数	占比	日语母语者频数	占比	汉语母语者频数	占比
1	把+NP+动词+介词短语	把宝宝放在椅子上;把孩子交给爸爸	96	0.53	22	0.43	103	0.38

续表

序号	类联接	用例	英语母语者频数	占比	日语母语者频数	占比	汉语母语者频数	占比
2	把+NP+动词+结果补语	把鸟都吓跑了;把孩子逗笑	14	0.08	5	0.10	59	0.22
3	把+NP+动词+趋向补语	把字典拿出去;把孩子带来了	22	0.12	10	0.20	47	0.17
4	把+NP+动词+名词宾语	把钱给了店员;把糖当作了盐	10	0.06	2	0.04	39	0.14
5	把+NP+动词+得+补语	把头发理得很短					17	0.06
6	把+NP+动词+其他形式	把孩子抱着;把尿布换一换;把石头扔了	3	0.02	3	0.06	6	0.02
7	学习者偏误形式	把石头放在湖;把石头在水;把衣服洗澡	37	0.20	9	0.18		

表6.17 英语、日语和汉语母语者短文重述和看图说话语料中"把"的类联接频数差异检验

序号	类联接	英、汉差异检验(p)			日、汉差异检验(p)			英、日差异检验(p)		
1	把+NP+动词+介词短语	0.002	**	+	0.490		+	0.225		+
2	把+NP+动词+结果补语	0.000	***	−	0.049	*	−	0.626		−
3	把+NP+动词+趋向补语	0.131		−	0.697		+	0.168		−
4	把+NP+动词+名词宾语	0.003	**	−	0.040	*	−	0.653		+
5	把+NP+动词+得+补语	0.001	***	−	0.066		−			
6	把+NP+动词+其他形式	0.676		−	0.145		+	0.092		+
7	学习者偏误形式							0.671		+

从表 6.16 和表 6.17 可以看出,与汉语母语者相比,英语、日语母语者均超用第 1 种类联接形式,英语母语者差异显著,其他几种形式(偏误句除外)英语母语者均呈现少用的情况,其中类联接 2、4 和 5 差异显著,日语母语者的类联接 2、4 和 5 也呈少用情况,但类联接 3 和 6 呈多用状况,差异不显著。英语母语者和日语母语者之间差异均不显著。需要考虑的是,汉语学习者在短文重述时所运用的"把"字句数量和类联接形式差异显著也有可能是受到短文听辨能力的影响。因此,为了公平地考察其运用"把"字句的情况,下面把看图说话语料中的数据单独抽取出来,见表 6.18。

表 6.18 英语、日语和汉语母语者看图说话语料中"把"的类联接频数及差异检验

序号	类联接	英语母语者频数	占比	日语母语者频数	占比	汉语母语者频数	占比	英、汉差异检验(p)		日、汉差异检验(p)	
1	把＋NP＋动词＋介词短语	78	0.57	20	0.51	53	0.57	0.993	—	0.547	—
2	把＋NP＋动词＋结果补语	6	0.04	2	0.05	14	0.15	0.005	**	0.111	—
3	把＋NP＋动词＋趋向补语	16	0.11	8	0.21	20	0.21	0.044	*	0.899	—
4	把＋NP＋动词＋名词宾语	6	0.04	1	0.03	2	0.02	0.365	+	0.884	+
5	把＋NP＋动词＋得＋补语										
6	把＋NP＋动词＋其他形式	1	0.00	1	0.03	4	0.04	0.068	—	0.633	—
7	学习者偏误形式	30	0.22	7	0.18						

英语、日语母语者在完全自主表达的看图说话中的表现显示只有第 4 种类联接"把"后加动宾结构的形式使用频数超过汉语母语者,但差异并不显著,而且数量偏少。可见,在同样的语境中,英语、日语母语者主要

是介词"把"使用不足的问题,尤其是"把"后加结果补语和趋向补语的用量显著不足。在几种类联接形式中,三类被试对于带介词短语表位移的形式使用率最高,占比均在50%以上,如果算上英语、日语母语者丢失了动词或方位词的偏误句的话,比例将更高,说明对外汉语教学中把这类结构首先教给留学生是比较容易被接受的。

英语、日语母语者使用"把"字句时,所用的语境是否恰当呢?对于英语、日语母语者是否基本掌握"把"字句的使用语境问题,也可以通过英语、日语母语者及汉语母语者对两幅图画中相同信息点的表述差异来考察。在对两个故事的叙述中,英语、日语母语者和汉语母语者使用"把"字句的语境大致相似,多集中在"爸爸把很多石头放在湖边""妈妈把孩子交给爸爸""爸爸把孩子放在椅子上""妈妈把孩子抱起来"。但是也有一个很大的不同,在第一幅图画中,大多数英语、日语母语者在叙说故事开始的①和②两幅小图时用了"把"字句,如"孩子把石头扔在湖里",但大多数汉语母语者的表述却是"孩子扔石子玩儿"或"捡石子往湖里投""比赛丢石子""捡石子扔向河里"等,很少使用"把"字句。这是因为说话人在此处表达的焦点并非石子的位移而是人物的行为,尽管石子实际上是发生了位移。汉语学习者则可能是看到了位移就用"把"字句。可见,汉语学习者虽然对"把"字句的语义和结构有了一定的了解,但距离对于语用环境的把握还有一定的差距。因此在教学中不仅要关注单句的语义和结构,更要注意在具体语境中培养学生的语用意识。

本节也对这几种"把"的类联接中被试所搭配的动词进行了统计,结果发现英语、日语母语者所用的动词种类和其他的虚词搭配一样多于汉语母语者,表现更分散。汉语母语者使用最多的前五个动词是"放、交、抱、捡、推",除了"放"以外,英语、日语母语者很少或不使用另外四个动词,而且所用的动词中有些并不适用于"把"字句,如"把孩子坐座位""把孩子结束哭泣""把宝宝不哭""把宝贝休息在椅子""把孩子停止哭""把很多石头准备了""把孩子托了丈夫照顾",这样的句子在初、中、高级水平的被试语料中都存在,反映出英语、日语母语者对于"把"字句中动词的性质的认识还比较模糊,对"把"字句的语义及使用语境的掌握还有所欠缺。

在"把"字句语法形式中偏误最多的是成分不完整:或丢失动词,如"把宝贝干净""把所有的石头在河边";或丢失方位词,如"把石头放在湖";或使用单一动词形式,如"把一个小石头扔""把石头投入"。这些有关动词的问题也是前人研究中多次提到的。

除了上述问题之外,英语、日语母语者还有很多偏误表现为"把"字句中动词与介词的搭配不当,如"把石头搬在海滩上""把很多小石头拿在湖边""把石头投入在海",这里"搬""拿"和"投"后都应该用"到",因为这几个动词隐含着物体位移的起点和终点。这个现象一方面说明英语、日语母语者对于"把"字句位移图式的细节和用于结构中的动词的性质尚不完全清晰,另一方面也反映出他们对介词"在"的使用有泛化迹象,这还表现在英语、日语母语者多次使用"扔石头在湖里",因为相应的英语和日语表述基本上是"throw a rock into the water""水の中に石を投げ",而汉语母语者则多用"往湖里扔石子"。

6.3.2 运用特征总结

通过上面对"把"字句的类联接及搭配词语的分析,可以发现英语、日语母语者不仅在"把"字句的使用频率上明显不足,而且对几种"把"的类联接形式的使用都有不足,尤其是对"把+NP+动词+结果/趋向补语"的使用不足,与汉语母语者相比存在显著差异。

汉语学习者使用相对较多的是"把+NP+动词+介词短语",虽然频率仍低于汉语母语者,但没有显著差异。说明他们对于"把"字句表位移的语义类型比较熟悉,但从与"把"搭配使用的动词、介词情况来看,汉语学习者对能用于该结构中的动词性质还不十分清晰,对其中的处置意义及位移的起点和终点的把握尚有不足。对"把"字句的语用环境的认识也还需加强。由此,本研究认为对于汉语学习者来说,作为核心用法之一的表位移的"把"字句相对不难,表结果和变化的"把"字句比较难。他们使用"把"字句的问题既有不了解何时该用的语境问题,也有"把"字句的质量问题。

6.4 连词:因为、所以、但是、可是、然后

由于重复句子和组句都属于单句层面的测试,所以有关连词的运用主要体现在短文重述和看图说话等篇章语料中。通过前文对连词运用频率的考察可知,英语、日语母语者显著超用的是"所以、可是、但是";"然后"在短文重述中表现为超用,在看图说话中为显著少用;英语母语者在短文重述和看图说话语料中均超用"因为",而日语母语者在短文重述语料中显著少用"因为"。本节主要讨论"因为、所以、但是、可是、然后"这几个连词的运用特征。

之前在考察虚词频率时只是统计数量,并没有对虚词的具体用法进行详细区分。实际上,很多虚词在话语中除了用其真值语义外,还常用作话语标记(Discourse Marker),尤其是连词。根据阚明刚、侯敏(2013)的总结,所谓话语标记,是指不用概念意义,只用程序意义,在话语语篇层面上表达话语连续关系、体现人际功能、指引语境构建、反映认知思维过程的具有单独韵律单元的独立话语单位。话语标记对语篇连贯起着重要作用,用来标记当前基本信息和先前话语之间的序列关系,在句子中一般不做句法成分,在过去主要以句子为单位的教学过程中常被忽视。该文统计对比了汉语口语和书面语语料中的话语标记使用情况,口语话语标记的数量(2682个,专用2419个)远多于书面语(398个,专用135个),口语中高频使用的约9%的话语标记就可以覆盖90%的用例,其中最常用的10个口语话语标记是"对、好、好的、对不对、第二、是吧、另外、所以、第一、对吧"。这10个话语标记中大多数是对话中更常用的,本研究的语料属于独白语体,其中的话语标记与对话有所不同。在甲级虚词的范围内,作为虚词话语标记用法研究比较多的是"然后、但是、所以",但这些研究多是基于汉语本族语者的语料,对比口语和书面语中的运用情况。对于汉语学习者话语中虚词话语标记运用情况的研究还比较少。本节将逐一对比分析这几个虚词在英语、日语母语者和汉语母语者口头篇章表达中的具体运用特征。

6.4.1 连词真值语义与话语标记用法功能分布

连词在具体话语中是真值语义用法还是话语标记用法有时并非截然而分的,正如方梅(2000)、姚双云(2009)所言,连词的话语标记功能是其真值语义的弱化、虚化、泛化。在语料分析过程中,本研究判断连词用的是真值语义还是话语标记功能的主要标准有以下几点:一是语义上是否有较明确的因果、转折、先后的逻辑关系;二是在形式上看前后文是否有常用搭配关联词如"因为……所以""虽然……但是""先……然后",或者是否能够比较明确地补上相应的关联词;三是话语标记常常弱读且与前后文在韵律上有些许停顿。另外,作为话语标记的连词在一个说话人的整段故事叙述中常常是连续出现。例如下面 a)的话语中画线的连词是真值语义的用法,而 b)的话语中画线的连词则是话语标记的用法:

a) 先生不知道孩子为什么哭,他以为孩子是不开心,<u>所以</u>他就开始表演。

他先倒立,做各种动作,<u>可是</u>孩子还是哭。

男孩子先打球,<u>然后</u>爷爷打球。

b) <u>所以</u>,有一天,一个小孩和一个男人,我估计他们是父亲和儿子。

半夜里,是吧,空中很黑,那个黑暗已经到来了,<u>可是</u>他已经回到了那个河畔,河边,那个湖,<u>可是</u>我们不知道他在干吗呢呀。

应该是夫妻俩吧,<u>然后</u>这个妈妈把孩子,<u>然后</u>,交给了爸爸,让爸爸来照看他,<u>然后</u>爸爸把孩子放在了椅子上,<u>然后</u>孩子开始哭了,<u>然后</u>爸爸就不知道是为什么。

在汉语学习者的语料中,有些关联词在前后文中并没有表达其真值语义的语境,也有可能是偏误用例,但考虑到这几个关联词的真值语义都比较容易理解,有一定水平的学习者是比较清楚的,在几种题型语料中,这几个连词的正确率都比较高。汉语学习者之所以使用,应该是出于话语组织的需要,体现着学习者口头话语表达特征。因此,本节把这样的用例也计算为话语标记用法。

根据上述标准,"因为、所以、但是、可是、然后"这几个虚词在短文重述和看图说话语料中的功能分布如表6.19所示。

表6.19 英语、日语和汉语母语者连词真值语义与话语标记用法功能分布

连词	功能	短文重述						看图说话					
		英语母语者频数	占比	日语母语者频数	占比	汉语母语者频数	占比	英语母语者频数	占比	日语母语者频数	占比	汉语母语者频数	占比
因为	真值语义	98	0.93	14	1.00	129	1.00	122	0.92	25	0.96	25	1.00
	话语标记	7	0.07					10	0.08	1	0.04		
所以	真值语义	133	0.81	67	0.88	76	1.00	291	0.58	99	0.68	29	0.91
	话语标记	32	0.19	9	0.12			214	0.42	47	0.32	3	0.09
但是	真值语义	124	0.85	60	0.88	141	0.99	105	0.79	71	0.79	62	0.87
	话语标记	22	0.15	8	0.12	1	0.01	28	0.21	19	0.21	9	0.13
可是	真值语义	49	0.88	24	1.00	111	1.00	138	0.68	23	0.72	13	1.00
	话语标记	7	0.12					64	0.32	9	0.28		
然后	真值语义	20	0.36	20	0.61	28	0.82	45	0.16	34	0.24	17	0.05
	话语标记	35	0.64	13	0.39	6	0.18	229	0.84	105	0.76	356	0.95

从表6.19可以看出,英语、日语母语者和汉语母语者在使用这几个连词时功能分布有很大的差异。下面分别对因果连词"因为、所以"、转折连词"但是、可是"以及表示先后关系的连词"然后"进行具体分析。

(一)因果连词:因为、所以

汉语母语者基本上就是把"因为、所以"作为因果连词运用。据姚双云(2009)对自然口语中"所以"做因果连词和话语标记的类型分布统计,66.2%是用作因果连词。该文所统计的自然口语主要是对话语料,用作话语标记的"所以"的数量相对较多,在本研究考察的独白语料中数量则很少,但英语母语者把"所以"作为话语标记用法的比例较高,尤其是在自主表达的看图说话语料中,有接近一半(42%)的用例是没有真值语义的

话语标记用法,与汉语母语者差异显著,日语母语者将"所以"用作话语标记的比例虽然没有英语母语者高,但也高于汉语母语者。过多把因果连词用作话语标记是英语、日语母语者超用因果连词的原因之一。过多把因果连词用作话语标记也是受到其母语的影响。英语"so"是一个常用话语标记。29 名英语母语者用英语进行看图说话时总共使用了 140 个"so",平均每个人用了近 5 次。不仅在频率方面,而且在对比他们的英语和汉语表述时也比较明确地显示"so"和"所以"的使用语境和位置相近。比如有 29 人次在汉语表述开始时使用了"所以",有 23 人次在英语表述开始时使用了"so",这是非常明确的话语标记用法,用来提起话题,而汉语母语者在语段开始时所使用的话语标记则是"就是"或者不用。可见,英语母语者对自然口语中的汉语表达方式不够了解,于是在话语中只能借用英语中常用的话语标记。

"因为"的情况与"所以"类似,英语母语者往往借用英语中的话语标记"because"表述为"因为",而汉语母语者把"因为"用作话语标记的数量为零,日语母语者使用"因为"的情况更接近汉语母语者,只在看图说话语料中有 1 例是话语标记,这应该是前文频率统计结果显示的日语母语者在短文重述语料中显著少用"因为",而英语母语者显著多用的原因。

日语接续词"だから"(表因果,相当于汉语"因此、所以")一方面在语篇中建构连贯关系,另一方面也发挥着重要的话语标记功能(孙颖 2016)。因此日语母语者语料中也有相当比例的"所以"用作话语标记的例子。

除了话语标记运用上的差异外,当使用真值语义的因果连词时,英语、日语母语者相比汉语母语者明显更多使用"因为……所以"这样的完整形式,而汉语母语者往往只用其中一个即"因为"或"所以"。

(二)转折连词:但是、可是

转折连词的情况与因果连词类似。汉语母语者使用的"可是"全部是真值语义,在看图说话时有少量"但是"用作话语标记(13%)。相比之下,英语、日语母语者在短文重述和看图说话中都有一定比例的"但是""可是"用作话语标记,尤其在看图说话时,英语、日语母语者分别有 32% 和

28%的"可是"是用作话语标记。这就不难理解英语、日语母语者使用转折连词的频率均显著高于汉语母语者了。同样对比看图说话的英语、日语表述,其中"but""しかし"也是作为话语标记分别出现多次。可见,与因果连词一样,英语、日语母语者使用转折连词也受到了母语迁移的影响。

除了受母语影响而使得英语、日语母语者超多使用因果连词和转折连词外,还有一个重要原因就是汉语是重意合的语言,尤其是在口语表达中因果、转折等逻辑关系往往并不需要明确用关联词标示出来,汉语学习者对汉语口语表达的这种特征了解不足。

(三)表先后关系连词:然后

在前文的频率统计中,英语、日语母语者在短文重述中显著超用"然后",而在看图说话中则显著少用。两种语料中频率差异不同的原因是什么?从表6.19可以进一步看到两种语料中"然后"的具体运用情况。英语母语者在短文重述和看图说话中均更多地把"然后"用作话语标记,只是看图说话中占比更大一些。日语母语者则在短文重述时有61%是使用"然后"的真值语义,在看图说话时有76%是将"然后"用作话语标记。

汉语学习者在两种语料中与汉语母语者运用频率出现差异的原因在于汉语母语者。汉语母语者在看图说话时所用的"然后"有95%为话语标记用法,而在短文重述中只有18%。其原因是汉语母语者在听过两遍短文再进行重述时,基本上都能够比较流利准确地重述原题甚至背诵,不需要过多地思考并自己组织语言,这与看图说话要即时表述、边想边说有一定的区别,所以在短文重述中话语标记的使用频率明显少于看图说话。而英语、日语母语者相对而言对听到的内容信心不足,需要自己重新组织语言,这就使得英语、日语母语者在短文重述中运用话语标记的频率高于汉语母语者。

在看图说话时,英语、日语母语者显著少用"然后"的另一个原因是,汉语母语者在需要使用话语标记时比较集中地倾向用"然后",但英语、日语母语者的选择比较多,从前面对因果连词和转折连词的分析来看,除了"然后",还受到其母语的迁移影响,过多地使用"因为、所以"和"但是、可是"。除了因果连词和转折连词外,英语母语者还常用"和"作为话语标记,因为英文中"and"常用作承接前后文的话语标记,这也是英语母语者在看图说话中显著超用"和"的主要原因。汉语母语者除了"然后"外,最常用的话语标记是"就、就是",而英语、日语母语者却比较少用这两个话语标记,这也是他们显著少用"就"的原因之一。

6.4.2 运用特征总结

从上述分析可知,因果连词"因为、所以"、转折连词"可是、但是"以及表先后关系的连词"然后"在汉语母语者和英语、日语母语者口语表达中都有相当大的比例用作话语标记,但连词的功能分布即三类被试在具体使用哪一个连词时有很大的差异。"因为、所以、可是、但是"在汉语母语者的口语中基本上是用作表示真值语义的连词,而英语、日语母语者则多用为话语标记,尤其是"所以"和"可是",原因是受到其母语中常用的话语标记"so""but""だから""しかし"的影响。汉语母语者在看图说话时95%的"然后"都是用作话语标记。虽然英语、日语母语者口语中也有相当比例的"然后"用作话语标记,但频数明显少于汉语母语者。

6.5 助词:了、的

根据前文的频率统计,英语、日语母语者在短文重述和看图说话中显著少用"了",在看图说话中超用"的",而且在重复句子中英语、日语母语者都常有"了"和"的"相互替代的偏误现象。这两个助词的语义和用法都比较复杂,本节仅就所调查语料中的英语、日语母语者表现进行分析。

6.5.1 类联接和搭配分析

(一)助词"了"的类联接与搭配分析

一般认为助词"了"有"了$_1$"和"了$_2$"之分,"了$_1$"用于词尾,表示动作完成,"了$_2$"用于句尾,主要肯定事态出现了变化或即将出现变化,有成句的作用(吕叔湘1999)。学界对于两个"了"的语义区分历来有不同的意见,在实际用例中区分哪个是"了$_1$"、哪个是"了$_2$"有时也比较困难,真正在区分两个"了"时起作用的还是它们的形式特征,即两个"了"出现的不同位置。但是两个"了"在位置上的区别也不是绝对的,如果动词带"了"恰好处于句末,就很难区分这个"了"是词尾"了"还是句尾"了"了(刘勋宁1990)。很多时候是把这样的"了"看作"了$_{1+2}$"。本研究旨在考察英语、日语母语者对"了"的运用特征,为简便起见,把句中词尾"了"作为"了$_1$",把句尾"了"均看作"了$_2$"。英语、日语母语者在短文重述和看图说话语料中所使用的"了$_1$"和"了$_2$"的分布情况如表6.20所示。

表6.20 英语、日语和汉语母语者短文重述和看图说话语料中"了$_1$"和"了$_2$"频数分布

了	英语母语者				日语母语者				汉语母语者			
	短文重述	看图说话	总计	占比	短文重述	看图说话	总计	占比	短文重述	看图说话	总计	占比
了$_1$	126	68	194	0.30	51	38	89	0.26	558	165	723	0.44
了$_2$	255	204	459	0.70	125	132	257	0.74	728	204	932	0.56

表6.21 英语、日语和汉语母语者短文重述和看图说话语料中"了$_1$"和"了$_2$"频数差异检验

了	英、汉差异检验(p)			日、汉差异检验(p)			英、日差异检验(p)	
了$_1$	0.000	***	—	0.000	***	—	0.183	+
了$_2$	0.000	***	+	0.000	***	+	0.183	—

从表6.20和表6.21可见,和汉语母语者相比,英语、日语母语者均显著少用"了$_1$",而显著超用"了$_2$"。也就是说,英语、日语母语者更多地把"了"用于句尾。这也基本上验证了孙德坤(1993a)通过对两名母语为英语的留学生的追踪研究所得到的结论,就是"了$_2$"先于"了$_1$"习得。但是本研究也发现在"了"的偏误中,"了$_2$"的偏误也远多于"了$_1$",这说明虽然汉语学习者更习惯用"了$_2$",但很多时候其实用得不对,有过度泛化的

问题。那么对于"了₁"和"了₂"的各种常用类联接形式,英语、日语母语者的运用特征如何呢?

表 6.22 英语、日语和汉语母语者"了₁"和"了₂"的主要类联接及频数

序号	类联接	用例	英语母语者频数	占比	日语母语者频数	占比	汉语母语者频数	占比
1	动词+了+宾语	拉了很多石子;刚生了孩子	148	0.25	77	0.22	406	0.25
2	动词+了+数量词	试了一下;堆了一堆	28	0.05	1	0.00	108	0.07
3	动词+结果补语+了+宾语	插满了蜡烛;穿好了衣服	11	0.02	4	0.01	64	0.04
4	动词+了+动词	尝了尝;看了看	5	0.01			21	0.01
5	动词+结果补语+了+数量词	把手表调快了十分钟	1	0.00			20	0.01
6	动词+趋向补语+了+宾语	下起了雨;拿出了一个手机			11	0.03	37	0.02
7	动词+了+趋向补语	聊了起来;扔了过去					8	0.01
8	动词+了+宾语+了	成了必不可少的东西了			1	0.00	4	0.00
9	动词+了	雨停了;孩子哭了	230	0.37	105	0.30	367	0.23
10	动词+宾语+了	去看比赛了;有太阳了	52	0.08	50	0.14	217	0.13
11	动词+结果补语+了	石子扔完了;尿湿了	50	0.08	23	0.07	125	0.08
12	形容词+了	天黑了;不舒服了	34	0.06	17	0.05	34	0.02
13	副词+形容词+了	太甜了;很好了	28	0.05	29	0.08	56	0.04
14	动词+趋向补语+了	哭起来了;看不出来了	11	0.02	22	0.06	75	0.05
15	名词+了	一个多月了;晴天了	9	0.01	5	0.01	3	0.00

续表

序号	类联接	用例	英语母语者频数	占比	日语母语者频数	占比	汉语母语者频数	占比
16	动词+介词+宾语+了	忘在书店里了	2	0.00	4	0.01	30	0.02
17	动词+可能补语+了	找不着了；去不成动物园了	2	0.00			28	0.02
18	动词+结果补语+宾语+了	吃到香甜的果子了					14	0.01

表 6.23 英语、日语和汉语母语者"了₁"和"了₂"的主要类联接频数差异检验

序号	类联接	英、汉差异检验(p)		日、汉差异检验(p)		英、日差异检验(p)	
1	动词+了+宾语	0.531	—	0.231	—	0.447	+
2	动词+了+数量词	0.054	—	0.000	***	0.000	***
3	动词+结果补语+了+宾语	0.010	*	0.009	**	0.432	+
4	动词+了+动词	0.329	—	0.032	*	0.090	+
5	动词+结果补语+了+数量词	0.018	*	0.037	*	0.450	+
6	动词+趋向补语+了+宾语	0.000	***	0.343	+	0.000	***
7	动词+了+趋向补语	0.079	—	0.188	—		
8	动词+了+宾语+了	0.215	—	0.895	+	0.186	—
9	动词+了	0.000	***	0.003	**	0.018	*
10	动词+宾语+了	0.001	**	0.654	—	0.005	**
11	动词+结果补语+了	0.800	+	0.464	—	0.370	+
12	形容词+了	0.000	***	0.003	**	0.645	+
13	副词+形容词+了	0.244	+	0.000	***	0.019	*
14	动词+趋向补语+了	0.002	**	0.193	+	0.000	***
15	名词+了	0.000	***	0.001	***	0.960	+
16	动词+介词+宾语+了	0.006	**	0.357	—	0.122	—

续表

序号	类联接	英、汉差异检验(p)		日、汉差异检验(p)		英、日差异检验(p)	
17	动词+可能补语+了	0.009	**	0.013	*	0.285	+
18	动词+结果补语+宾语+了	0.020	*	0.081	—		

在表6.22和表6.23中,第1—7是"了$_1$"的类联接形式,第8是同时使用"了$_1$"和"了$_2$"的形式,第9—18是"了$_2$"的类联接形式。

首先,英语母语者所使用的各种"了$_1$"类联接频数均少于汉语母语者,尤其是"了"前动词带有补语的形式显著少于汉语母语者。日语母语者与英语母语者情况相近,只有类联接6"动词+趋向补语+了+宾语"为多用,但差异不显著。

其次,英语、日语母语者虽然更多运用"了$_2$",但往往倾向于在简单的动词、形容词后加"了",如第9和第12类联接形式,第15"名词+了"的形式用例虽然不多,但显著多于汉语母语者,其中有不少属于偏误形式,如"起床的时候雨了""爸爸脾气了"。而在动词复杂形式如动词后加补语或加介词短语的情况下,英语、日语母语者使用"了"也少于汉语母语者,尤其是英语母语者。另外,日语母语者还显著多用"副词+形容词+了",如"很贵了""很努力了""他们觉得很有意思了""爷爷非常满意了",其中有近一半属于偏误形式。英语、日语母语者"了$_2$"用例中有很多应该用为"了$_1$"的,如"爸爸用手推车推石了",这里应该是"爸爸用手推车推了很多石头"。可见,汉语学习者更倾向于把"了"看作简单动词或形容词的附着成分,并且用于句尾,还不能从整个句子及更高层面理解"了"在表达中所起到的作用。

本节进一步对"动词+了"和"形容词+了"两种类联接形式中的动词和形容词进行统计,发现英语、日语母语者使用较多的动词是"哭、来、走、吃、没有、忘、迟到、去、睡觉、死、到、买、起床、笑",大多是行为动词,而汉语母语者使用较多的动词是"停、迟到、饿、哭、不见、渴、坏、笑、起床、睡觉、下班",多表示状态变化。因此,可以推测,虽然英语、日语母语者在形式上用的是"了$_2$",但在语义表达上还是多把"了"用为表示动作完结的"了$_1$"。

在形容词的使用方面,英语、日语母语者用得最多的是"好、晚",而汉语母语者用得最多的是"晴、舒服"。英语、日语母语者使用的"形容词+了"多是常用的语块结构如"好了""起床晚了",在扩展到更多的形容词加"了"表示情状变化时还不是很自如,往往出现表达不自然或偏误的情况,如"那个爸爸和孩子,他们在走了,可能他已经,他们发现那个那个场景那个活动无聊了""他发现了他的做的工作不让儿子变高兴了""他们觉得糟糕了"。

此外,和前面分析的虚词搭配一样,英语、日语母语者在"了"前所用的动词和形容词类别也都不如汉语母语者集中,汉语母语者367个动词用例集中在49个动词上,而英语、日语母语者分别在230、298个动词用例中所用的不同形式的动词达到了71个和79个。

(二)助词"的"的类联接与搭配分析

英语、日语母语者在短文重述和看图说话语料中运用助词"的"的频率均高于汉语母语者,但在短文重述部分的显著性没有看图说话高。因此,本节主要基于看图说话语料分析英语、日语母语者运用"的"的类联接与搭配情况。在语料中"的"的用例主要有三种类型:一是"的"字短语修饰名词;二是"的"字短语代替名词;三是"(是)……的"格式,包括表过去时的"(是)……的(1)"和表示肯定确信语气的"(是)……的(2)"。具体情况详见表6.24和表6.25。

表6.24 英语、日语和汉语母语者看图说话语料中助词"的"的主要类联接及频数

序号	类联接	用例	英语母语者频数	占比	日语母语者频数	占比	汉语母语者频数	占比
1	名词/代词+的+名词	儿子的愿望;他的爷爷	622	0.55	183	0.45	146	0.43
2	副词+形容词+的+名词	非常大的一堆石子;很好的爸爸	200	0.18	61	0.15	42	0.12
3	形容词+的+名词	奇怪的动作;小小的孩子	73	0.06	38	0.09	20	0.06
4	动词+的+名词	宝贝哭的原因	72	0.06	32	0.08	33	0.10

续表

序号	类联接	用例	英语母语者频数	占比	日语母语者频数	占比	汉语母语者频数	占比
5	动词+宾语+的+名词	照顾小孩的经验	16	0.01	24	0.06	30	0.09
6	数量词+的+名词	一堆的石头;一车的石头	5	0.00			16	0.05
7	(是)……的(2)	爸爸是爱孩子的	27	0.02	10	0.02	21	0.06
8	动词+的	故事讲的是一个家庭;需要的	12	0.01	8	0.02	5	0.01
9	形容词+的	真的;好的;他有一点幽默的	38	0.03	21	0.05	14	0.04
10	名词+的	不是身体的;孩子的	49	0.04	21	0.05	3	0.01
11	(是)……的(1)	不舒服才哭的	2	0.00	2	0.00	3	0.01
12	副词+的+形容词	非常的高兴;特别的奇妙			7	0.02	6	0.02

表 6.25 英语、日语和汉语母语者看图说话语料中助词"的"的主要类联接频数差异检验

序号	类联接	英、汉差异检验(p)			日、汉差异检验(p)			英、日差异检验(p)		
1	名词/代词+的+名词	0.000	***	+	0.604		+	0.000	***	+
2	副词+形容词+的+名词	0.020	*	+	0.306		+	0.179		+
3	形容词+的+名词	0.699		+	0.081		+	0.063		−
4	动词+的+名词	0.037	*	−	0.367			0.334		
5	动词+宾语+的+名词	0.000	***	−	0.121			0.000	***	−
6	数量词+的+名词	0.000	***	−	0.000	***	−	0.176		+
7	(是)……的(2)	0.001	***	−	0.011	*	−	0.966		
8	动词+的	0.537			0.610		+	0.177		−
9	形容词+的	0.510		−	0.508		+	0.116		−

续表

序号	类联接	英、汉差异检验(p)			日、汉差异检验(p)			英、日差异检验(p)		
10	名词+的	0.002	**	+	0.001	***	+	0.526	—	
11	（是）……的(1)	0.050		—	0.512		—	0.292		—
12	副词+的+形容词	0.000	***	—	0.959		—	0.000	***	—

表 6.24 和表 6.25 显示,在"的"短语修饰名词的第 1—6 类联接形式中,英语母语者比汉语、日语母语者显著超用第 1 种"名词/代词+的+名词",比汉语母语者显著超用第 2 种"副词+形容词+的+名词"。日语母语者也比汉语母语者超用这两种类联接形式,但差异不显著。第 10 种类联接"名词+的"虽然也显示英语、日语母语者是显著超用,但用例中偏误较多,并且多是不完整的表述,意义不太清晰,如"爸爸常常家务的""照顾孩子的是女的的",因此下面着重讨论前两种类联接形式。

通过对"名词/代词+的+名词"形式中"的"前后搭配的词进行统计,"的"前的词语大致可总结为四类:代词,如"他、他们";表人称名词,如"爸爸、妻子、儿子";表时间名词,如"晚上、夜里、早上";表方位名词,如"海边、地上"。英语、日语母语者使用最多的是代词,分别占 68% 和 57%,其余三类分别占 11%、16%、6%、8%、6%、9%。而汉语母语者所用的这几类词占比分别为 30%、20%、18%、17%,分布相对比较均匀。可见英语、日语母语者口语中有过度使用"代词+的+名词"结构的倾向。汉语母语者在表达中一般不会把"的"前的代词说出来,或者用代词时会隐去中间的"的"。英语中相应的表达是"his father",并没有像"的"这样的助词,而且名词前一般都需要用"his""the"这样的限定词,日语中相应的表达是"彼のお父さん"。汉语学习者应该是受其母语影响,出现过度使用"代词+的+名词"的情况。

相应的"的"后名词,英语、日语母语者更多地使用指人的名词,分别占 62% 和 56%,而汉语母语者只有 28%,差异比较明显。

本章第一节在有关程度副词的运用情况中已经谈到英语母语者更倾向于把"很""太"短语用作定语修饰名词宾语。表 6.25 也显示他们显著超用"副词+形容词+的+名词"形式,其中"的"前搭配的副词绝大多数是程度副词,而其中又有约 74% 是"很",与程度副词搭配的形容词大多数是"多、好、奇怪"。而汉语母语者虽然也运用这些形式和搭配,但频数比较少。另外,汉语母语者往往是把"副词+形容词+的+名词"置于一个结构更复杂的句子中,如"他们发现桥上有很多的碎石子""这个爸爸还是一个挺好的爸爸",而英语母语者说的常是比较简单的结构如"看到很多的石头""孩子非常兴奋,哦,非常好的爸爸"。

从表 6.25 可见,与汉语母语者相比,英语母语者显著少用的形式是第 4、5、6、7、12 种类联接,日语母语者显著少用第 6、7 两种类联接。其中第 5 种"动词+宾语+的+名词"属于比较复杂的"的"字短语结构,英语母语者 16 个用例中有一多半在"的"后搭配的名词是"时候",如"没有石头的时候",日语母语者的 24 个用例中也有一半"的"后搭配的名词是"时候",而汉语母语者 30 个用例中只有 4 例搭配的名词是"时候",用词比较多样。说明英语、日语母语者使用较复杂的类联接形式时更多用的是语块形式。

第 6 和第 12 种类联接形式是汉语母语者口语中比较特殊的表达,在教材中较少呈现,汉语学习者接触不多,因此很少使用。英语和日语母语者均显著少用的另一个形式是表示肯定确信语气的"(是)……的(2)"(类联接 7),表明汉语学习者对口语表达中有关语气的虚词掌握不足。

6.5.2 运用特征总结

英语、日语母语者在运用助词"了$_1$、了$_2$"及"的"的频率和类联接分布方面都与汉语母语者存在差异。和汉语母语者相比,英语、日语母语者显著少用"了$_1$",所用的"了$_1$"类联接形式也均少于汉语母语者,尤其是"了"前动词带有补语的形式显著少于汉语母语者。他们还显著超用"了$_2$",更倾向于把"了"看作简单动词或形容词的附着成分。英语、日语母语者在形式上用的是"了$_2$",但在语义表达上还是多把"了"用作表示动作完结的"了$_1$"。

英语母语者受其母语影响,有过度使用"代词+的+名词"的情况,并且显著超用"副词+形容词+的+名词"形式,其中"的"前搭配的副词绝大多数是程度副词,而其中又有约74%是"很",与程度副词搭配的形容词大多数是"多、好、奇怪"。对于汉语母语者口语中常用的一些"的"的类联接形式,英语、日语母语者明显使用不足,而且显著少用表示肯定确信语气的"(是)……的"句,表明英语、日语母语者对口语表达中有关语气的虚词掌握不足。

前文曾谈到在重复句子语料中英语、日语母语者常出现"的"和"了"误代的偏误,根据本节分析的结果,可以尝试对此进行解释。英语、日语母语者倾向于把"了"用于句尾,虽然形式上是"了$_2$",但往往实际表达的语义并非表示变化,而是表示动作完结,或者将之等同于过去完成。同时,英语、日语母语者对于用于句尾表示确信语气的"的"明显掌握不足,在重复句子时往往会把这种"的"误认为是表示过去时的"(是)……的(1)",因此英语、日语母语者有可能是把句尾的"了"和"的"都与过去时联系在了一起,从而造成混淆,导致误代。

6.6 本章小结

本章在第四、五章英语、日语母语者和汉语母语者口语语料中甲级虚词运用频率、正确率统计及偏误分析的基础上,进一步对其中一些高频出现且英语、日语母语者超用或少用,习得情况复杂的虚词包括程度副词(很、太、挺)、否定副词[不、没(有)、别]、介词(把)、连词(因为、所以、但是、可是、然后)以及助词(了、的)进行了类联接和搭配分析,并与汉语母语者的运用情况进行了对比。

单纯的频数比较只能给我们一个总体的印象,对每个虚词的各种常用类联接形式的分布进行考察可以帮助我们更细致地了解二语学习者的虚词运用特征。英语、日语母语者对上述虚词的部分类联接形式和搭配词语的运用都与汉语母语者有明显差异。原因一是受到母语负迁移的影响,二是如刘颂浩(2003)所谈到的,较早习得的句式会对其他的句式产生副作用,影响其他句式的习得。

在与虚词的搭配方面,英语、日语母语者所用的搭配词往往不如汉语母语者那么集中,呈现分散的特点,这反映出他们对于虚词常用的搭配词尚处于调试过程中。在口语交际中,英语、日语母语者尚不能像汉语母语者那样主要依靠常用语块和相对固定的词语搭配来组织话语,他们在语言输出时对虚词的搭配词在一定程度上显示出"开放选择"的特征,这种特征既影响到英语、日语母语者口语表达的准确性,也影响到口语表达的流利度和自动化水平。

第七章

甲级虚词运用语体特征

根据前文对短文重述语料与原题语料以及看图说话口语和笔语中甲级虚词出现频率的统计结果,一些虚词在口头表达和书面表达时的运用频率有显著差异。与带有一定书面语特征的原题相比,汉语母语者在短文重述时显著多用的虚词有"所以、的、但是、跟、在、没有",没有显著少用的虚词。英语母语者在短文重述时显著多用的虚词有"很、所以、但是、因为、太、然后、跟、可是、不、在、没有",显著少用的是"更、常、地、把、着"。日语母语者对多数虚词的使用频率差异情况与英语母语者相似,在超用或少用方面与英语母语者情况不同的有"的、因为、太、让、在、了"这6个虚词,英语母语者表现为超用,而日语母语者均表现为少用,其中"让"和"在"这两个介词表现为日语母语者比原题显著少用,而英语母语者比原题显著超用介词"在"。

在看图说话语料中,与笔语相比,汉语母语者口语显著多用的虚词是"所以、很、跟、好、但是、最、吧、呢、然后、就",显著少用的是"一直、没、才、给、了"。英语母语者口语显著多用的是"所以、很、可是、太、然后",显著少用的是"为了、才、又、把、地、着、了"。日语母语者在口语和笔语中的甲级虚词运用情况,与英语母语者相同的特征是口语中更多使用"所以、然后",更少使用"才、又、把、了",差异显著;不同的特征是英语母语者口头表达显著多用"很",日语母语者在笔语中用"很"更多,但差异不显著。此外,和笔语相比,日语母语者口语中多用的词还有"还、但是、呢、或者",少用的词有"在、也、好"。

上述虚词在口语和笔语中频率差异显著,显示出部分甲级虚词在实际运用中存在着语体特征,即有些虚词更多用于口语,而有些虚词更多用于笔语。英语、日语母语者和汉语母语者在这方面的表现有同有异。如果以汉语母语者的运用特征为参照的话,那么英语、日语母语者对部分虚词的语体特征有所掌握,但实际运用情况尚有明显不足。

由于短文重述的原题并不是被试自己的笔语表达,所以本章主要基于看图说话的口语和笔语语料对部分虚词的语体特征作进一步分析。在第四章所做的看图说话口语和笔语中的虚词频数对比是基于全部的口语和笔语语料,统计结果显示,与笔语相比,在英语、日语母语者和汉语母语者口语中都存在超用情况的虚词只有"所以、然后",都存在少用情况的只有"才、了"。英语、日语母语者和汉语母语者运用的语体特征相似的虚词只有这4个。说相似而不是相同,是因为虽然总体上同样是超用,但具体运用时还有所不同,如"所以"和"然后",在第六章已经谈到,同样是作为话语标记,汉语和日语母语者更多用"然后",英语母语者更多用的是"所以"。因为本研究看图说话语料中口语的语料数量明显多于笔语语料,大部分被试并没有做看图写话,不排除其中可能存在的个人表达习惯的影响,所以,为了更准确地了解被试在口语和笔语中的虚词运用特征,本章选择那些既进行了看图说话又进行了看图写话的被试语料进行对比分析。对图画1同时完成说、写任务的英语、日语母语者和汉语母语者分别有9人、20人和12人,对图画2同时完成说、写任务的英语、日语母语者和汉语母语者分别有11人、18人和19人。

本章首先统计汉语、英语、日语母语者对同一图画在说和写时所用虚词的种类和频数,然后对比分析其中一些在口语和笔语中频数差异显著的虚词的具体运用语境,主要是类联接形式和搭配情况,最后总结汉语、英语、日语母语者虚词运用语体特征方面的异同。

7.1 看图说话口语和笔语中的虚词运用频数分布特征

本节对运用频率较高的 22 个虚词在看图说话口语和笔语中的运用情况进行考察,找出同一名被试叙述同一图画的口语和笔语语料,逐一比较并统计其中出现的虚词,在对相同图画内容的信息点进行表述时,有的虚词在口语和笔语中都出现了,有的仅出现在口语中,有的仅在笔语中使用,统计结果见表 7.1。需要说明的是,22 个虚词中语气助词"吧、吗"在笔语中的用例极少,只有 1 到 2 例,这两个词的口语语体特征是非常明确的,因此本节不作进一步考察。此外,表 7.1 把"就"分为"就"和"就是"两个形式,因为在口语中"就是"往往是作为一个整体用来表达话语标记的功能,另外把"了"也分为"$了_1$"和"$了_2$"分别进行统计。

表 7.1　同一被试在看图说话口语和笔语中虚词运用频数比较

虚词	汉语母语者				英语母语者				日语母语者			
	口笔语均有频数(占比)	仅口语有频数	仅笔语有频数	总频数	口笔语均有频数(占比)	仅口语有频数	仅笔语有频数	总频数	口笔语均有频数(占比)	仅口语有频数	仅笔语有频数	总频数
把	31(0.49)	25	7	63	11(0.50)	7	4	22	17(0.55)	3	11	31
才	3(0.15)	4	13	20	1(0.25)	0	3	4	0(0.00)	1	2	3
但是	3(0.07)	36	3	42	2(0.10)	13	6	21	14(0.44)	15	3	32
地	8(0.15)	30	17	55	1(0.07)	2	11	14	2(0.33)	1	3	6
给	12(0.46)	8	6	26	2(0.25)	3	3	8	0(0.00)	0	1	1
跟	0(0.00)	5	0	5	2(0.22)	5	2	9	5(0.50)	3	2	10
好	0(0.00)	5	1	6	1(0.25)	2	1	4	1(0.20)	2	2	5
很	9(0.12)	51	13	73	14(0.18)	46	17	77	34(0.72)	6	7	47
就	16(0.11)	120	10	146	4(0.12)	21	9	34	7(0.32)	3	12	22
就是	0(0.00)	56	0	56	0(0.00)	10	0	10	0(0.00)	2	1	3
可是	3(0.33)	1	5	9	3(0.12)	19	4	26	6(0.40)	5	4	15

续表

虚词	汉语母语者				英语母语者				日语母语者			
	口笔语均有频数(占比)	仅口语有频数	仅笔语有频数	总频数	口笔语均有频数(占比)	仅口语有频数	仅笔语有频数	总频数	口笔语均有频数(占比)	仅口语有频数	仅笔语有频数	总频数
了$_1$	19(0.17)	60	31	110	6(0.17)	10	20	36	27(0.53)	4	20	51
了$_2$	55(0.42)	43	34	132	14(0.33)	10	18	42	7(0.13)	11	34	52
然后	2(0.01)	189	1	192	4(0.07)	51	6	61	18(0.32)	37	2	57
所以	2(0.13)	13	1	16	9(0.16)	41	5	55	3(0.08)	32	2	37
太	0(0.00)	6	1	7	0(0.00)	5	0	5	7(0.88)	1	0	8
为了	3(0.25)	5	4	12	3(0.75)	0	1	4	5(0.50)	1	4	10
一直	4(0.27)	9	2	15	1(0.11)	4	4	9	1(0.17)	2	3	6
又	4(0.15)	8	14	26	0(0.00)	0	3	3	0(0.00)	0	4	4
着	11(0.18)	30	19	60	2(0.17)	5	7	12	1(0.20)	2	2	5
最	2(0.12)	12	3	17	0(0.00)	2	3	5	1(0.33)	0	2	3
没	5(0.23)	7	10	22	1(0.10)	4	5	10	4(0.67)	1	1	6

如表 7.1 所示,通过一一对比同一位汉语母语者在表述同样图画内容时口语和笔语中出现的虚词,既在口语中又在笔语中使用的虚词在该虚词总频数中占比并不高,平均不到 20%,其中只有"把、给、了$_2$"的占比在 40%以上。这说明汉语母语者对相同信息点所做的口语和笔语表述方式有很大的不同。

仅在口语中使用且频数占比在 80%以上的虚词有"然后、但是、跟、太、好、所以、就",说明这些虚词的口语体特征更加突出。其中"跟、太、好"全部用例均不到 10 例,另外 4 个虚词主要是连词,根据第六章的分析,"然后、但是、所以"等连词在口语中作为话语标记的功能比较突出,因此在口语中的频率显著高于笔语。需要特别说明的是"就",共有 202 个用例(包括"就是"56 例),其中有 176 例("就"120 例,"就是"56 例)都仅出现在口语中。这包含两种情况,一是作为话语标记,二是作为副词的

"就"。这两种用例在口语中都更常出现,在相同的语境和句式中,笔语常常会省掉副词"就"。具体情况将在下一节进一步分析。

仅出现在笔语中且频数占比在 50% 以上的虚词只有"又、才、可是",但这三个词在汉语母语者语料中出现频数相对较少。"又、才"在英语、日语母语者的笔语中频数占比也比较少。值得注意的是"可是",在英语母语者语料中口语用例明显多于笔语用例,与汉语母语者有所不同。结合第六章的分析可知,汉语母语者更多的是将"可是"用为表真值语义的连词,在笔语中强调前后文逻辑关系,而英语母语者则更倾向于在口语中用为话语标记。

在表 7.1 中,英语、日语母语者的情况与汉语母语者既有相同之处,也有不同之处。为了更清楚地了解几类被试在虚词语体运用特征方面的异同,本节基于表 7.1 的频数数据对被试在口语和笔语中的虚词运用频数进行了差异检验,结果见表 7.2。

表 7.2 同一被试在看图说话口语和笔语中虚词运用频数分布差异检验结果

虚词	汉语母语者				英语母语者				日语母语者			
	口语	笔语	差异检验(p)		口语	笔语	差异检验(p)		口语	笔语	差异检验(p)	
把	56	38	0.000	***	—	18	15	0.607	—	20	28	0.170	—
才	7	16	0.000	***	—	1	4	0.077	—	1	2	0.536	—
但是	39	6	0.085	+	15	8	0.540	+	29	17	0.092	+
地	38	25	0.004	**	3	12	0.002	**	3	5	0.437	—
给	20	18	0.001	***	5	5	0.565	—	0	1	0.306	—
跟	5	0	0.205	+	8	3	0.352	+	8	7	0.864	+
好	5	1	0.661	+	3	2	0.962	+	3	3	0.955	+
很	60	22	0.599	+	60	31	0.173	+	40	41	0.732	+
就	136	26	0.014	*	25	13	0.390	+	10	19	0.065	+
就是	56	0	0.000	***	10	0	0.008	**	2	1	0.590	+
可是	4	8	0.001	***	22	7	0.064	+	11	10	0.908	+
了$_1$	79	50	0.000	***	16	26	0.006	**	31	47	0.030	*
了$_2$	98	89	0.000	***	24	32	0.014	*	18	41	0.001	***	—

续表

虚词	汉语母语者				英语母语者				日语母语者			
	口语	笔语	差异检验(p)		口语	笔语	差异检验(p)		口语	笔语	差异检验(p)	
然后	191	3	0.000	***	+	55	10	0.000	***	+	55	20	0.000	***	+
所以	15	3	0.448		+	50	14	0.002	**	+	35	5	0.000	***	+
太	6	1	0.535		+	5	0	0.062		+	8	7	0.864		+
为了	8	7	0.044	*	−	3	4	0.387		−	6	9	0.381		−
一直	13	6	0.462		−	5	5	0.565		−	3	4	0.659		−
又	12	18	0.000	***	−	0	3	0.038	*	−	2	6	0.040	*	−
着	41	30	0.000	***	−	5	9	0.077		−	3	3	0.955		−
最	14	5	0.841		−	2	1	0.786		+	1	4	0.294		−
没	12	15	0.000	***	−	5	6	0.363		−	5	5	0.942		−

从表7.2可以看到,在22个虚词中,有14个在汉语母语者的口语和笔语中频数分布都具有显著差异。其中有11个表现为口语中更少用,只有"就、就是、然后"在口语中显著超用,因此总体上来看,这11个虚词在汉语母语者的表达中大多存在语体特征差异,与笔头表达相比,口语中会更少地运用这些虚词来组织语言,体现出汉语口语更注重意合的特点。而对于英语、日语母语者来说,表7.2也显示出他们在口语和笔语中有语体差异的虚词少于汉语母语者,分别只有7个和5个,而且有的虚词差异度也不如汉语母语者那么显著。这反映出英语、日语母语者对虚词的语体特征区分不明显,口语和笔语基本上使用相近的表述方式。

虚词的运用差异直接反映出被试在口语和笔语中所用句式或表达方式的不同。汉语母语者在口语和笔语中明显使用了不同的表达方式,而英语、日语母语者对不同语体的表述方式的差别并不十分清晰。

7.2 口语和笔语中部分虚词类联接和搭配对比分析

为了更具体地了解英语、日语母语者在不同语体中运用虚词的状况,本节选择副词"就"、否定副词与否定形式进一步分析其类联接和搭配的情况。

7.2.1 副词"就"

虚词"就"是个兼类词,兼有副词、介词和连词的用法。本研究的看图说话语料中未出现介词和连词的用法。因此本节主要讨论副词"就"的运用情况。副词"就"的用法比较多,前人的归类也并不一致。根据吕叔湘(1999),副词"就"的语义类型主要有 7 种,分别是:

就$_1$:表示在很短时间以内即将发生,很快,如"我就来;头疼一会儿就好"。

就$_2$:表示早,强调很久以前已经发生,"就"前必有时间词或其他副词,如"他十五岁就工作了;他早就来了"。

就$_3$:表示两件事紧接着发生,"就"前必用动词短语,如"说完就走;看见她就高兴;一听就明白"。

就$_4$:加强肯定,如"这就是他家;我就不去;你要的东西我这儿就有"。

就$_5$:确定范围,只,如"他们就一个儿子;就她没去"。

就$_6$:强调数量多寡,如"他们两个组十个人,我们一个组就十二个人;这么大的石头,他一个人就搬走了"。

就$_7$:表示承接上文,得出结论,常与"只要、既然、因为、为了"等连用,如"为了赶时间,就少休息一会儿;谁愿意去谁就去;丢了就丢了"。

此外,《现代汉语八百词》把"就是"单列,包括表示同意、加强肯定、确定范围等副词用法以及表示让步、常与"也"呼应的连词用法。

除了上述"就、就是"的语义类型外,在语料中还有一些用例很难归入上述类型,本研究认为这些用例是作为非真值语义的话语标记的用法,本节将这种用法记作"就$_8$"和"就是$_{(标记)}$"。

由于受看图说话内容所限,上述"就"和"就是"的各语义类型并没有都出现。本节重点考察的是"就"和"就是"的语体特征,因此分别检索出同一名被试口语和笔语中的用例及其语义类型,然后一一观察该用例在笔语或口语中对相同信息点的表述是否都使用了"就"或"就是",都使用的话,其类联接形式和搭配情况如何,没有使用的话,那么被试在不同语体中用了什么样的语言表达形式。"就"和"就是"在被试口语和笔语中的语义类型分布见表 7.3。

表 7.3 被试对相同信息点在口语和笔语中所用"就"的语义类型频数分布

虚词	语义类型	汉语母语者		英语母语者		日语母语者	
		口语 (笔语有、无)	笔语 (口语有、无)	口语 (笔语有、无)	笔语 (口语有、无)	口语 (笔语有、无)	笔语 (口语有、无)
就$_1$	表很快	7(6,1)	8(6,2)	3(0,3)	0	0	0
就$_3$	表紧接着	90(8,82)	15(8,7)	18(4,14)	10(4,6)	13(8,5)	24(8,16)
就$_4$	加强肯定	5(0,5)	2(0,2)	0	0	7(1,6)	1(1,0)
就$_5$	确定范围	2(1,1)	0	3(0,3)	0	0	0
就$_6$	数量多寡	1(0,1)	0	1(0,1)	0	0	0
就$_7$	表承接	10(0,10)	1(0,1)	0	1(0,1)	0	0
就$_8$	话语标记	21(0,21)	0	1(0,1)	2(0,2)	12(0,12)	0
就是	话语标记	56(0,56)	0	9(0,9)	0	6(0,6)	0

注:表中"口语(笔语有、无)"表示该语义类型的"就"在口语中出现的频数,括号中数据分别表示该信息点在笔语中也用"就"和未用"就"的频数。

由于两幅图的看图说话都是叙述故事,所以表 7.3 显示汉语母语者口语中有 70% 以上的副词"就"用作表示两件事情紧接着或表示承接上文,另外,有 15% 是用作话语标记,5% 表示很短时间内很快发生。口语中 56 个"就是"用例在相应的笔语中都没有出现。英语、日语母语者的总体情况类似,但在频数上均明显少于汉语母语者。

汉语母语者在口语和笔语中用"就$_1$"的一致性较好,语体特征不明显。但英语母语者不同,在口语中所用的 3 例"就$_1$"在相应的笔语中都未用,如:两个 C 级被试口语中的"他一会儿就开始哭了"和"很快地上就没有石头了",在相应的笔语中分别写成"过了一段时间之后小孩开始哭"和"不久儿子和父亲一块石头也找不到"。此外英语母语者笔语中没有一个"就$_1$"用例。虽然"就$_1$"的出现频数较少,但与汉语母语者相比,也可以在一定程度上反映出英语母语者对"就$_1$"的使用尤其是在笔语中尚显不足。日语母语者口语和笔语中均没有出现"就$_1$"用例。

汉语母语者在口语中用例最多的是"就$_3$",但多达 90 个口语用例在同样内容的笔语中有 82 个都没有出现,笔语中的用例也明显少于口语。仔细考察这 90 个"就$_3$"用例出现的上下文语境,虽然从语义上来说都可以找到"就"前后文之间的先后承接关系,但从形式上与《现代汉语八百词》中的"就$_3$"略有不同。《现代汉语八百词》中"就$_3$"主要有三种形式:"动词+就+动词(说完就走)""动词+就+形容词(看见你就高兴)"和"一(刚、才)……就……"。并且该书指出"就"前必用动词短语。但在本节所考察的汉语母语者看图说话语料中,"就$_3$"往往前面并非与动词短语紧密相连,其具体类联接形式见表 7.4。

表 7.4 看图说话口语和笔语中"就$_3$"的类联接形式及频数

序号	类联接形式	用例	汉语母语者		英语母语者		日语母语者	
			口语	笔语	口语	笔语	口语	笔语
1	然后+主语+就+动词/形容词短语	妻子要出去,然后她就把孩子交给爸爸来照顾	30	0	6	1	0	0
2	主语+就+动词/形容词短语	孩子哭得更厉害了,爸爸就想了很多办法	20	4	6	2	2	3
3	然后+就+动词短语	孩子看到那么多石子,然后就不想扔石子了	15	0	0	0	0	0
4	小句,就+动词短语	孩子感到很舒服,就没有哭了	14	5	4	2	5	2
5	时间词,主语+就+动词/形容词短语	第二天天亮的时候,孩子就非常惊讶	6	0	0	0	0	3
6	(一+)动词短语(+主语)+就+动词短语	一放到椅子上孩子就哭了	2	4	1	3	5	15
7	于是(+主语)+就+动词短语	石头没有了,于是父子俩就往回走	2	2	0	1	0	0
8	动词短语+就+形容词短语	先生看着就很着急;他见到石头就很高兴	1	0	1	1	0	1
	总计		90	15	18	10	13	24

从表7.4可以看到,表示两件事情紧接着发生的"就"在看图说话语料中的类联接形式只有少数(第6和第8)完全符合《现代汉语八百词》中对"就₃"的界定,很多时候"就"前后的两件事情并非紧接着发生。我们认为表7.4中大部分的"就"带有话语标记功能,或者说是处于从真值语义向话语标记过渡的阶段。证据有两个:一是50%的"就"前同时带有"然后",前文曾讨论过"然后"在口语中是一个典型的话语标记,这里"就"和"然后"连用的频率很高,似乎已经固化为了一个语块结构;二是口语中与"然后"连用的"就"以及第5种类联接形式在笔语中均不再用"就"。在相对应的笔语中,汉语母语者将口语中用"就"的地方改为用"于是、便、结果、接着"等,或者通过使用书面语色彩较浓的固定词组而不用"就",如把口语中的"爸爸就特别地汗颜"写为"爸爸惭愧无比",把"先生就明白了"写为"先生恍然大悟"。

在表7.3中,除了"就₃"之外,在汉语母语者看图说话口语语料中还有相当比例的"就"用作话语标记,如:"这几幅图就讲的是父母的差别吧""然后小孩就开始哭,爸爸就开始,就,各种耍宝,想逗他笑"。

由此可见,副词"就"在汉语母语者表述中具有比较明显的口语体特征,主要体现在表示两件事情相连发生的语义类型兼有话语标记功能方面。相比较而言,英语、日语母语者对于"就"的这一语体特征的运用并不明显,日语母语者比较集中地使用了第6种类联接形式"(一+)动词短语(+主语)+就+动词短语",尤其是在笔语中。部分高级水平的学习者口语表述中也出现了将"就₃"用作话语标记的倾向。

7.2.2 否定副词与否定形式

在表7.2中,汉语母语者在看图说话口语中"没"的运用显著少于笔语,而英语、日语母语者虽然也呈现少用现象,但差异并不显著。一般来说,"没"和"没有"用法基本相同,而"没"和"不"的区别又是汉语学习者的难点之一。前文第四章表4.23和表4.24的统计也显示,"不、没、没有"这三个否定副词在英语母语者和汉语母语者口语和笔语中的频率分布有所不同。"不"和"没"在汉语母语者口语中都比笔语中少,"没"的运用频率口笔语差异显著,"没有"则是口语中用得比笔语中多;日语母语者则与汉语母语者的情况正相反,口语中多用"不、没",少用"没有";英语母语者则是口语中更多使用"不"和"没有",更少使用"没",但英语、日语母语者口笔语的差异均不显著。

为了更细致地了解否定副词在口语和笔语中的语体特征,本节选取在看图说话时同时完成了说和写两种任务的英语、日语母语者和汉语母语者口语和笔语语料,将三个否定副词的运用情况放在所有出现的否定形式中进行分析。

首先分别统计汉语母语者在对两幅图画进行说和写时所使用的表示否定意义的结构,包括"不""没(有)"以及一些固定词组如"不复存在""无计可施"等①,共得到口语和笔语中表示否定意义的语句110例和86例。进一步考察其中出现频数较高以及口语和笔语中有明显差别的否定形式,结果如表7.5所示。

表7.5 汉语母语者看图说话口语、笔语中否定形式对比

否定形式	口语		笔语		差异检验(p)	
	用例	频数	用例	频数		
不+动词短语	不停地V;不哭了;不是很开心	28	哭个不停;不哭了;不停地	20	0.580	—
不+副词	不常带小孩;不太懂	4		0	0.119	+
不+形容词	不开心;不管用	5	不舒服;不好受;不可取	7	0.142	—
不+助动词	不会;不能算需求;不要哭	7	不会照顾;不能一味溺爱;不要哭	3	0.611	+
带"不"固定词	累到不行;不够称职	9	大哭不止;不知所措;不复存在	15	0.012*	—

① 这些带"不"或"没""无"的固定词语在前文关于副词"不、没有"用例的统计中并没有包含在内,此处因考察的是表示否定意义的语言形式,所以一并统计。

续表

否定形式	口语		笔语		差异检验(p)	
	用例	频数	用例	频数		
没有+名词	没有经验；没有办法；没有效果	15	没有石子了；没有办法；没有经验	6	0.383	+
带"无"固定词	手足无措；无奈；无助	7	手足无措；无济于事；束手无策	16	0.002**	—

若单从表 7.5 中的频数来看，口语中"不"的用例多于笔语，似乎与前文统计的"不"在口语中频率少于笔语的结果不符，但是需要说明的是，表 7.5 中的口语和笔语的文本字数不同，分别是 8934 字和 5429 字，同样一名被试，在说、写同一图画时，说出的字数总是比写出的字数多一些，虽然"不"在口语中的频数更多，但如果根据相应的文本字数计算标准频率的话，则仍然是口语中（标频＝4.92）少于笔语中频率（标频＝5.53），与前文的频率统计基本一致。

比较表 7.5 中汉语母语者在表述相同内容的口语和笔语中所用的否定形式频数，可以发现以下一些特点。

一是同样是"不＋动词短语"的形式，口语中多用的是"不停地哭，哭啊哭啊"这样的形式，而在笔语中出现的 6 例"哭个不停"在口语中竟一次也没有出现。

二是口语中所用的"不＋副词"的形式在笔语中也没有出现，口语中"不＋助动词"的用例也较多。

三是笔语中用带"不、无"的固定词语的数量明显多于口语，几乎是口语中用例的 2 倍。表 7.5 中的差异检验也显示，在是否运用固定格式词语方面口语和笔语存在显著差异。

四是口语比笔语更常用"没有＋名词"的形式。

这些特点意味着什么，本研究将结合下面对英语、日语母语者否定形式的运用情况一起进行讨论。英语、日语母语者口语和笔语中运用否定形式的情况如表 7.6 和表 7.7 所示。

表 7.6　英语母语者看图说话口语、笔语中否定形式对比

否定形式	口语		笔语		差异检验(p)	
	用例	频数	用例	频数		
不+动词短语	不睡觉；让孩子不哭；不注意	10	不停地哭；不断地哭	3	0.366	+
不+副词	不太懂为什么；不太老实；不太懂事	3		0	0.203	+
不+形容词	不好；不无聊；不舒服；不高兴；不干净	6	不高兴；不开心；不干净；时间不长了	4	0.741	—
不+助动词	不可以；不要宝贝哭；不想	5	不要婴儿哭；不能；不可能	5	0.320	—
带"不"固定词	不同	1	不得不；忍不住	2	0.250	—
没有+名词	没有石头；没有经验；没有经历	8	没有石头；没有影响；没有办法	7	0.344	—
带"无"固定词		0		0		
别+动词	怎么让宝贝别哭	1	妈妈到了，所以宝贝别哭；他为让婴儿别哭	2	0.250	—

表 7.7　日语母语者看图说话口语、笔语中否定形式对比

否定形式	口语		笔语		差异检验(p)	
	用例	频数	用例	频数		
不+动词短语	不停哭；不停地哭；不哭	30	不停哭；不停地哭；不哭泣	22	0.809	+
不+副词	不太好；不常照顾；不太难	4	不太；不常	3	0.953	+
不+形容词	不舒服；不高兴；不好	10	不舒服；不好；不快	3	0.129	+
不+助动词	不能；不会；不可以；不应该	9	不会；不能；不可以	7	0.986	+

续表

否定形式	口语		笔语		差异检验(p)
	用例	频数	用例	频数	
带"不"固定词		0		0	
没有+名词	没有石头；没(有)办法	22	没有石头；没(有)办法；没有效果	26	0.154　—
带"无"固定词		0	无法；无可奈何	3	0.051　—
别+动词	别哭了；让孩子别哭	2		0	0.210　+
没(有)+动词短语	没有了；没(有)找到；没有停哭	15	没有了；没发现；没有停	12	0.960　—
可能补语否定式	找不到	3	找不到；想不到	6	0.170　—

同时对某一图画进行说和写的英语、日语母语者各有 20 人和 38 人，包括 A1(1 人、3 人)、A2(2 人、6 人)、B1(9 人、10 人)、B2(3 人、15 人)、C(5 人、4 人)。总体来看，英语、日语母语者在口语和笔语中所用的否定形式频数差别没有汉语母语者那么明显。通过差异检验，表 7.6 和表 7.7 中的英语、日语母语者在口语和笔语中所用的否定形式均无显著性差异。将表 7.5、表 7.6 和表 7.7 的情况相比较的话，有以下一些值得关注的语体运用特征。

首先，汉语母语者笔语中常用的形式如"哭个不停"、带"不、无"的固定词语在英语、日语母语者口语和笔语中均未出现或使用次数很少。说明英语、日语母语者包括水平达到了 C 的高级学习者对这些否定形式尚未掌握。

其次，汉语母语者更倾向于在口语中运用的形式如"不停地""不+副词""不+助动词""没有+名词"在英语、日语母语者语言中的语体特征并不明确。"不停地"用例英语母语者全部用在笔语中，日语母语者只有 1 人在口语和笔语中同时用了。英语母语者"不+副词"全部用于口语中，而"不+助动词"和"没有+名词"不管在口语中还是笔语中都用得较多。再通过比对同一位汉语学习者在表述基本相同的信息点时说和写所用的否定形式,发现约一半是相同的,可以说,英语、日语母语者的笔语中带有明显的口语体特征,他们在进行口语和笔语表达时对否定形式的运用还做不到区别不同的语体特征。

最后,英语、日语母语者在口语和笔语中都用了汉语母语者表述中没有出现的"别+动词"形式,虽然用例不多而且有偏误,但是从中可以看出英语母语者并不清楚否定词"别"的语义和语用环境,以致在叙述性的语言中用了对话中常用来表示劝阻或禁止的"别"。这一点在前文 6.2 节中已有讨论。

7.3 本章小结

本章在第四章有关汉语、英语、日语母语者看图说话口语和笔语中虚词频率差异统计的基础上,进一步对同时完成看图说、写任务的被试口语和笔语语料进行虚词运用的语体特征对比分析。

结果显示,汉语母语者对相同图画内容所做的口语和笔语表述方式有很大的不同,既在口语中又在笔语中使用的虚词比例并不高,很多甲级虚词在汉语母语者口语和笔语中的频数具有显著差异。这说明虽然学界一般把甲级虚词看作语言中最常见的通用词语,但在实际语言运用中它们大多也是具有语体特征的,在口语和书面语表达中有不同的运用倾向性。本章所分析的笔语内容与口语是一致的,只是变换了表达方式,就已经显示出了差异性,如果换作其他正式程度更高、书面语色彩更浓的语料,相信这些虚词的语体特征会更加明显。具体而言,在汉语母语者语料中,"然后、但是、跟、太、好、所以、就"这些虚词的口语体特征相比其他虚词更加突出。

与汉语母语者相比,英语、日语母语者口语和笔语语料中呈现频率差异的虚词数量较少,差异也不如汉语母语者显著。这反映出汉语学习者对虚词的语体特征区分不明显,口语和笔语基本上使用相同或相近的表述方式。需要指出的是,英语、日语母语者虽然对甲级虚词的语体特征运用不足,但并非对语体语法完全没有概念,少数 C 级英语、日语母语者的笔语中多处使用"而、并"等书面语色彩浓重的虚词,如:"晚上的时候爸爸回到海里推着一辆小车装满石头。而脸上很累的样子。他把石头倒到地上,第二天带儿子回来并儿子很惊讶的样子。""为了让他不哭,开心,男生做了奇怪的动作而穿了很有意思。"从这两个例子可以看出,他们希望在笔语表达中使用具有相应语体特征的虚词,但过犹不及,用得并不准确,不适合所要表达的内容和语域。因此在教学中仅仅说明某词的语体特征是远远不够的,口语和书面语并不是简单的两极对立,而是一个连续统,有许多中间过渡阶段,只有通过大量的带有明确语体特征的语言输入,才能让学习者感知其中虚词运用的语体色彩,达到准确运用的目的。

虚词的使用与选择使用哪种句式有关,句式的选择又离不开语用和语境,这些选择同时也是不同语体的要求。本章在虚词频率统计的基础上,着重对副词"就"和否定副词"不、没(有)"在口语和笔语中的具体运用情况进行了分析。结果发现副词"就"在汉语母语者表述中具有比较明显的口语体特征,主要体现在表示两件事情相连发生的语义类型兼话语标记功能方面。相比较而言,英语、日语母语者对于"就"的这一语体特征的运用并不明显。汉语母语者在表达否定意义时,笔语中用带"不、无"的固定词语的数量显著多于口语,而英语、日语母语者笔语中则很少使用这些固定词语。

总体来说,在虚词运用频率及某个虚词具体运用形式方面,英语、日语母语者口语和笔语表达的语体特征区别都不如汉语母语者明显,笔语中带有比较明显的口语体特征,具有"写作口语化"的倾向。

第八章

汉语学习者甲级虚词运用特征总结与讨论

本研究第四到七章分别从频率分布、正确率和偏误、高频虚词的类联接和搭配以及语体特征等方面对甲级虚词在 SCT 和看图说话语料中的运用情况进行了分析。本章尝试综合前面几章的研究结果进一步总结英语、日语母语者口语表达中的甲级虚词运用特征,对可能造成这些特征的原因进行解释,讨论其中所反映出来的虚词学习尤其是口语中的虚词运用问题,在此基础上对目前对外汉语口语虚词教学乃至语法教学提出自己的思考和建议。这几个方面的内容分别是对本研究在第一章绪论 1.2 节中提出的 4 个研究问题的回答。

8.1 甲级虚词运用特征总结

本节将梳理第四到七章的研究结果,总结汉语学习者口语中甲级虚词的运用特征,同时回答第一章提出的 4 个问题。

特征一:甲级虚词在汉语学习者和汉语母语者口语中运用频率不同。

虽然基于二语学习者语料库的研究在研究对象和研究层面上各有特色,但大多采用中介语对比分析法进行研究,这种研究的结果即产生的数据形式主要表现为超用或少用(潘璠 2012)。

本研究在第四章——对比分析了英语、日语母语者和汉语母语者在SCT和看图说话等四种类型口语语料中的102个甲级虚词使用频率,发现母语为英语、日语的汉语学习者在一些高频虚词的运用上相比汉语母语者存在明显超用或少用的特征。英语、日语母语者均超用的虚词有"很、没、所以、跟、还"等,均少用的虚词有"就、了、都、不、没(有)、把、给、挺、得、地、着"等。总体来看,在102个甲级虚词中,除去24个在全部口语语料中都没有出现或出现频数很少的虚词①外,汉语学习者超用或少用的甲级虚词占所用虚词的一半以上,并且超用的词相对较少,使用不足的较多,这表明汉语学习者口语中对于甲级虚词的运用还是相对集中在少量熟悉的虚词上,且与汉语母语者运用频率存在显著差异,甲级虚词整体运用状况不理想。

部分虚词在英语母语者和日语母语者之间也存在一定的差异,如英语母语者超用的"因为、太、在、的",日语母语者则表现为少用;英语母语者少用的"但是、再、挺",日语母语者则表现为多用。相比之下,英语母语者甲级虚词的使用频率总体上高于日语母语者,其中英语母语者使用频率显著高于日语母语者的虚词有"很、可是、因为、的、太、让、在、更、都、得、就、了、不、给、也、地"。

汉语学习者超用或少用甲级虚词的特征在成段表述中比在单句层面更为突出。在单句层面超用而在语段层面少用的虚词有2个:了、吧。

以上以汉语母语者的虚词运用为参照所得到的甲级虚词超用和少用的情况反映出汉语学习者在甲级虚词的运用方面存在不均衡的特征。汉语学习者在口语表达中过度依赖那些超用的虚词,而回避或无力使用那些少用的虚词。这种特征尤其体现在一些语义或语法功能相近的虚词上,如对程度副词"很、太、挺、好"的运用,过度依赖"很、太",而对汉语母语者口语中常用的"挺、好"使用不足。再如对否定副词"不、没(有)、别"的运用,过度使用"不、别",而少用"没(有)"。这种超用某几个虚词、相应

---

① 这24个虚词是:必须、多么、忽然、互相、立刻、十分、也许、一共、永远、尤其、总;朝、叫、经过、向;不如、结果、那么;等、嘛、哪、呐、呀;接着。

地就少用另外几个近义虚词的现象反映出中介语虚词运用的系统性特点。

特征二:汉语学习者口语中甲级虚词运用在中高级阶段出现化石化特征。

所谓化石化,是指"学习者中介语学习停止的过程,表现为持续稳固的非目标语结构"(Selinker & Lakshmanan 1992,转引自文秋芳 2010)。本研究在第五章统计了英语、日语母语者在各类型口语语料中的甲级虚词运用正确率,并分析了其中常见的虚词运用偏误。结果显示,大多数甲级虚词的运用正确率会随着被试的汉语水平级别的提高总体上呈现增高的趋势,说明这些虚词在口语中介语中的发展趋势是在逐渐向汉语母语者水平靠近,但在不同类型的测试语料中,各水平级别虚词运用正确率的差异显著程度不同,多数情况下中高级阶段(B2 到 C 级)被试很多甲级虚词运用正确率提高不显著,甚至有些虚词到了更高一级反而出现了正确率下降的现象。这说明汉语学习者在习得某些虚词时会有止步不前及反复回生的情况。

根据第五章的研究结果,英语母语者重复句子语料中 56 个甲级虚词的重复正确率显示 A1、A2、B1、B2 4 个级别之间进步显著,但 B2 和 C 级即中高级和高级两组之间的正确率差异不显著。组句语料中 A2 和 B1 级,B1、B2 和 C 级之间成为相似性子集。组句和看图说话语料中各级别虚词正确率之间差异并不显著。日语母语者在重复句子和组句这两种单句层面且内容和语句限制性较强的测试中,与英语母语者的表现比较接近。日语母语者虽然在 A1 初级阶段表现较英语母语者更好,但中高级阶段提高幅度较缓,各水平级别之间差异不显著。这反映出中高级汉语学习者虚词运用方面进步缓慢,没有明显提高,出现了化石化特征。尤其是部分最常用虚词,如"都、也、就、没、在、给、把、和、的、了、着、得、还",在几类语料中的运用正确率相对较低,是习得难点。

除了虚词正确率外,偏误情况、运用频率和类联接分布也反映出汉语学习者虚词运用的化石化特征。一些高频虚词运用偏误到了中高级阶段仍比较突出,如习惯把"给"用于动词后的问题,"的"和"了"混用的问题。另外,一些虚词在运用频率方面也显示 B2 和 C 级之间差异不显著,而 C 级与汉语母语者之间差异显著。在虚词类联接分布上中高级学习者也与母语者存在差异。这说明汉语学习者到了中高级阶段在虚词运用上进步延缓,即使到了 C 级这样的高级水平,在最常用的甲级虚词运用方面仍较汉语母语者水平有一定的差距。

特征三:汉语学习者口语中虚词的类联接和搭配分布与汉语母语者有差异。

本研究第六章对一些出现频率高且与汉语母语者相比频率差异显著、习得情况较复杂的虚词进行了类联接和搭配词分析。这些高频虚词是:程度副词"很、太、挺",否定副词"不、没(有)、别",介词"把",连词"因为、所以、但是、可是、然后",助词"了、的"。结果显示,与汉语母语者相比,英语、日语母语者在口语中对这些虚词的类联接形式也有超用或少用的现象,他们往往过度依赖虚词的部分结构形式、语块和搭配词,而回避或无力使用一些汉语母语者更常用的结构形式。

具体来说,除了偏误形式外,英语、日语母语者口语中均过多使用的虚词类联接形式主要有:"(是+)很+形容词/动词+的"、"不是"、"不+助动词"(尤其是"不可以")、"动词/形容词+了"、"代词+的+名词"等。

英语母语者还过多使用"很、太、挺"结构做定语的形式,如"很+形容词/动词(+的)+名词",倾向于把程度副词短语用作定语修饰名词宾语,如"他有很大的声音",而汉语母语者在同样的语境中更多是用作谓语,如"他声音很大"。

英语、日语母语者口语中均明显使用不足的虚词类联接形式,一是包含补语结构的形式,如"动词+得+很+形容词/动词""可能补语否定式""没(有)+动词+补语""把+NP+动词+结果/趋向补语""动词+结果补语+了+宾语""动词+结果补语+了+数量词""动词+可能补语+了";二是虚词结构做状语,如"很+形容词(+地)+动词";其他还有:"很不+形容词/动词""不是+很+形容词/动词""数量词+的+名词"以及表示肯定确信语气的"(是)……的(2)"。

还有一些虚词类联接形式在汉语母语者口语中常用,但在汉语学习者语料中几乎未出现,如"很是+形容词/动词""没有+不+形容词""把+NP+动词+得+补语""动词+了+趋向补语""动词+结果补语+宾语+了"以及"没得玩儿了、没过多久"等语块形式。这些表达方式对于学习者包括高水平被试来说还比较陌生。

和汉语母语者相比,英语、日语母语者均显著少用"了$_1$",超用"了$_2$"。倾向于把"了"看作简单动词或形容词的附着成分,并且用于句尾,虽然形式上用的是"了$_2$",但在表达语义上仍多把"了"用作表示动作完结的"了$_1$"。

从上面汉语学习者超用或少用的虚词类联接形式中可以发现,他们对于汉语母语者口语中常用的一些类联接形式还缺乏足够的认知,所用的类联接比较简单单一,缺少汉语母语者常用的左右邻搭配词。学习者口语中倾向于使用一些习惯的固定搭配或语块形式如"不可以""不是",这些中介语中的语块形式有不少是偏误形式。汉语学习者口语中与虚词搭配的词语相比汉语母语者更加分散,呈现搭配词"开放选择"的特征,对于搭配词的使用尚处于调试阶段,尚未掌握汉语母语者常用的搭配词和语块形式。

另外,汉语学习者虽然对虚词的语义和结构有了一定的了解,但对于语用环境的把握还有一定的欠缺。

特征四:汉语学习者对部分甲级虚词的语气表达功能不敏感。

相对于书面语来说,口语的一大特点就是语气表达丰富灵活,但汉语学习者对于一些甲级虚词的语气表达不敏感,具体表现为以下几个方面。

首先,在虚词的运用频率方面,与汉语母语者相比,英语、日语母语者在两类以上语料中均显著超用或少用的虚词中有一半以上为带有语气表达功能的副词和助词,如超用"很",少用"就、了、得、地、也、着"。

其次,在虚词的运用正确率和偏误方面,习得难度较大的虚词中也有一半以上为带有语气表达功能的副词和助词,如"都、也、就、的、了、着、得、还"。表达语气功能的虚词(包括语气副词和助词)容易出现遗漏和相互误代问题,如副词"很、挺、太、就、也"和助词"了、的、吗、呢"。在重复句子时语气助词"呢"常被误代为"吗、吧、啊"。多个水平等级(A1—B2)英语、日语母语者在组句时都有超用结构助词"的"而遗漏语气助词"的"的现象。这反映出汉语学习者对常用虚词丰富多变的语气表达缺乏敏感度,使得口语表达显得比较生硬,不够自然地道。

最后,在类联接和搭配方面,英语、日语母语者显著少用表示肯定确信语气的"是……的"句,存在对多个副词连用的能力不足等问题。

另外,汉语学习者还习惯在叙述性的话语中使用对话的表述方式,如在看图说话时使用"别"替代"不"和"没(有)",在叙述性的语句中误加对话中常用的语气助词,如"他们走吧"。这也反映出汉语学习者对于虚词在语气表达方面的特征掌握不足。

特征五:汉语学习者虚词运用的语体特征与汉语母语者不同。

第四章和第七章分别对所有被试以及同时进行了看图说、写的英语、日语母语者和汉语母语者口语和笔语中甲级虚词的频率差异进行了统计,并在此基础上重点对比分析了副词"就"、否定副词与否定形式在口语和笔语中的类联接和搭配情况,发现汉语母语者对相同图画内容所做的口语和笔语表述方式有很大的不同,既在口语中又在笔语中使用的虚词比例并不高,很多甲级虚词在汉语母语者的口语和笔语中的频数具有显著差异。这说明虽然学界一般把甲级虚词看作语言中最常见的通用词语,但在实际语言运用中它们中大多具有语体特征,在口语和书面语表达中有不同的运用倾向性。具体而言,在汉语母语者语料中,"然后、但是、跟、太、好、所以、就"这些虚词的口语体特征相比其他虚词更加突出。

与汉语母语者相比,汉语学习者口语和笔语语料中呈现频率差异的虚词数量较少,差异也不如汉语母语者显著。这反映出汉语学习者口语和笔语基本上使用相近的表述方式,对虚词的语体特征区分不明显,缺乏语体意识。

在汉语学习者重复句子时出现的虚词误代偏误中,"挺"多被替换为

"很",反映出他们对于带有语体特征尤其是口语体特征的虚词掌握情况不理想,与汉语母语者相比还存在一定的差异。

本研究7.2节着重对副词"就"、否定副词与否定形式在口语和笔语中的具体运用情况进行了分析。结果显示,副词"就"在汉语母语者表述中具有比较明显的口语体特征,主要体现在表示两件事情相连发生的语义类型兼话语标记功能方面,这种用法的"就"在口语中的运用频率明显较高,其他语义类型的"就"在口语和笔语中的运用差异不显著。相比较而言,汉语学习者对于"就"的这一语体特征的运用并不明显,与汉语母语者表现存在差异。汉语母语者在表达否定意义时,笔语中用带"不、无"的固定词语的数量显著多于口语,而英语、日语母语者笔语中则很少使用这些固定词语,笔语表达呈现口语化倾向。

特征六:汉语学习者口语中用作话语标记的虚词与汉语母语者有显著差异。

本研究6.4节分析了连词"因为、所以、但是、可是、然后"的真值语义用法与话语标记用法在英语、日语母语者和汉语母语者口语中的分布情况。结果显示,因果连词"因为、所以"、转折连词"可是、但是"以及"然后"在汉语母语者和汉语学习者口语表达中都有一定比例用作话语标记,但两类被试在具体选择使用哪一个连词作为话语标记时有很大的差异。"因为、所以、可是、但是"在汉语母语者的口语中基本上是用作表示真值语义的连词,而英语、日语母语者则多用为话语标记,尤其是其中的"所以"和"可是",另外英语母语者还把"和"用为话语标记,原因是受到其母语英语中常用的话语标记"so、but、and"的影响,直接借用英语的话语标记。汉语母语者在看图说话时95%的"然后"及相当数量的"就、就是"都是用作话语标记,虽然英语、日语母语者口语中也有相当比例的"然后、就、就是"用作话语标记,但频数明显少于汉语母语者,而且多出现在中高级被试的表达中。

8.2 甲级虚词运用特征解释与讨论

Selinker(1972)阐述了中介语的来源,指出中介语是通过五个方面产生的:语言迁移、对第二语言规则的过度概括、语言训练的迁移、学习第二语言的策略以及交际的策略。二语学习者语料库研究一般也是从母语迁移、教学输入和中介语的发展性特点等视角探讨语言运用特征和规律背后的原因(潘璠 2012)。影响中介语运用特征的因素很多,正如卫乃兴(2005)所说,特征与特征、特征与原因、原因与原因之间并非截然区隔,往往是相互交叉和重叠的,需要综合分析。学习者的语言特征不是一种因素影响的结果,而是多因素共同作用的结果。本节试从以下几个方面对汉语学习者甲级虚词运用特征进行解释与讨论。

8.2.1 母语迁移的作用

第二语言学习是一个假设构建和验证的创造性过程,在这个过程中,学习者会使用已有的一切知识包括母语知识来发展自己的中介语。在这个意义上,母语迁移是第二语言学习过程中不可避免的(唐承贤 2003)。语言类型学研究表明,世界上的语言有很多共性,只是具体的结构规则不尽相同。基于普遍语法思想的语言共同性理论和语言标记性理论认为母语向目的语迁移的现象有时候会发生,有时候不会发生。学界对于母语迁移是否真正发生、何时发生、如何发生以及发生了多少仍有不同的意见。

以否定结构的习得研究为例,寮菲(1998)曾比较英语和汉语否定句,指出就否定词的位置而言,汉语基本上属于动词前否定,英语基本上属于助动词后否定,并通过 20 名初级水平的美国学生在课堂上把汉语肯定句转换为否定句的练习,认为学生否定句中的错误不常见,未见英语否定句的痕迹,母语迁移并未发生。该文还分析了否定句中出现副词时,由于学生对于否定的范围和灵活多变的汉语规则不了解,依赖语法的普遍规则来组织否定句,出现了"他们很不忙""他不今天回美国"的偏误句,而这种偏误句也不是英语否定句的形式,所以不能看成是迁移。郑丽娜、常辉(2012)通过分析两名中高级水平的母语为英语的学习者口语语料中典型汉语否定结构"不/没(有)+V/Adj.",认为学习者能够正确将否定词置于题元动词、形容词和能愿动词左侧,因此没有发生母语负迁移。上述研究的共同特点都只是关注英语母语者产出简单、典型的汉语否定结构中否定副词的位置,从而得出母语迁移没有发生的结论。

　　本研究认为单纯从句法形式中否定词位置是否正确来判断否定句习得过程中母语迁移是否发生还不是很充分。从研究结果来看,还有两种情况显示出英语母语者在汉语否定句的运用中发生了母语负迁移。一是英语母语者对一些否定副词类联接形式的超用和少用,如超用"不是、不+助动词",少用"可能补语否定式"。英语母语者确实很容易习得汉语否定词的位置,英语否定词在助动词和系动词的右边,汉语的简单句否定是在左边,这种差异是比较明显的,很容易掌握。可以说简单否定句中的否定词位置没有发生母语迁移。但是因为英语中否定词总是与助动词或系动词一起使用,所以影响了英语母语者在进行否定句表达时也倾向于更多地使用"不是"和"不+助动词"形式,往往将汉语母语者常用的"可能补语否定式"说成"不+助动词+动词"的形式,如常把"找不到"说成"不能找到"。二是在是否选择使用否定句以及选择否定词的搭配方面也一定程度上受到了母语迁移的影响,比如汉语母语者多用"孩子不哭了",而英语母语者则常用"孩子停哭了",这显然是受到英语表达"stop crying"的影响;汉语母语者一般说"孩子不停地哭"或"哭个不停",而英语母语者则很少使用这种否定形式,用得比较多的是"不能停哭""继续哭""一直哭着"等,这也是因为英语中常用的表达方式是"the baby cannot stop crying""the baby continues to cry""the baby is still crying"。因此,判断是否发生了母语负迁移不仅要考虑句法形式,还应该考虑语言形式的运用频率和语用问题。

　　本研究在比较母语为英语和日语的两类汉语学习者完成同样测试任务时的表现时也发现,尽管两类被试在虚词运用方面共性更多,但仍有一些明显的差异,这些差异反映出学习者受到母语迁移的影响。

首先，总体上英语母语者对大多数甲级虚词的使用频率都较日语母语者更高。日语母语者相邻两个级别之间虚词使用频率的差异没有英语母语者那么大，没有呈现出明显的阶段性差异。在虚词运用的正确率方面，英语母语者多数虚词的正确率随着汉语水平提高也逐步提高，习得情况相对稳定，而日语母语者在部分虚词上的表现不够稳定，出现反复的情况较多。从语言类型学角度来看，汉语是重意合的语言，英语更重形式，英语中的虚词在数量和用法上都比汉语和日语更丰富，因此，英语母语者在学习汉语时对虚词运用的积极性和敏感度更高。

其次，英语、日语母语者在一些虚词运用的类联接包括偏误形式上差异显著，如重复句子时介词"给"的不同错序情况；英语母语者更倾向于把"很""太"短语用作定语修饰名词宾语；英语母语者往往借用英语中的话语标记"because"表述为"因为"，而汉语母语者把"因为"用作话语标记的数量为零，日语母语者使用"因为"的情况更接近汉语母语者。

另外，通过比较被试看图说话时在同一信息点上的汉语表达及其母语表达，也可以发现母语迁移的影响，如汉语母语者几乎每个人都会说"孩子还在哭""一直在哭""越哭越厉害"，而很多英语母语者说的则是"孩子一直哭着""不知道为什么他哭着"，这里"着"的偏误明显受到母语负迁移的影响，因为几乎所有英语母语者在英语表述中说的都是"the baby keeps crying"。日语母语者在用日语叙述这一信息点时，几乎所有被试都表述为"この子供は泣き止みません"，但日语母语者在汉语表述时所用的语言形式比较多样，有的形式受到了日语动词"泣き止む"的影响，如"孩子不停哭""没有停哭""不能停哭"；有的形式在向目的语汉语靠近，如"还哭了""一直哭泣了""还哭起来""一直哭""继续哭了""更哭了""还是哭了""也哭""仍然哭泣""总是哭"；还有少数被试和英语母语者一样用了"着"，如"一直哭着""还是哭着呢"。我们认为使用"着"的这些日语母语者也是受到了英语的迁移影响，因为日语母语者在学习汉语之前基本上都学过英语，汉语是其第三语言，在看图说话测试中，有一位初级水平日语母语者在汉语表达时就夹杂了英语"爸爸做 anything，什么什么，因为他想孩子 stop crying，不过他，他的孩子不能停哭"。由此可见，汉语学习者不仅会受到其母语的影响,而且会受到先学习的其他语言的影响,同时也会受到先习得的目的语知识的影响,语言迁移会随着学习者语言水平的提高呈现出动态变化的特征。

8.2.2 中介语系统的制约机制

中介语是一个动态系统,其语言项目使用的超量和不足呈对立互补关系(肖奚强 2011)。本研究对 102 个甲级虚词在语料库中的运用情况进行了穷尽性统计分析,发现一些虚词及虚词类联接形式的超用和少用呈现比较明显的对立互补分布,体现出中介语的系统性特点,这一方面是语言迁移和语言训练的结果,另一方面也在一定程度上反过来制约其发展。二语学习者如果过度依赖使用某个虚词或某种结构形式,相应地就会少用其他功能相近的虚词和结构形式,反之亦然,回避使用某个虚词或形式,就势必会超用其他的虚词和形式。其中超用的虚词或形式往往是较早习得的语言形式,正如刘颂浩(2003)所谈到的,较早习得的句式会对其他的句式产生副作用,影响其他句式的习得。二语学习者超用的语言形式和结构很容易固化为一些中介语语块形式而阻碍中介语系统最终无限靠近目的语系统。本研究认为这是很多虚词运用到了中高级阶段出现化石化的一个重要原因。

这些超用的形式如果仅仅从单个虚词或语言点使用的句法正确性来看可能问题并不大,只有从语言的系统性来考察,才能发现学习者中介语系统发展不平衡的特征。中介语系统形成过程中这种互相制约的机制给教学带来的启示是要在初中级阶段加大目的语的输入和理解,避免拔苗助长式地在开始阶段过度强调或强迫学习者输出,避免过度强化某些语言形式,因为一旦某些语言形式被过度强化成为学习者表达中的优先选择形式,就会影响对其他功能相近的语言形式的习得,从而使得中介语系统出现不平衡的问题。此外,还应借助中介语语料库的研究成果,加强对学习者少用形式的训练,有意识地引导学习者熟悉汉语母语者在不同语域和语境中的表达习惯和特点,使用准确、得体的表达方式。

8.2.3 教学中对虚词语体特征缺少关注

大多数语言项目在实际运用中都存在一定的语体特征,只不过有的比较明显,有的相对隐蔽。本研究考察的 102 个甲级虚词,在汉语母语者口语和笔语中的使用频率存在着一些明显的差异。汉语学习者口语和笔语中虚词的语体特征与汉语母语者相比差异不明显,书面语呈现口语化倾向,口语中对一些虚词的语气功能不敏感,对话语标记的使用也与汉语母语者存在差异。其原因主要在于教学中对语言项目尤其是像甲级虚词这样常用功能词的语体特征不够重视。另外,目前口语教学大多是基于纸本材料,而纸本材料很难呈现虚词的语气功能,缺少真实的自然口语的语音输入,这也是造成汉语学习者对虚词语气功能不敏感的一个原因。

语体特征包含多个层面的内容,既包括口语和笔语的区别,也包括对话和独白的差异。汉语学习者在口语和笔语中的虚词语体特征不明显,在独白话语中过多使用"别、吧"这样对话体中更常用的虚词等现象都说明汉语学习者尚未建立比较明确的语体意识。教学中须加强的语体关注及相关建议将在 8.3 中进一步讨论。

8.2.4 对外汉语口语教学的自动化训练不足

SCT 要求被试进行即时的听说,主旨是考察被试口语表达的快速反应能力,即自动化口语水平。因为在日常口语表达中只有具备快速的听说反应能力才能保证交际的顺畅进行,快速提取和处理语言的能力决定着口语交际能否成功进行以及交际的质量。看图说话测试也要求被试即时表达。在前文对看图说话口语和笔语中的虚词运用情况进行对比时发现,一些汉语学习者口语中的虚词偏误并没有出现在笔语中。这说明口语中的一些虚词偏误可能是由于即时反应的压力造成的,而这种压力也反映出被试的口语自动化水平不足,在即时听说过程中没有足够的注意资源处理语言信息,因而也就产生了相对笔语来说更多的偏误。

有关二语习得的自动性研究发展很快。所谓自动性就是对语言信息的自动化处理(automatic processing)。人的记忆处理信息的容量有限,如果一方面的任务占用过多的注意资源,就没有足够的资源来处理其他任务了。自动化处理的主要标志是速度,即快速处理。在二语学习的不同阶段,通过频繁接触某些语言形式会逐步实现词语信息的自动化读取与处理,随着自动化程度提高,语言处理过程中占用的注意资源就会减少,从而可以处理更多的信息,语言处理的速度逐渐加快,表达的熟练程度和准确度也就会逐渐提高(文秋芳 2010)。以往有关语言表达自动化的研究多是探讨口语流利性发展、工作记忆和语篇阅读理解的关系等,现在对语言意义和语言形式的自动化处理问题也逐渐受到关注。除了流利度以外,学习者如果能在语音、词汇、句法等层面的语言知识处理上不断实现自动化,就可以腾出更多的注意资源来完成语义、语用等层面的任务,将学习到的语言形式逐渐内化,达到自如的程度,使语言表达更快速、更准确。这样才能够促进中介语的发展。

在教学中建立听和说直接相联的模式,并且在课堂活动中对一定交际语境下的表达方式进行高频次的输入,可以促进语言产出程序化的实现,从而提高学习者口语自动化水平。比如,Arevart & Nation(1991)在研究中要求学习者复述同一个故事数次,但时间限制越来越短,结果证明这种练习效果明显,复述速度逐步加快,犹豫次数明显减少,准确度也在提高(转引自文秋芳 2010)。

此外,从自动化角度寻求避免化石化现象的途径也是自动性研究的一个新课题。在自动化训练过程中还需要注意避免对偏误形式的强化。在二语学习过程中,如果学习者在控制处理能力还没有达到目的语水平之前,便作了自动化处理,那么学习者不地道的表达将很难得到修正,其语言水平也会在一定程度上停留在中介语的水平,成为稳定但含有偏误的构建机制,从而产生化石化问题(文秋芳 2010)。

8.3 对汉语口语虚词教学的思考与建议

英语、日语母语者的虚词运用特征虽然可能与其他母语背景的汉语学习者有所不同,但他们是学习者群体中的主要代表。在前文对英语、日语母语者口语中甲级虚词运用特征探讨的基础上,本节尝试对目前汉语口语虚词教学中可能存在的问题进行思考并提出改进的建议。

8.3.1 汉语口语虚词教学现状及存在的问题

在目前以分技能教学为主的对外汉语教学体系中,汉语虚词教学并非口语课的主要任务。虚词作为对外汉语教学语法的最重要的部分,和整个教学语法体系一样,是综合语法,即以口语和书面语的共核语法为主,并未明确区分其语体特征。在目前的教学模式中,语法教学主要是汉语精读课的任务,虽然单设有口语课,但基础阶段的口语课内容与精读课区别不大,中高级阶段或为追求"口语"而加入过多俗语土话,或为追求表达高雅而选择大量书面语材料,口语课在口语体词汇、语法方面的教学内容始终没有得到足够的重视。

这些问题也引起了很多学者的注意,吕必松(1995)、申修言(1996)、鲁健骥(2003)都提出要单独开设一门口语体的口语课,系统地开展口语语法教学。刘晓雨(2001)也提出应总结汉语口语的语法特点,进行系统的口语语法教学,进而编写对外汉语口语教学词汇和语法大纲。郭颖雯(2002)通过对汉语口语教材与教学现状的分析,提出应建立汉语口语体口语教学语法体系以指导口语教学,并参考相关资料对口语体口语教学语法体系进行了初步量化。但作为口语体的口语教学语法体系具体包含哪些语法项目?这仍然是一个有待研究的问题。郭颖雯(2002)对口语体教学语法体系的初步量化也仅仅是一个最粗略的框架构想,并没有具体给出每一类包括哪些语法项目。李泉(2003)提出建立基于语体的对外汉语教学语法体系构想,即对外汉语教学语法体系应由共核语法、口语语法和书面语语法三部分构成。本研究对102个甲级虚词的考察,就是为了具体量化口语体教学语法体系而做的尝试性工作。根据前文研究,这102个甲级虚词中有一些具有比较明显的口语体特征,也有一些在口语语料库中出现频率很少,带有一定的书面语特征,而汉语学习者对虚词语体特征的认识还比较模糊,因此应把102个甲级虚词进一步区分为口语虚词和书面语虚词,以便在不同的教学体系中有侧重地教学。

目前汉语口语教材编写中对语言点的选择虽然多依据共核的语法大纲,但存在很大的任意性,同类型的口语教材在口语语言点的选择方面还存在着比较大的差异。比如,语法大纲中所列的一个语法项目是"否定副词",下面列出"不、没、别",可是在教材和教学中一般都会分别在不同阶段出现"不""没(有)""别""'不'和'没'比较"这样4个语法项目。教材在解释一个语言点时,常常是先阐释书面语语法,然后加上一句,即"口语中一般常说'……'"。既然是口语教材、口语语法,就应该重点或者首先呈现、讲解口语中常用的形式,然后再补充说明书面语中常说什么。目前教材对于用作口语话语标记或语气色彩比较浓的虚词基本上很少涉及。这样的现象反映出即便是口语教材,其中列出来的语言点基本上也还是属于通用的或者书面语的语言点。这种做法的预设前提是认为留学生可以在掌握书面语语法的基础上自然习得口语语法,这显然是有问题的。作为口语教学语法体系不应该只追求各部分系统的完整,应该进一步细化和具体化,才能真正指导对外汉语口语教学,提高学习者的口语表达水平。

另外,传统的词汇包括虚词教学缺乏必要的语境,在词典或教科书中虚词通常有多个义项,各个义项之间的联系比较模糊,在教学过程中往往各个义项的例句只有几个,比较有限。虚词搭配的学习也缺乏必要的语境,语言输入的质量和数量都比较有限,难以保证足够多样的输入,这就使得留学生很难做到语言表达形式的准确性和多样化,往往过度依赖某些熟悉的表达方式。即使学习者掌握了虚词的句法形式,但在具体语境中选择什么样的虚词以及采用哪些惯用的搭配都与汉语母语者的口语有着不小的差别。吕叔湘(1986)也曾指出,在讲汉语语法的教科书里常常只给出多数汉语句子的基本模式,给人的印象不是汉语句法很灵活,而是汉语句法很呆板,与实际语言一核对,就会发现其实不然。拥有足够数量和真实语境的语料库资源,尚未受到口语教材编写者及口语课堂的足够关注和充分利用。

8.3.2 对汉语口语虚词教学体系及内容的思考

一般认为口语和书面语的语体特征多体现在句式和实词上,对于虚词尤其是甲级虚词一直是作为共核的语法内容进行教学的。根据本研究结果,即使是甲级虚词,在汉语母语者的口语和笔语中也有不同的频率分布和语体特征。这方面的运用特征也正是二语学习者掌握得并不理想的部分。对此,本节从教学模式和内容两个方面探讨如何建设口语体的虚词教学体系。

对于对外汉语教学中教给留学生什么样的口语这一问题学界的看法存在一些分歧,一种观点认为应教口语体的口语(申修言 1996),一种观点认为应该是典雅体口语(王若江 1999),还有观点认为应该包括口语体口语和书面语体口语(张宁志 1985)。更多的观点(盛炎 1994;刘珣 2000)认为初级阶段的对外汉语教学应从介于正式和非正式之间的、口语和书面语都能用到的中性语体开始,从中级阶段后期开始,再加强两种语体的区分和转换。

在这个问题上李泉(2004)有过深入的讨论,他认为目前教材和教学实践中的中性语体比重太大、使用的阶段性太长,跨初、中、高三个阶段。现有许多口语教材和书面语教材在语言材料和表达方式上并没有太大的差别,语体特征不明显,绝大多数都可以归入所谓中性语体和文学语体。关于教学中的中性语体,他认为既有用,也有害。教中性语体,是教授包含语言基本规则和基本语汇的范本,是学习和掌握其他语体的依凭和中介。但是中性语体因为忽略了口语和书面语各自特有的语法、语汇和语用特征,与具体语境下常使用的各种语体都有差距,这种兼顾共性、缺乏个性的样板语体是已经抽象化了的,抽象化的程度越高,其实际应用价值就越低,因此他主张需要教授中性语体,但要有限制地教授中性语体。

可以看出,在初级阶段教授中性语体,到了中高级阶段再分语体教学似乎成了共识,从理论上来说,这样的安排似乎也是顺理成章的。但在实际操作过程中,仍存在一些问题,正如李泉(2004)所提出的,什么时候要从中性语体转变为口语体和书面语体?又如何转变呢?

要确定口语教学语法到底包含哪些具体语法点,就必须结合教学模式进行讨论。因为不同的教学设计和思路,就会有不同的教学内容安排。目前常用的教学模式主要是综合课加分技能训练模式。综合课相当于精读课,承担的一个主要任务就是语法教学,这个语法教学体系主要来源于《汉语教科书》的语法框架,并没有明确的语体区分。口语课作为一种技能训练课,基础阶段在语言、教学内容上和综合课基本上没有大的区别,到了中高级阶段,虽然增加了一些口语成分,但也有大量带有书面语色彩的口头正式表达内容,因此吕必松(1995)、申修言(1996)认为这样的课型应该定名为口头语言课、说话课、听说课或者口头表达课,而不应称之为口语课,主张把以训练听说技能为主的听说课与以培养口语能力为专门目标的口语课区别开来。口语课是一门专门目标课,它训练的口头表达内容不是书面语,也不是全部的口头语言,而仅仅是口头语言的一部分——作为口语体的口语。这一观点强调了口语体的口语教学,对于汉语口语教学有着积极的意义,但吕、申两位都没有说明这种口语教学与综合课的关系。

鲁健骥(2003)进一步分析了多年来对外汉语教学口笔语综合课配以听力和汉字、阅读课的教学基本模式,认为这一模式没有区别各课程教授的语法和词汇项目哪些是口语的项目,哪些是书面语的项目,哪些是介于二者之间的所谓"共核"项目。他提出将综合课分为口语和笔语(即笔头表达)两门课,口语课在第一学年始终通过对话体的课文进行教学,包括如何开头、结尾、插话、转换话题等对话规律的训练,承担语音教学、口语句式、交际文化项目的教学任务,而笔语课则侧重汉语书面语的教学,特别是阅读能力培养,强调汉字教学,课文的形式和内容都从口语的"共核"开始,逐步发展到书面语,以至带有较多文言成分的现代文的阅读。这一教学改进模式除了强调把口语语法的内容并入口语教学之外,还明确指出要取消综合课,把口语课和笔语课分作并列的两门课程,基础阶段的笔语课形式和内容从口语的"共核"开始。

毫无疑问，口语和书面语语法项目中有相同的共核部分，也有差异的部分。对于如何在对外汉语教学的各个阶段安排这些内容，前面谈到的郭颖雯、李泉、申修言、鲁健骥等的研究总结起来主要有以下两种模式：

一是初级阶段教共核语法，到中高级阶段分别教授口语语法和书面语语法。

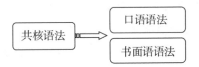

二是初级阶段即开始教授口语语法，读写课先教共核语法，然后教书面语语法。

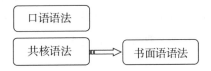

可以看出，不管哪种模式，都是要把口语语法和书面语语法的共核部分抽离出来先进行教授。主张先教共核语法的理由是认为这样做有利于学生掌握规范的语法基本结构，又不至于让学生觉得太难。但笔者认为这一看法还可以商榷。

首先，正如李泉(2004)谈到的，如果一个学生只懂得一种代码的所有用途共有的东西，那么他在任何场合都不会恰当地使用这种代码。中性语体因为和具体语境下使用的各种语体都有差距而缺乏实用价值，本身不足以应付任何交际目的。习惯了规范而缺乏多样化风格的中性语言，学生对于词汇、句式稍有变化的其他语体往往会茫然失措(S·皮特·科德 1983，转引自李泉 2004)。比如学生在初级口语课堂上学的是"没票的乘客请买票"这样的完整句，到了实际生活中很可能就听不懂"没票买票"了，也不可能产出这种更有效更地道的口语表达。对于第二语言教学来说，最根本的教学目标不是教语法，而是培养语言交际能力。先教共核语法的做法愿望是好的，但实际上反而可能会使得学生在口头或笔语表达中多走了冤枉路。学会了规范的语法结构，却降低了实际交际能力。对于口头交际来说,大量的口语形式是简约的、不完整不"规范"的。口语语法不仅像之前教学所遵循的语法等级大纲中列的那样,是在中高级阶段加入的一些口语固定格式,还包括从词类使用、短句到连接方式等一系列内容。以往认为一些省略句、易位句、紧缩句都得在教了完整句之后才能教授,但实际上这些所谓的变化句是口语中的基本、常见形式,往往有不同于完整句的独特的语义表达,如果在教学中只是把这些口语基本句式看作特殊句,那么很可能会给学习者造成先入为主的误解,不利于掌握地道的口语表达形式。郑远汉(1998)分别考察了正式语体和非正式语体中的省略情况,认为不同语体和风格对省略的需要和要求不尽相同,不能用一种尺度去衡量。上述讨论所带来的疑问是:是不是一定要先教复杂的完整形式,才能再教简略式呢?学生掌握了完整式之后,能否自然习得简略式呢?从本研究分析的汉语学习者口语中介语的特征来看,他们对于虚词及相关句式的掌握并不理想,因此这些问题有必要通过实证研究进行更深入的探讨。

其次,理论上可以认为有口语语法、共核语法和书面语语法三部分内容,但实际上三者并不能截然分开,有很多项目很难确定是共核语法,还是单纯的口语语法或者书面语语法。因为本来口语语法和书面语语法中就都包含了共核部分,并不存在一个独立于口语语法或书面语语法之外的共核语法。比如,连词"和"似乎应该算是一个共核语法,可是"和"在口语和书面语中的用法是有差异的,口语中"和"一般不能连接动词,不能说"今天爸爸给我买和读了一本新书",可是在书面语中却可以说"昨天领导组织大家购买和阅读了新版宪法"[1]。如果基础阶段只教所谓的共核语法,而不让学习者了解其语体差异的话,可能会使学习者在口语或书面语表达中出现偏误。因此,教学中先教共核语法再教口语语法的做法是不现实的,也是不合理的。

最后,口语表达中短句多,语境依赖性强,口语语法相对来说更容易理解。朱德熙(1987)认为研究北京口语语法,有利于发现现代汉语里最

---

[1] 例子选自冯胜利(2010)。

根本的语法事实。例如基本句型的确认，某些虚词和后缀的功能，语音节律跟语法的关系，等等，这些都是语法研究中最根本最重要的方面，即使研究书面语，也要以这些基本事实为基础或起点。研究如此，教学当然也可以如此。教口语语法，就必须首先强调教语境，从交际情境和语音入手。口语语法的这种特点客观上可以作为一个内在动因去改变现有的类似于综合课的"口语课"教学方式，在口语教学中更好地贯彻情景教学法和任务教学法，使得学习者口头表达训练事半功倍。

　　基于以上分析，我们设想在教学中可以不必强调共核语法，而是在不同的课型中分别进行口语语法和书面语语法教学。口语语法和书面语语法的教学从初级贯穿到高级，这样做的好处就是教学上可以把教学内容、教学方法用最接近真实的形式统一起来，在学习者的头脑中清晰地区分不同语体不同语境下应该使用的表达方式，同时潜移默化地感知不同表达形式的语体色彩。这样到了高级阶段以后，就可以在学生的头脑中建立起口语和书面语的语体意识，比较清楚地了解二者的差异。在此基础上口语课才能以口语技能训练为重点，训练学生怎样把在读写课中学习到的书面语词汇、语法运用到比较正式的口头表达中，使自己的正式表达更加文雅得体。同时也可以避免李泉(2004)所提到的什么时候及如何从中性语体转变为口语体和书面语体的问题。

　　此外，前文也谈到很多虚词或语法项目在不同语体中只是出现频率的差异，教材或教学中选择口语语法项目时，只需要依据典型的口语语料找出其中出现频率高的语法项目，而不必强调先教共核语法，再教口语语法，这两者都是口语语法。因此，在选取口语语法项目时只要去除日常谈话中不用或少用的比较正式的书面语语法项目以及一些属于方言土语的项目即可。判断虚词或语法项目的语体色彩时除了个人的语感外，更重要的是要检索典型的本族语者语料库。比如副词"常常、常、经常"的安排，在《大纲》中，副词、介词、连词等基本上是尽举性的，在甲级语法"甲023 时间副词"条目下只列出了"常、常常"，而甲乙丙丁四级语法项目中都没有列"经常"。《国际中文教育中文水平等级标准》语法大纲中，"常、常常"列在初等一级语法点中，而"经常"列在二级语法点中。在依据语法大纲编写的北京大学系列口语教材《初级汉语口语》中,"常常"首先出现在第 1 册 13 课,"经常"和"常"分别出现在第 2 册第 4 课和第 9 课。但是通过检索汉语母语者口语语料库"当代北京口语语料"(约 42 万字,北京语言学院语言教学研究所,1993 年研制)和"CALLHOME 电话口语语料"(约 30 万字),发现"常常、常、经常"三个词的出现频率为:

表 8.1 "常常、常、经常"在口语中的使用频率

语料库	常常	常	经常
当代北京口语语料	4	22	130
CALLHOME 电话口语语料	5	11	47

表 8.1 显示这三个副词表面上似乎意义、用法区别不大,但其实在汉语母语者的日常谈话中有着明显的使用倾向,口语语法应该首选"经常"这个词。再比如《大纲》中乙级语法项目连词"此外""则",经过检索,发现两个口语语料库中没有一例"此外"的用法,"则"在两个语料库中各出现 26 次,排除掉像"原则、规则、以身作则、庄则栋"这样的词语之后,还有 22 次,其中"否则"19 次,还有"一则是……""少则……""多则……",并没有单独用作连词的"则"。所以这两个连词可以确定不属于口语体语法项目。再如《大纲》中丁级语法项目代词"咋",这个词在两个口语语料库中均没有出现,可以判断这是个方言土语词,普通话日常口语语法也不应该收入这样的内容。目前主要通过书面纸本形式输入教学材料的口语教学很少涉及在口语表达中承担着重要交际功能的话语标记的使用,这就使得二语学习者缺乏合理的渠道了解汉语母语者的口语表达习惯,只能借用母语的表达方式,造成口语表达的不准确、不地道。

另外,二语学习者在虚词的类联接和搭配这两个方面存在明显的不足,原因在于对常用虚词的典型语境掌握有欠缺。因此在口语教学中需要更加强调语块或词块的内容。将常用词(包括常用实词和虚词)放在上下文中而不是孤立出来,提炼出充分体现典型类联接和搭配的语块。陈露、韦汉(2005)和孙若红(2010)在探讨语料库对口语教学的促进作用时,认为将语料库引入口语教学可以弥补目前口语教材的缺陷,有利于探索

性教学活动的设计,减少二语学习者的母语干扰,培养学生口语自主学习能力,提高口语输出的准确性和得体性。凸显目标词的语境可以使二语学习者高度注意与各个虚词相匹配的语言形式。

8.4 本章小结

本章在前几章有关甲级虚词的运用频率、正确率和偏误、类联接和搭配以及语体特征等方面对比分析的基础上,对英语、日语母语者口语中甲级虚词的运用特征进行了概括,总结出6个方面的运用特征。这6个运用特征涉及甲级虚词及其结构形式的频率差异、化石化现象、对语气功能的敏感度、语体特征以及话语标记的分布等方面,汉语学习者与汉语母语者存在显著差异。对于这些运用特征产生的原因本章从母语迁移、中介语系统的机制、教学中对虚词语体特征的关注程度和口语教学中的自动化训练四个角度进行了解释和讨论。汉语学习者口语中的虚词运用特征及其产生的原因促使我们思考,即使是像甲级虚词这样最常用的语言形式在汉语母语者的实际语言运用中也存在不同语域中的不平衡分布特征,语料库揭示的这种语言不对称但有规律的分布特征提示对外汉语教学应从均衡对待虚词等语法项目的运用语域转向区别对待典型和非典型语域的必要性,教学模式和教学内容的选择和安排都要能反映本族语者语言运用的真实面貌,以减少教学的盲目性,提高教学效率,帮助二语学习者更快更好地建立语体意识。基于这样的思考,本章最后对现有汉语口语虚词教学中可能存在的问题进行了反思,尝试提出并讨论了建立不强调"共核"而明确区分语体的口语语法教学体系的必要性。

第九章

结　语

9.1　主要结论和创新点

本研究以语料库语言学的理念为指导,基于自动化汉语口语考试语料库和自建的看图说话语料库,通过中介语对比分析方法,以 102 个甲级虚词为研究范围,以汉语母语者表现为参照,对母语为英语、日语的汉语学习者在口语及笔语表达中虚词的运用频率、正确率和偏误、类联接和搭配以及语体特征进行了考察和分析,并从中概括总结了 6 个虚词运用特征。主要结论是:

甲级虚词在汉语学习者和汉语母语者口语中运用频率不同,在使用频率较高的甲级虚词中,汉语学习者相比汉语母语者超用或少用的虚词占一半以上,并且超用的词相对较少,使用不足的较多,表明汉语学习者口语中对于甲级虚词的运用还是相对集中于少量最熟悉的词上,整体运用状况不理想。此外,汉语学习者虚词超用或少用的特征在成段表述中比单句层面更为突出,一些功能相近的虚词频率分布呈现对立互补的关系。

汉语学习者口语中大多数甲级虚词运用正确率随着汉语水平的提高总体上逐渐向汉语母语者靠近,但在中高级阶段一些虚词的运用出现了化石化特征，即使是高级水平的汉语学习者对一些最常用虚词的总体运用情况距离汉语母语者还有一定的差距。

汉语学习者口语中一些最常用虚词的类联接和搭配分布与汉语母语者有差异，也存在超用或少用的现象。学习者往往过度依赖某些虚词结构形式、语块，而对汉语母语者常用的口语表达方式使用不足，所用类联接形式比较简单单一，缺少汉语母语者常用的左右邻搭配词。学习者虽然对于虚词的语义和结构有一定的了解，但对于虚词语用环境的把握差距较大。同时，学习者口语中与虚词搭配的词语相比汉语母语者更加分散，呈现搭配词"开放选择"的特征。

汉语学习者对部分甲级虚词的语气表达功能不敏感，主要表现是：汉语学习者显著超用或少用的虚词以及习得难度较大的虚词中均有一半以上为带有语气表达功能的副词和助词，并且这些虚词也常被相互误代，在叙述性独白话语中习惯使用对话中常用的虚词及其表述方式。

汉语学习者虚词运用的语体特征与汉语母语者不同。汉语母语者口语和笔语中所用虚词的频数有很大差异，"然后、但是、跟、太、好、所以、就"这些虚词的口语体特征相比其他虚词更加突出，相对来说，汉语学习者口语和笔语中所用虚词在频率和类联接分布方面基本上使用相近的表述方式，差异不如汉语母语者显著，虚词运用的语体特征不明显。

汉语学习者口语中用作话语标记的虚词也与汉语母语者有显著差异，汉语母语者常用的话语标记为"然后、就、就是"，而汉语学习者受母语迁移影响，常用的话语标记为"所以、可是、因为、和"。

对于汉语学习者虚词运用特征产生的原因，本研究从母语迁移、中介语系统的机制、教学中对虚词语体特征的关注程度以及口语教学中的自动化训练四个方面进行了解释和讨论。

通过对比英语母语者和日语母语者在完成同样测试任务时的表现可知，尽管两类被试在虚词运用方面共性很多，但也存在一些明显的差异，反映出汉语学习者在虚词的习得过程中发生了母语负迁移，如话语标记的使用和对否定副词一些类联接形式的超用和少用等，都体现出了母语影响的痕迹。判断母语迁移是否发生不仅要考虑对句法形式的影响，而且要看虚词的使用频率和语用选择。

汉语学习者在虚词及其类联接形式上的超用和少用呈现较明显的对立互补分布,体现出中介语的系统性,中介语系统性的形成反过来会制约该系统发展,使得中介语系统发展呈现不平衡的特征。中介语系统形成过程中这种互相制约的机制是很多虚词运用到了中高级阶段出现化石化的一个重要的原因。另外,教学中对甲级虚词的语体特征没有足够的重视以及口语训练中自动化水平不足是汉语学习者缺乏语体意识和口语中虚词偏误较多的主要原因。

对汉语学习者虚词运用特征的描写和成因探讨的目的是有针对性地改进教学,提高学习效率。为此,本研究对现有汉语口语语法教学模式和内容安排进行了反思。目前的虚词乃至语法教学模式多强调"共核"语法的学习,对虚词在实际语言运用中的语体特征区分不够清晰,未能在语体适用性方面提供足够的信息,仍多强调词汇语法的语法正确性,忽视了词汇语法的语体适用性以及语言形式与功能的关联。基于语料库尽可能真实地呈现汉语母语者虚词运用语境和常用搭配的做法,尚未受到口语教材编写者及口语课堂的足够关注和充分利用。因此,本研究尝试提出并讨论了建立不强调"共核"而明确区分语体的口语语法教学体系的必要性,同时要加大真实语境中的语言输入,适度减少初中级阶段学习者的语言输出,避免过度强化某些语言形式,影响对其他功能相近的语言形式的习得。从始至终区别语体的教学模式不仅可以帮助学习者更好地提高口语表达能力,而且也有助于纠正他们"写作口语化"倾向,帮助他们更好地识别口语和书面语的语体差异,根据不同的语体要求合理使用相应的词语和语法结构形式。

本研究的创新点主要体现在以下几个方面。

(1)研究材料创新

第二章文献综述曾谈到,以往的中介语虚词研究语料多为书面作文、调查问卷或口语个案追踪语料,基于较大规模的口语语料库的研究还比较少。杨翼等(2006)在介绍国内外学习者口语语料库研制现状时指出,目前第二语言的口语习得研究在国际上日益得到关注,建立大型口语语料库并基于语料库开展口语研究是近年来国外语言教学界口语研究的新趋势。然而,在对外汉语教学界,有关口语习得和口语测试的研究在数量和质量上都还处于令人遗憾的状态。崔希亮、张宝林(2011)也谈到汉语中介语口语语料库只有北京语言大学的汉语学习者口语语料库,建成后即束之高阁,尚不能充分共享,发挥的作用不大。肖奚强、张旺熹(2011)也谈到香港中文大学吴伟平和苏州大学陆庆和等研制的两个小型汉语中介语口语语料库的利用情况与此类似。本研究基于较大规模的 SCT 口语测试语料库并结合自建的看图说话、写话语料库对甲级虚词的运用情况进行分析,为描写汉语学习者口语中虚词运用状况提供了新的基础,所得到的结论可以作为以往主要基于书面作文语料研究成果的印证和补充。

(2)多维度的对比方法

本研究采用了多维度的中介语对比研究方法,具体体现为英语、日语母语者和汉语母语者口语对比,不同水平阶段的英语、日语母语者口语对比,口语和笔语对比,汉语口语表述和英语、日语口语表述的对比。研究更加立体化,可以更清楚地彰显汉语学习者口语中的虚词运用特征。

(3)以欧盟框架为标准划分汉语学习者水平

本研究严格依据欧盟框架的标准将英语、日语母语者的汉语口语水平界定为 A1、A2、B1、B2、C 5 个等级,其中 SCT 语料中的学习者口语水平是自动化评分系统给出的,并与欧盟框架水平等级进行了匹配。以往的研究有很多并未严格区别学习者的水平等级或者仅仅是依据学习者的学习时间、所在班级大致归入初级、中级或高级,相对比较主观。本研究对英语、日语母语者的汉语口语水平的界定比较客观、清晰和准确,对各水平级别汉语学习者虚词运用特征的描写可以更好地与其他研究成果相印证,增强研究结论的可比性,避免以往研究中可能因为对研究对象水平界定模糊导致结论不一致或相互矛盾。如柯传仁、沈禾玲(2003)指出的 Wen(1995、1997)和 Teng(1999)关于句尾"了$_2$"的习得是否先于动词末"了$_1$"的习得的结论相反,原因之一就是两者所用被试的汉语水平可能存在较大差异,进而影响到二者结论的可比性,因为这些研究都没有使用标准化测试来评估被试的汉语能力,所以较难确定他们的真实水平。

(4)对部分虚词运用特征有了一些新的认识

第一,在对汉语学习者甲级虚词运用特征的描写方面,明确指出了哪些虚词存在超用或少用问题,哪些虚词的类联接形式与汉语母语者存在显著差异,发现一些虚词在中高级汉语学习者口语表达中出现了化石化现象。另外,还分析了一向被认为是通用语法的甲级虚词在实际语言运用中存在的语体特征,尤其是一些连词在口语中多用作话语标记,并且汉语学习者受其母语迁移影响,常用的话语标记与汉语母语者有很大不同。这些结论使我们对汉语学习者口语中的虚词运用有了更多的了解,有助于在口语教学中加强针对性的训练。

第二,在对中介语进行系统研究方面全面考察了102个甲级虚词的运用特征。周文华、肖奚强(2011)曾谈到语料库研究发展趋势,指出"目前的一些研究中往往会指出某些语言项目存在回避现象,而另一些语言项目又过度使用,但这些研究都是对个别语言项目的习得状况的考察,还不是对封闭的语料进行穷尽性的统计分析,所以还不能完满地回答使用不足的空间究竟由哪些超量使用的语言项目来填补"。本研究通过对102个虚词的频率及部分功能相近的高频虚词的类联接进行穷尽性对比分析,发现汉语学习者的甲级虚词运用存在着比较明显的对立互补分布,比如少用的"挺"的运用空间是被"很"填补了,少用的作为话语标记的"然后、就"被"所以、可是"填补了。

(5)系统对比了母语为英语和日语的汉语学习者虚词运用特征

英语和日语作为汉语学习者的母语有一定的代表性,本研究收集了两类母语背景的被试在完成相同测试任务时的语料,对两类被试的虚词运用表现进行对比分析,既发现了很多共性,也发现了一些明显的母语痕迹,显示发生了母语迁移现象,虽然两种母语背景的学习者表现还不足以确定其他母语背景学习者的情况,但本研究发现的一些现象有助于更好地了解母语迁移在二语学习过程中的作用。

9.2 余 论

语料库语言学的研究方法是基于大量数据,以显示一些概率关系,表示的是"多"与"少"的区别,而不是"对"和"不对"的区别,所以得到的结论都是相对的、非排斥性的(桂诗春 2009)。本研究只是依据现有语料库对 102 个甲级虚词的总体运用情况从频率和正确率方面做的统计,着重对比分析了英语、日语母语者对甲级虚词及其结构形式超用和少用的特征,在此过程中得出的结论还只是对汉语学习者甲级虚词运用特征的初步认识。有关汉语学习者口语中的虚词运用特征问题的探讨还有以下几个方面有待进一步拓展研究。

首先,对本研究发现的一些虚词运用特征还可以从词类特征及更多个案研究的角度进行更细微深入的研究。虚词具有很强的个性,而语义和功能相近的几个虚词在中介语中又呈现出对立互补的关系,本研究虽然对其中的部分高频虚词进行了类联接和搭配对比分析,但对于 102 个甲级虚词来说,还不够全面充分,还有很多甲级虚词在中介语中的运用情况值得进一步探讨,如"把"和"被"以及普通主谓宾句的具体运用语境对比;"的"和"了"为什么常出现相互误代的问题;带有语气功能的副词和助词在中介语中的运用具体有哪些问题;部分甲级虚词在中高级阶段的化石化问题能否通过有针对性的训练得以消除;等等。

其次,教学内容的安排和教学方法是影响二语学习者语言运用特征的重要因素。本研究在分析汉语学习者虚词运用特征的成因时对这方面可能存在的问题还只是基于经验的讨论,如果能够进一步将口语教材中甲级虚词的出现频率、语境与汉语母语者、汉语学习者口语中的虚词运用情况进行比较分析,不仅有助于更清楚地了解学习者虚词运用特征产生的原因,而且可以为教学和教材编写提供更有价值的参考。

最后,本研究分析的只是单句和独白语篇,对于口语来说,对话语篇中虚词运用的特征应该会有一些不同的表现。有人认为通过测试或在实验室中说话人知道录音的情况下收集的语料与现实生活中的话语可能存在差异，不够自然，最理想的真实语料是日常生活中的电话录音。当一个语言现象在一个语料库中出现可以证实它存在，但若一个语言现象在语料库中不存在，并不能由此得出否定的结论。如果能够进一步研究一定规模的口语对话语料中甲级虚词的运用情况，那么就可以更全面地概括甲级虚词在口语中的运用特征。

另外，限于时间和精力，本研究自建的看图说话语料库规模还比较小，高级水平学习者的语料数量还很不充分，所得出的结论还需要在更大规模的语料中进一步加以检验。

参考文献

白荃."跟"与"With"的对比[J].世界汉语教学,2001(2).

白荃、岑玉珍.母语为英语的学生使用汉语介词"对"的偏误分析[J].语言文字应用,2007(2).

(美)比伯(Biber,D.)、(美)康拉德(Conrad,S.)、(美)瑞潘(Reppen,R.).语料库语言学[M].刘颖、胡海涛译.北京:清华大学出版社,2012.

(德)卜劳恩.父与子全集[M].杨莹译.北京:中国工人出版社,2003.

蔡丽."V+得+C"结构分析[J].语言教学与研究,2012(3).

陈昌来.现代汉语介词框架的考察[C]//中国语言学会《中国语言学报》编委会编.中国语言学报(第十一期).北京:商务印书馆,2003.

陈建民.汉语口语[M].北京:北京出版社,1984.

陈露、韦汉.英语口语语料库在英语口语教学中的作用[J].外语电化教学,2005(3).

陈小荷.跟副词"也"有关的偏误分析[J].世界汉语教学,1996(2).

崔立斌.韩国学生汉语介词学习错误分析[J].语言文字应用,2006(增刊).

崔希亮."把"字句的若干句法语义问题[J].世界汉语教学,1995(3).

崔希亮.日朝韩学生汉语介词结构的中介语分析[C]//中国语言学会《中国语言学报》编委会编.中国语言学报(第十一期).北京:商务印书馆,2003.

崔希亮.欧美学生汉语介词习得的特点及偏误分析[J].世界汉语教学,2005(3).

崔希亮、张宝林.全球汉语学习者语料库建设方案[J].语言文字应用,2011(2).

丁安琪、沈兰.韩国留学生口语中使用介词"在"的调查分析[J].语言教学与研究,2001(6).

方梅.自然口语中弱化连词的话语标记功能[J].中国语文,2000(5).

方　梅.谈语体特征的句法表现[J].当代修辞学,2013(2).
方　梅.浮现语法:基于汉语口语和书面语的研究[M].北京:商务印书馆,2018.
冯丽萍、孙红娟.第二语言习得顺序研究方法述评[J].语言教学与研究,2010(1).
冯胜利.论语体的机制及其语法属性[J].中国语文,2010(5).
傅雨贤."把"字句与"主谓宾"句的转换及其条件[J].语言教学与研究,1981(1).
高顺全.多义副词的语法化顺序和习得顺序研究[M].上海:复旦大学出版社,2012.
管志斌.汉语"很"、"太"的句法语义比较分析[C]//齐沪扬主编.现代汉语虚词研究与对外汉语教学(第四辑).上海:学林出版社,2012.
桂诗春.基于语料库的英语语言学语体分析[M].北京:外语教学与研究出版社,2009.
桂诗春.语料库语言学的发展前景与资源共享[J]//桂诗春、冯志伟、杨惠中、何安平、卫乃兴、李文中、梁茂成.语料库语言学与中国外语教学.现代外语,2010(4).
郭　锐.现代汉语词类研究[M].北京:商务印书馆,2002.
郭　熙.汉语介词研究述评[J].徐州师范学院学报,1986(1).
郭颖雯.汉语口语体口语教学语法体系的建立与量化[J].汉语学习,2002(6).
韩在均.韩国学生学习汉语"了"的常见偏误分析[J].汉语学习,2003(4).
何安平.语料库研究的层面和方法述评[J].外国语(上海外国语大学学报),1999(2).
何中清、彭宣维.英语语料库研究综述:回顾、现状与展望[J].外语教学,2011(1).
贺　阳."程度副词+有+名"试析[J].汉语学习,1994(2).
贺　阳.现代汉语欧化语法现象研究[J].世界汉语教学,2008(4).
胡明扬.语体和语法[J].汉语学习,1993(2).
胡明扬.汉语和英语的完成态[J].语言教学与研究,1995(1).
胡壮麟.Lyle F. Bachman谈语言测试的设计和开发[J].外语与外语教学(大连外国语学院学报),1996(3).
胡壮麟、朱永生、张德禄、李战子.系统功能语言学概论(修订版)[M].北京:北京大学出版社,2008.
黄露阳.外国留学生多义副词"就"的习得考察[J].语言教学与研究,2009(2).
黄月圆、杨素英.汉语作为第二语言的"把"字句习得研究[J].世界汉语教学,2004(1).
黄月圆、杨素英、高立群、张旺熹、崔希亮.汉语作为第二语言"被"字句习得的考察[J].世界汉语教学,2007(2).
黄自然、肖奚强.基于中介语语料库的韩国学生"把"字句习得研究[J].汉语学习,

2012(1).

贾钰. 近二十年对外汉语教学领域汉英语法对比研究综述[J]. 世界汉语教学,2000(2).

蒋俊梅. 大学生英语口语词块运用特征分析[J]. 吉林工程技术师范学院学报,2011(3).

金立鑫. "把"字句的句法、语义、语境特征[J]. 中国语文,1997(6).

金立鑫. "没"和"了"共现的句法条件[J]. 汉语学习,2005(1).

金忠实. "形容词+着"格式的句法语义特点[J]. 汉语学习,1998(3).

靳洪刚. 从汉语"把"字句看语言分类规律在第二语言习得过程中的作用[J]. 语言教学与研究,1993(2).

阚明刚、侯敏. 话语标记语体对比及其对汉语教学的启示[J]. 语言教学与研究,2013(6).

柯传仁、沈禾玲. 回顾与展望:美国汉语教学理论研究述评[J]. 语言教学与研究,2003(3).

黎锦熙. 新著国语文法[M]. 上海:商务印书馆,1924.

李大忠. 外国人学汉语语法偏误分析[M]. 北京:北京语言文化大学出版社,1996.

李芳杰. "V的+V"及其相关格式[J]. 汉语学习,1997(2).

李芳兰、熊南京. "特色"的语义韵考察及其在对外汉语教学中的应用[J]. 云南师范大学学报(对外汉语教学与研究版),2011(5).

李海燕、蔡云凌、刘颂浩. 口语分班测试题型研究[J]. 世界汉语教学,2003(4).

李剑锋. "跟X一样"及相关句式考察[J]. 汉语学习,2000(6).

李宁、王小珊. "把"字句的语用功能调查[J]. 汉语学习,2001(1).

李泉. 基于语体的对外汉语教学语法体系构建[J]. 汉语学习,2003(3).

李泉. 面向对外汉语教学的语体研究的范围和内容[J]. 汉语学习,2004(1).

李蕊、周小兵. 对外汉语教学助词"着"的选项与排序[J]. 世界汉语教学,2005(1).

李晓红、卫乃兴. 汉英对应词语单位的语义趋向及语义韵对比研究[J]. 外语教学与研究,2012(1).

李晓琪. "不"和"没"[J]. 汉语学习,1981(4).

李晓琪. 中介语与汉语虚词教学[J]. 世界汉语教学,1995(4).

李晓琪. 论对外汉语虚词教学[J]. 世界汉语教学,1998(3).

李晓琪. 母语为英语者习得"再"、"又"的考察[J]. 世界汉语教学,2002(2).

李晓琪. 关于建立词汇—语法教学模式的思考[J]. 语言教学与研究,2004(1).

李晓琪.现代汉语虚词讲义[M].北京:北京大学出版社,2005.
李一平.副词修饰名词或名词性成分的功能[J].语言教学与研究,1983(3).
李　英."不/没+V"的习得情况考察[J].汉语学习,2004(5).
李　英、邓小宁."把"字句语法项目的选取与排序研究[J].语言教学与研究,2005(3).
李　英、徐霄鹰.母语为英语者口语中混用"不"和"没"的情况调查与分析[J].现代语文(语言研究版),2009(7).
李宇凤.程度副词句法语用特点的调查研究——兼论程度副词量性特征与其句法用特征的对应[J].汉语学习,2007(2).
李云靖."NP+的+VP"结构的构式语法阐释[J].语言教学与研究,2008(2).
梁茂成、李文中、许家金.语料库应用教程[M].北京:外语教学与研究出版社,2010.
寮　菲.第二语言习得中母语迁移现象分析[J].外语教学与研究,1998(2).
林华勇.现代汉语副词研究回顾[J].汉语学习,2003(1).
刘丹青.汉语中的框式介词[J].当代语言学,2002(4).
刘国兵.语料库语言学的多维视角——"2011中国语料库语言学大会"综述[J].中国外语教育,2012(4).
刘满堂.近40年英语语料库及语料库语言学研究的回顾与展望[J].陕西教育学院学报,2004(1).
刘颂浩.论"把"字句运用中的回避现象及"把"字句的难点[J].语言教学与研究,2003(2).
刘颂浩.第二语言习得导论——对外汉语教学视角[M].北京:世界图书出版公司,2007.
刘颂浩、蔡云凌、汪　燕、李海燕、马秀丽、朱　勇.听、说的水平等级标准的系统划分和描述项目报告[R].未刊,2004.
刘颂浩、钱旭菁、汪　燕.交际策略与口语测试[J].世界汉语教学,2002(2).
刘晓翠、陈建生.基于语料库的中国英语学习者口语词汇习得研究——以yet为例[J].长春理工大学学报(社会科学版),2011(2).
刘晓雨.对外汉语口语教学研究综述[J].语言教学与研究,2001(2).
刘勋宁.现代汉语句尾"了"的语法意义及其与词尾"了"的联系[J].世界汉语教学,1990(2).
刘勋宁.现代汉语的句子构造与词尾"了"的语法位置[J].语言教学与研究,1999(3).
刘　珣.迈向21世纪的汉语作为第二语言教学[J].语言教学与研究,2000(1).
刘元满."太+形/动"与"了"[J].语言教学与研究,1999(1).

卢英顺.副词"只"和"only"的句法语义和语用比较[J].汉语学习,1995(1).
鲁健骥.口笔语分科 精泛读并举——对外汉语教学改进模式构想[J].世界汉语教学,2003(2).
陆俭明."程度副词+形容词+的"一类结构的语法性质[J].语言教学与研究,1980a(2).
陆俭明.关于汉语虚词教学[J].语言教学与研究,1980b(4).
陆庆和、陶家骏.小型外国学生口语中介语语料库的建立与价值[C]//肖奚强、张旺熹主编.首届汉语中介语语料库建设与应用国际学术讨论会论文选集.北京:世界图书出版公司,2011.
吕必松.对外汉语教学概论(讲义)(续十一)[J].世界汉语教学,1995(1).
吕叔湘.中国文法要略[M].北京:商务印书馆,1942.
吕叔湘.通过对比研究语法[J].语言教学与研究,1977(2)
吕叔湘.汉语句法的灵活性[J].中国语文,1986(1).
吕叔湘主编.现代汉语八百词(增订本)[M].北京:商务印书馆,1999.
吕文华."把"字句的语义类型[J].汉语学习,1994(4).
马 真.修饰数量词的副词[J].语言教学与研究,1981(1).
马 真."很不—补说[J].语言教学与研究,1986(2).
马 真.表加强否定语气的副词"并"和"又"——兼谈词语使用的语义背景[J].世界汉语教学,2001(3).
马 真.现代汉语虚词研究方法论[M].北京:商务印书馆,2004.
毛澄怡.语块及其在英语学习者会话中的使用特征[J].解放军外国语学院学报,2008(2).
孟子敏."了1"、"了2"在不同语体中的分布[C]//齐沪扬主编.现代汉语虚词研究与对外汉语教学(第三辑).上海:复旦大学出版社,2010.
欧洲理事会文化合作教育委员会编.欧洲语言共同参考框架:学习、教学、评估[M].刘 骏、傅 荣等译.北京:外语教学与研究出版社,2008.
潘 璠.基于语料库的语言研究与教学应用[M].北京:中国社会科学出版社,2012.
潘慕婕."不再"和"再不"[J].汉语学习,2001(2).
濮建忠.英语词汇教学中的类联接、搭配及词块[J].外语教学与研究,2003(6).
齐沪扬.表示静态位置的状态"在"字句[J].汉语学习,1999(2).
屈承熹.汉语副词的篇章功能[J].语言教学与研究,1991(2).
Ronald Carter、刘精忠.编写口语语法的十大要点[J].国外外语教学(FLTA),2001(2).

(英)S·皮特·科德.应用语言学导论[M].上海外国语学院外国语言文学研究所译.
    上海:上海外语教育出版社,1983.
SCT项目研发组.SCT考试说明和效度验证总结报告[R].未刊,2012.
邵敬敏.关于汉语虚词研究的几点新思考[J].华文教学与研究,2019(1).
申修言.应该重视作为口语体的口语教学[J].汉语学习,1996(3).
沈家煊.如何处置"处置式"?——论把字句的主观性[J].中国语文,2002(5).
盛　炎.跨文化交际中的语体学问题[J].语言教学与研究,1994(2).
施春宏.从句式群看"把"字句及相关句式的语法意义[J].世界汉语教学,2010a(3).
施春宏.现代汉语虚词研究的虚与实——马真《现代汉语虚词研究方法论》读后[J].
    语文研究,2010b(3).
史金生.传信语气词"的""了""呢"的共现顺序[J].汉语学习,2000(5).
孙德金.外国留学生汉语"得"字补语句习得情况考察[J].语言教学与研究,2002(6).
孙德坤.外国学生现代汉语"了·le"的习得过程初步分析[J].语言教学与研究,1993a
    (2).
孙德坤.中介语理论与汉语习得研究[J].语言文字应用,1993b(4).
孙海燕、陈永捷.中国英语学习者名词类联接的发展特征——基于赋码语料库的研
    究[J].外语教学与研究,2006(4).
孙若红.基于语料库的英语专业口语教学模式研究[J].现代教育管理,2010(5).
孙　颖.主观性与话语标记再认识[J].外语学刊,2016(6).
谭春健.如何体现"变化"——关于句尾"了"理论语法与教学语法的接口[J].语言教
    学与研究,2003(3).
唐承贤.第二语言习得中的母语迁移研究述评[J].解放军外国语学院学报,2003(5).
陶红印.试论语体分类的语法学意义[J].当代语言学,1999(3).
Teng,S. H. The acquisition of "了·le" in L_2 Chinese[J].世界汉语教学,1999(1).
Teng,S. H. Guidelines for grammatical description in L_2 Chinese[J].世界汉语教学,
    2003(1).
佟秉正.从口语到书面——中级汉语教学课题之一[J].世界汉语教学,1996(4).
童肇勤."要是……呢"疑问句的语用分析[J].语言文字应用,2005(增刊).
王德春.论语体[J].语言教学与研究,1980(1).
王改改.北京话口语中的"被"字句[J].汉语学习,2003(2).
王　还."ALL"与"都"[J].语言教学与研究,1983(4).
王　惠."把"字句中的"了/着/过"[J].汉语学习,1993(1).

王红厂.俄罗斯留学生使用"了"的偏误分析[J].汉语学习,2011(3).

王洪君、李榕、乐耀."了$_2$"与话主显身的主观近距交互式语体[C]//北京大学汉语语言学研究中心《语言学论丛》编委会编.语言学论丛(第四十辑).北京:商务印书馆,2009.

王佶旻.三类口语考试题型的评分研究[J].世界汉语教学,2002a(4).

王佶旻.国外语言测验领域对语言能力的研究述评[C]//谢小庆、鲁新民主编.考试研究文集(第1辑).北京:经济科学出版社,2002b.

王建勤."不"和"没"否定结构的习得过程[J].世界汉语教学,1997(3).

王建勤.关于中介语研究方法的思考[J].汉语学习,2000(3).

王 力.中国现代语法[M].北京:商务印书馆,1943.

王 力.中国语法理论(上、下)[M].北京:中华书局,1944、1945.

王 力.中国语法纲要[M].上海:开明书店,1946.

王立非、张岩.大学生英语议论文中疑问句式使用的特征——一项基于中外学习者语料库的对比研究[J].解放军外国语学院学报,2006a(1).

王立非、张岩.基于语料库的大学生英语议论文中的语块使用模式研究[J].外语电化教学,2006b(4).

王若江.对汉语口语课的反思[J].汉语学习,1999(2).

王圣博.试论"V也/都VP"的构造特征及其"也"、"都"的表达功用[J].汉语学习,2008(5).

王 伟、周卫红."然后"一词在现代汉语口语中使用范围的扩大及其机制[J].汉语学习,2005(4).

王占华."把"字句的项与成句和使用动因——一个基于二语教学的"把"字句解析模式[J].世界汉语教学,2011(3).

卫乃兴.语义韵研究的一般方法[J].外语教学与研究,2002(4).

卫乃兴.搭配研究50年:概念的演变与方法的发展[J].解放军外国语学院学报,2003(2).

卫乃兴.中国学习者英语口语语料库初始研究[J].现代外语,2004(2).

卫乃兴.学习者中间语的特征调查与原因解释[C]//卫乃兴、李文中、濮建忠等.语料库应用研究.上海:上海外语教育出版社,2005.

卫乃兴.John Sinclair的语言学遗产——其思想与方法评述[J].外国语(上海外国语大学学报),2007a(4).

卫乃兴.中国学生英语口语的短语学特征研究——COLSEC语料库的词块证据分

析[J].现代外语,2007b(3).

卫乃兴.语料库语言学的方法论及相关理念[J].外语研究,2009(5).

文秋芳.英语专业学生口语词汇变化的趋势与特点[J].外语教学与研究,2006(3).

文秋芳.二语习得重点问题研究[M].北京:外语教学与研究出版社,2010.

文秋芳、胡健.中国大学生英语口语能力发展的规律与特点[M].北京:外语教学与研究出版社,2010.

文秋芳、王立非.二语习得研究方法35年:回顾与思考[J].外国语(上海外国语大学学报),2004(4).

吴门吉、周小兵.意义被动句与"被"字句习得难度比较[J].汉语学习,2005(1).

吴硕官."N不N"格式浅议[J].汉语学习,1988(4).

肖奚强.外国学生"除了"句式使用情况的考察[J].语言教学与研究,2005(2).

肖奚强.汉语中介语研究论略[J].语言文字应用,2011(2).

肖奚强等.汉语中介语语法问题研究[M].北京:商务印书馆,2008.

肖奚强、张旺熹主编.首届汉语中介语语料库建设与应用国际学术讨论会论文选集[C].北京:世界图书出版公司,2011.

熊文新.留学生"把"字结构的表现分析[J].世界汉语教学,1996(1).

徐晶凝.主观近距交互式书面叙事语篇中"了"的分布[J].汉语学习,2016(3).

徐翁宇.口语学若干理论问题初探——兼评E.A.泽姆斯卡娅的口语学说[J].中国俄语教学,1993(1).

徐燕青."不比"型比较句的语义类型[J].语言教学与研究,1996(2).

徐燕青."不仅p,而且q"使用的外部条件[J].汉语学报,2007(2).

徐以中."只"与"only"的语义指向及主观性比较研究[J].语言教学与研究,2010(6).

徐棠、胡秀梅.母语负迁移对日本留学生学习语气词"呢"的影响[J].语言文字应用,2007(增刊).

徐子亮.对外汉语学习理论研究二十年[J].世界汉语教学,2004(4).

许家金.语料库语言学的理论解析[J].外语教学,2003(6).

许家金.汉语自然会话中"然后"的话语功能分析[J].外语研究,2009(2).

许家金、熊文新.基于学习者英语语料的类联接研究概念、方法及例析[J].外语电化教学,2009(3).

许家金、许宗瑞.中国大学生英语口语中的互动话语词块研究[J].外语教学与研究,2007(6).

薛凤生.试论"把"字句的语义特性[J].语言教学与研究,1987(1).

薛凤生."把"字句和"被"字句的结构意义——真的表示"处置"和"被动"？[C]//戴浩
　　一、薛凤生主编.功能主义与汉语语法.北京:北京语言学院出版社,1994.
杨德峰."动＋趋＋了"和"动＋了＋趋"补议[J].中国语文,2001(4).
杨德峰.面向对外汉语教学的副词定量研究[M].北京:北京大学出版社,2008.
杨惠中、卫乃兴主编.中国学习者英语口语语料库建设与研究[M].上海:上海外语教
　　育出版社,2005.
杨　江.近十年国内语料库语言学研究中的若干问题综述[J].湘潭师范学院学报(社
　　会科学版).2008(1).
杨　江.基于语料库的虚词"一旦"及相关问题探析[J].语文学刊,2009(1).
杨素英、黄月圆.体标记在不同语体中的分布情况考察[J].当代语言学,2013(3).
杨　翼、李绍林、郭颖雯、田清源.建立汉语学习者口语语料库的基本设想[J].汉语学
　　习,2006(3).
姚双云.口语中"所以"的语义弱化与功能扩展[J].汉语学报,2009(3).
叶向阳."把"字句的致使性解释[J].世界汉语教学,2004(2).
余文青.留学生使用"把"字句的调查报告[J].汉语学习,2000(5).
袁博平.第二语言习得研究的回顾与展望[J].世界汉语教学,1995(4).
袁　晖、李熙宗主编.汉语语体概论[M].北京:商务印书馆,2005.
袁　辉、赵明月.主谓谓语句的分类及英译方案研究[J].洛阳师范学院学报,2020
　　(12).
袁毓林.试析中介语中跟"没有"相关的偏误[J].世界汉语教学,2005a(2).
袁毓林.试析中介语中跟"不"相关的偏误[J].语言教学与研究,2005b(6).
约翰·辛克莱(Sinclair,J.).关于语料库的建立[J].王建华译.语言文字应用,2000
　　(2).
翟红华.国外口语语篇语法研究[J].外国语言文学,2006(1).
詹开第.老舍作品中的北京口语句式[J].语言教学与研究,1985(4).
张宝林.回避与泛化——基于"HSK动态作文语料库"的"把"字句习得考察[J].世界
　　汉语教学,2010(2).
张伯江.论"把"字句的句式语义[J].语言研究,2000(1).
张伯江.语体差异和语法规律[J].修辞学习,2007(2).
张国宪."在＋处所"构式的动词标量取值及其意义浮现[J].中国语文,2009(4).
张国宪、卢　建."在＋处所"状态构式的事件表述和语篇功能[J].中国语文,2010(6).
张　黎.汉语"把"字句的认知类型学解释[J].世界汉语教学,2007(3).

张宁志.口语教材的语域风格问题[J].语言教学与研究,1985(3).
张瑞朋.三个汉语中介语语料库若干问题的比较研究[J].语言文字应用,2013(3).
张旺熹."把字结构"的语义及其语用分析[J].语言教学与研究,1991(3).
张旺熹."把"字句的位移图式[J].语言教学与研究,2001(3).
张文贤.基于中介语料库的连词研究[C]//肖奚强、张旺熹主编.首届汉语中介语语料库建设与应用国际学术讨论会论文选集.北京:世界图书出版公司,2011.
张孝忠."不"和"没(有)用法举例"——兼与英语"not"和"no"的对比[J].语言教学与研究,1984(4).
张谊生.名词的语义基础及功能转化与副词修饰名词[J].语言教学与研究,1996(4).
赵金铭.外国人语法偏误句子的等级序列[J].语言教学与研究,2002(2).
赵金铭."说的汉语"与"看的汉语"[C]//赵金铭主编.汉语口语与书面语教学—2002年国际汉语教学学术研讨会论文集.北京:北京大学出版社,2004.
赵金铭等.基于中介语料库的汉语句法研究[M].北京:北京大学出版社,2008.
赵静贞."V 就 V 在……"格式[J].汉语学习,1986(4).
赵葵欣.留学生学习和使用汉语介词的调查[J].世界汉语教学,2000(2).
赵立江.留学生"了"的习得过程考察与分析[J].语言教学与研究,1997(2).
赵世开、沈家煊.汉语"了"字跟英语相应的说法[J].语言研究,1984(1).
赵元任.汉语口语语法[M].吕叔湘译.北京:商务印书馆,1979.
赵永新.谈汉语的"都"和英语的"all"[J].语言教学与研究,1980(1).
赵永新.汉语的"和"与英语的"and"[J].语言教学与研究,1983(1).
赵 越."N_1 的 N_2"比喻结构中"的"的隐现[J].汉语学习,2009(4).
甄凤超、张 霞.语料库语言学发展趋势瞻望——2003 语料库语言学国际会议综述[J].外语界,2004(4).
郑定欧.基于语料库的汉语句法研究——以"把"字句为例[J].汉语学习,2009(4).
郑 杰.现代汉语"把"字句研究综述[J].语言教学与研究,2002(5).
郑丽娜、常 辉.母语为英语的留学生汉语否定结构习得个案研究[J].汉语学习,2012(1).
郑伟娜.汉语把字句的及物性分析[J].语言教学与研究,2012(1).
郑艳群.中介语中程度副词的使用情况分析[J].汉语学习,2006(6).
郑懿德、陈亚川."除了…以外"用法研究[J].中国语文,1994(1).
郑远汉.省略句的性质及其规范问题[J].语言文字应用,1998(2).
周 刚.汉、英、日语连词语序对比研究及其语言类型学意义[J].语言教学与研究,

2001(5).

周换琴."不但…而且…"的语用分析[J].语言教学与研究,1995(1).

周文华.外国学生习得时间介词的中介语考察[J].汉语学习,2011a(2).

周文华.现代汉语介词习得研究[M].北京:世界图书出版公司,2011b.

周文华、肖奚强.首届汉语中介语语料库建设与应用国际学术讨论会综述[C]//肖奚强、张旺熹主编.首届汉语中介语语料库建设与应用国际学术讨论会论文选集.北京:世界图书出版公司,2011.

周小兵、王宇.与范围副词"都"有关的偏误分析[J].汉语学习,2007(1).

朱德熙.现代汉语语法研究的对象是什么?[J].中国语文,1987(5).

邹申.试论口语测试的真实性[J].外语界,2001(3).

Arevart, S. & Nation, P. Fluency improvement in a second language[J]. RELC Journal, 1991, 22(1), 84—94.

Bachman, L. Fundamental Considerations in Language Testing [M]. Oxford University Press, 1990.

Brazil, D. A Grammar of Speech[M]. Oxford: Oxford University Press, 1995.

Bull, M. & Aylett, M. An analysis of the timing of turn-taking in a corpus of goal-oriented dialogue[C]//Mannell, R. H. & Robert-Ribes, J. (eds.). Proceedings of the 5th International Conference on Spoken Language Processing. Sydney: Australian Speech Science and Technology Association, 1998.

Clark, J. L. D. Theoretical and technical considerations in oral proficiency testing [C]//Jones, R. L. & Spolsky, B. (eds.). Testing Language Proficiency. Arlington: Centre for Applied Linguistics, 1975.

Clark, J. L. D. & Swinton, S. S. An Exploration of Speaking Proficiency Measures in the TOEFL Context[M]. Princeton, New Jersey: Educational Testing Service, 1979.

Ellis. R. A discussion on the methodological issues in interlanguage studies[J]. Interlanguage, 1984.

Ellis, R. Understanding Second Language Acquisition [M]. Oxford: Oxford University Press, 1985.

Ellis, R. The Study of Second Language Acquisition[M]. Oxford: Oxford University Press, 1994.

Granger, S. From CA to CIA and back: An integrated approach to computerized bilingual and learner corpora[C]//Aijmer, K., Altenberg, B. & Johansson, M. (eds.). Languages in Contrast: Papers from a Symposium on Text-Based Cross-Linguistic Studies. Lund: Lund University Press, 1996.

Halliday, M. A. K. The users and uses of language[M]//Halliday, M. A. K., McIntosh, A. & Strevens, P. (eds.). The Linguistic Sciences and Language Teaching. London: Longmans, 1964.

Kennedy, G. Between and through: The company they keep and the functions they serve[M]//Aijmer, K. & Altenberg, B. (eds.). English Corpus Linguistics: Studies in Honour of Jan Svartvik. London: Longman, 1991.

Krashen, S. D. Second Language Acquisition and Second Language Learning[M]. Oxford: Pergamon Press, 1981.

Lado, R. Language Testing: The Construction and Use of Foreign Language Tests [M]. London: Longman, 1961.

Leech, G. Preface[M]//Granger, S. (ed.). Learner English on Computer. London: Longman, 1998.

Selinker, L. Interlanguage[J]. International Review of Applied Linguistics, 1972, 10 (3), 209—231.

Selinker, L. Rediscovering Interlanguage[M]. London: Longman, 1992.

Selinker, L. & Lakshmanan, U. Language transfer and fossilization: The multiple effects principles[C]//Gass, S. & Selinker, L. (eds.). Language Transfer in Language Learning(Revised edition). Amsterdam: John Benjamins, 1992.

Shohamy, E. & Reves, T. Authentic language tests: Where from and where to? [J]. Language Testing, 1985, 2(1), 48—59.

Spolsky, B. The limits of authenticity in language testing[J]. Language Testing, 1985, 2(1), 31—40.

Tarone, E. On the variability of interlanguage systems[J]. Applied Linguistics, 1983, 4(2), 142—164.

Tognini-Bonelli, E. Corpus Linguistics at Work (Studies in Corpus Linguistics)[M]. Amsterdam: John Benjamins, 2001.

Tono, Y. The Role of Learner Corpora in SLA Research and Foreign Language Teaching: The Multiple Comparison Approach [D]. Lancaster: Lancaster University, 2002.

Torane, E. Interlanguage as Chameleon[J]. Language Learning, 1979, 29(1), 181—191.

Torane, E. Systematicity and attention in interlanguage[J]. Language Learning, 1982, 32(1), 69—84.

Wen, X. Second language acquisition of the Chinese Particle le[J]. International Journal of Applied Linguistics. 1995, 5(1), 45—62.

Wen, X. Motivation and language learning with students of Chinese[J]. Foreign Language Annals, 1997, 30(2), 235—251.

附　录

CEFR 口语能力测评量表

CEFR 整体口语测评量表

CEFR 水平	水平描述
C2	准确自然地表达语义中的细微差别 能自然、流利地表达自己；互动交流轻松、熟练。能准确地区分语义中的细微差别。能作出清晰、流畅、结构合理的描述。
C1	在清晰,结构合理的谈话中,显示出流利自然的表达能力 能自然、流利地表达自己；几乎毫不费力、流利地使用语言。能对复杂事物作出清晰、详细的描述。准确率高,鲜有错误。
B2	能轻松地阐述观点 能对广泛的话题进行交流,并使用张弛有度、节奏较为均匀的语流。能在自己感兴趣的领域中,对广泛的事物作出清晰、详细的描述。不会出现导致听者误解的错误。
B1	能清楚地叙述主要观点 即便因为考虑遣词造句和语法,以及自我纠错而出现明显的停顿,依旧能进行持续、清楚的互动交流。在自己感兴趣的领域中,能就较熟悉的各类话题,把不连续的,简单的元素联系起来,并作出直接了当的描述。对比较熟悉的情况,大部分的内容基本上正确。
A2	能叙述一些基本信息,例如工作,家庭,空闲时间等 能就熟悉的话题进行简单和直接的交流。即使有明显的停顿、结舌和重组,仍能用较短的语句进行沟通。能用简单的词汇描述家庭、生活状况、教育背景、目前或最近的工作。能正确使用一些简单的句子结构。但会有规律地犯一些基本错误。

续表

CEFR 水平	水平描述
A1	能简单叙述个人信息和非常熟悉的话题 能用简单的方式表达自己。在对方用缓慢、清楚的说话方式,并随时提供帮助的情况下,能回答和询问关于个人的问题。能使用较短、独立的固定语句。在寻找合适的表达方式或试图念出不常用的词时常常停顿。
Below A1	达不到 A1 的标准。或者没有应答,应答是汉语以外的其他语言。

《欧洲语言共同参考框架:学习、教学、评估》(28－29)

CEFR 口语能力量表

级别	广度	准确度	自如度	语音能力	连贯性
C2	能非常灵活地运用不同的语言形式重述自己的思想,能准确表达细微区别,强调重点,会消除疑义。能熟练掌握各种惯用语和通俗表达法。	在复杂的语境中,始终保持相当程度的语法准确性,即使注意力分散,比如正在打腹稿,或者在观察他人的反应。	能自然、自如地发表长时间的演讲,知道规避表达难点,或者会灵活补救,以致不为对话者所察觉。	同 C1。	能发表语言考究的连贯讲话,遣词造句丰富多样、完整得体,善用很多关联词语和其他衔接词。
C1	熟练掌握各种篇章讲话,懂得从中选择利于自己清楚而得体的表达方式,谈论各种一般性话题,如教育、职业、休闲等。思想表达不受语言的限制。	能经常保持相当程度的语法准确度。口误少而不易发现,并且通常能自行纠正。	能自如流畅地表述,基本不费力气,除非是遇到比较概念性的话题,可能对连贯流畅的表达造成障碍。	能变化语调,正确掌握句子的重音,以表达细微的语义差异。	讲话条理清晰、语言流畅、结构完整,显示出相当的语言表达和对上下关联词语的掌控能力。

续表

级别	广度	准确度	自如度	语音能力	连贯性
B2	语言知识广泛，足以使自己的表述清楚明确，能发表并阐述自己的观点，几乎不需要费心遣词造句。	熟练掌握语法，所犯口误不会引起误解，并且通常能自行纠错。	能用比较正常的语速较长时间地发言。虽然在选择表达法和句型时略有迟疑，但停顿很短。	语音语调清晰、自然。	会运用数量不多的衔接词连接句子，使发言清晰连贯，但长篇讲话时，可能有"短路"的现象。
B1	掌握足够的语言手段和词汇量，能谈论家庭、休闲、兴趣爱好、工作、旅游和时事等话题，但表达时有迟疑或者用迂回法。	在一些可预知的交际场景中，能比较准确地运用句型和常用的平常"套路"进行交际。	讲话能理解，但较长时间自由发言时，因寻找措辞和纠错出现的停顿非常明显。	偶有外国口音和发音小错，但语音总体上非常清晰可闻。	能将一系列简短和独立的词语串成连贯的线性要点。
A2	能在简单的日常和现实情境中，运用现成的基本句型、背诵的表达法、词组和固定短语等进行有限的信息沟通。	能正确运用简单的语句，基础性错误不断。	简短讲话时能理解，但有明显的重复、停顿和开口说话错误。	发音总体上清晰可懂，但外国口音明显，有时候，谈话对象可能会要求重复。	能用"和""但是""因为"等简单连词衔接词组。
A1	拥有涉及特定具体场合的系列简单词汇和表达法。	能有限掌握记忆范围内的简单句法结构和语法形态。	能用简短、孤立，并且多数是刻板的表达应对交际，但说话经常停顿，因为需要寻找措辞、拼读不熟悉的单词和补救交流障碍。	对于经常和这个语言群体打交道的本族语说话者来说，通过努力，可以识辨学习者说出的有限的词汇和短语。	能用"和""然后"等非常基础的连词衔接字词和词组。

北大对外汉语研究丛书

赵杨　主编

《趋向补语认知和习得研究》
杨德峰　著

《语言结构异态形式功能研究》
王海峰　著

《国际比较视角下的国际中文教师专业发展模式研究》
王添淼　著

《汉语二语者书面语体习得研究》
汲传波　著

《基于语料库的汉语作为第二语言虚词运用特征研究》
李海燕　著